A CAIXA PRETA DO BNDES

BERNARDINO COELHO DA SILVA E CLAUDIO TOGNOLLI

A CAIXA PRETA DO BNDES

COMO O DINHEIRO PÚBLICO ABASTECEU
CUBA, VENEZUELA, ANGOLA E A JBS USA

© 2019 - Bernardino Coelho da Silva e Claudio Tognolli
Direitos em língua portuguesa para o Brasil:
Matrix Editora
www.matrixeditora.com.br

Diretor editorial
Paulo Tadeu

Capa, projeto gráfico e diagramação
Allan Martini Colombo

Revisão
Cida Medeiros
Silvia Parollo

CIP-BRASIL - CATALOGAÇÃO NA PUBLICAÇÃO
SINDICATO NACIONAL DOS EDITORES DE LIVROS, RJ

Silva, Bernardino Coelho da
A caixa-preta do BNDES / Bernardino Coelho da Silva, Claudio Tognolli. - 1. ed. - São Paulo: Matrix, 2019.
248 p. ; 23 cm.

ISBN 978-85-8230-587-4

1. Banco Nacional de Desenvolvimento Econômico e Social (Brasil) - Corrupção.
2. Crime contra a administração pública - Brasil. 3. Corrupção administrativa - Brasil.
4. Corrupção na política - Brasil. I. Tognolli, Claudio. II. Título.

19-59467
CDD: 364.13230981
CDU: 328.185(81)

Vanessa Mafra Xavier Salgado - Bibliotecária - CRB-7/6644

Para minhas filhas
Émile, Sabrinna e Priscilla.
Bernardino

Agradecimentos profundos ao dr. Hugo Studart
e à deputada Paula Belmonte.

Este livro é dedicado a Claudio Picazio e
Ogladys Volpato Tognolli.
Claudio

Sumário

Introdução 9
A caixa-preta gringa 21
Como se faz uma campeã nacional e como ela se desfaz 47
A (con)fusão entre a JBS e o Bertin 53
A criação de conflitos para encobrir crimes 85
A mediação de um conflito inexistente. 109
Bertin FIP: um fundo de investimento fictício 123
As muitas mentiras sobre a Blessed Holdings LLC 137
Como era visto de fora o imbróglio Bertin-JBS 167
Entram em campo as novas estratégias 173
Roteiro de uma fraude acionária 177
Histórias muito mal contadas. 195
O homem por trás dos crimes da JBS 211
Para amarrar as pontas 219
JBS USA: uma outra história americana 227
Epílogo 241

sumário

Introdução

Brasil: esse estranho país de corruptos sem corruptores.
Luis Fernando Verissimo

Muito se diz sobre a necessidade de abertura da caixa-preta do BNDES, o Banco Nacional de Desenvolvimento Econômico e Social. Seria a maneira de revelar a verdade a respeito de tratativas e acertos espúrios que redundaram nos bilionários empréstimos feitos para empresas escolhidas como candidatas a se tornarem "campeãs nacionais" – casos da JBS/Friboi dos irmãos Batista[1], da telefônica Oi, do grupo Bertin, do

---

[1] O grupo partiu de um faturamento de R$ 4 bilhões em 2006 para R$ 170 bilhões dez anos depois, em 2016, com a aquisição de uma série de empresas no Brasil, em outros países da América do Sul, nos Estados Unidos, na Europa e na Austrália, tornando-se a maior processadora de proteína animal do mundo. Apenas no final da década de 2000, quando o grupo dos irmãos Batista iniciou o processo mais acelerado de crescimento, o BNDES injetou R$ 8,3 bilhões no grupo com a aquisição de ações e ainda emprestou outros R$ 2 bilhões. A holding da família, a J&F, também foi beneficiada com investimento pesado para a criação da Eldorado Celulose, no Mato Grosso do Sul. (CIGANA, Caio. Zero Hora Gaúcha. Grupo RBS. Maioria das empresas "campeãs nacionais" fracassou, mesmo com a ajuda do BNDES. Porto Alegre, 2017. Disponível em: https://gauchazh.clicrbs.com.br/economia/noticia/2017/05/maioria-das-empresas-campeas-nacionais-fracassou-mesmo-com-ajuda-do-bndes-9801547.html. Acesso em 2 set. 2019.)

grupo EBX de Eike Batista e de grandes construtoras brasileiras, como Odebrecht, OAS, Camargo Corrêa e outras.

Ao mesmo tempo, era preciso investigar os empréstimos feitos a governos amigos do Partido dos Trabalhadores (PT). Entre eles, dinheiro para financiar a construção do Porto de Mariel, em Cuba, para diversas linhas de metrô em Caracas, na Venezuela, e para obras em Angola e outros países africanos governados por ditaduras corruptas.

Isso tudo não se faz por decreto nem por qualquer tipo de "transparência institucional", como aventou o ex-presidente do BNDES, o economista e ex-ministro da Fazenda Joaquim Levy – por mais competente e bem-intencionado que ele tenha sido ao mandar publicar os contratos com grandes empresas. Em outras palavras, não se faz negociata por meio de termos contratuais, assim como ninguém paga propina pedindo recibo ao corrupto.

Levy não conseguiu atender aos pedidos do governo para abrir a caixa-preta do banco estatal porque a pressão de funcionários do BNDES em não permitir isso é muito grande. Simples assim. Há incontáveis burocratas de carreira envolvidos até o osso em esquemas, além de documentos que lastreiam tais negociações estarem classificados como secretos – 15 anos de sigilo –, como é o caso daqueles relacionados com acordos feitos com os governos cubano e venezuelano para financiar obras de infraestrutura na ilha dos irmãos Castro e na Venezuela.

Diante disso, o que resta é investigar. Algumas vezes, por anos – como foi o caso da Operação Bullish, iniciada em 2016 e que somente teve sua primeira denúncia entregue à 12ª Vara da Justiça Federal em 14 de março de 2019. Com uma força-tarefa coordenada pelo procurador da República Ivan Cláudio Garcia Marx, a operação teve apoio fundamental do Tribunal de Contas da União (TCU) e de técnicos da Receita Federal.

O parlamento brasileiro também demonstrou preocupação com esse contexto. Em 27 de março de 2019 foi instalada na Câmara dos Deputados a terceira CPI do BNDES – cujo nome oficial é Comissão Parlamentar de Inquérito Sobre Práticas Ilícitas no Âmbito do BNDES. "A gente pretende fazer um trabalho dedicado, sem coloração partidária, mas nós não podemos deixar que esse prejuízo que foi causado à população brasileira passe em branco", afirmou o deputado federal Altineu Cortes (PR-RJ), ao assumir a relatoria do caso. Trata-se de nova tentativa do parlamento de destrinchar os negócios firmados entre os anos de 2003 e 2015, em empréstimos volumosos e suspeitos para financiar projetos de empresas nacionais no Brasil e no exterior.

Deputados do PT, como era de se esperar, atuam para atrapalhar as investigações. Repetem a velha ladainha: que o objetivo principal da comissão seria criminalizar o partido, já que o período investigado, de 2003 a 2015, coincide justamente com os governos Lula e Dilma Rousseff.

Acuados pela Operação Lava Jato, muitos deles identificados como membros da maior organização criminosa política já descoberta no Brasil, e provavelmente no mundo, esses senhores e senhoras só não mencionam que as CPIs anteriores terminaram em nada porque houve interferência de sorrateiros interesses escusos contrários aos interesses maiores do país.

> *Uma misteriosa força agiu na CPI [2015/16] para atender interesses escusos, a ponto de renunciar a praxe de conceder a relatoria ou a presidência da Comissão a parlamentar do mesmo partido do autor do requerimento, o PPS. Ainda nesta conduta antirrepublicana, sequer foi concedida ao Partido uma das sub-relatorias, apesar de insistente solicitação minha e do líder do Partido. [...]* (JORDY, Arnaldo. Câmara dos Deputados. CPI do BNDES. Voto em Separado. Brasília, fev. 2016)

Um exemplo foi o volume grandioso de dinheiro disponibilizado pelo BNDES para a compra, pela JBS S.A., da Pilgrim's Pride, da Swift Armour, da Smithfield, da National Beef, nos Estados Unidos, e do Tasman Group na Austrália, bem como para a fusão da JBS com o frigorífico Bertin e suas unidades produtoras de lácteos, alimentos processados e couros.

Além do que foi apurado pelo Ministério Público Federal (MPF), vamos propiciar um olhar diverso do formal investigativo, para demonstrar como uma mente criminosa, como a de Joesley Batista, conseguiu trabalhar para forjar, por quase uma década, uma história fantasiosa que escondeu os reais proprietários da *offshore* Blessed Holdings LLC, que sempre pertenceu à família Batista. E também como foi estruturada a operação bilionária para beneficiar a JBS S.A. com dinheiro fácil do BNDES, com a utilização de toda sorte de falcatruas, inclusive o audacioso uso de empresa-fantasma na estrutura do novo grupo empresarial decorrente da pseudofusão entre a JBS e o Bertin.

Essa foi uma das maiores fraudes acionárias já praticadas no Brasil e no mundo e que, para ter sido bem-sucedida, teria de contar, não só com a anuência do BNDES, presidido pelo economista Luciano Coutinho (2007-2016), mas também com a participação ativa do então ministro da Fazenda, o economista Guido Mantega, que tinha o banco estatal sob o comando de sua pasta. Isso sem contar a participação de diversos funcionários do banco, inclusive com cargos de direção, além de instituições bancárias e consultorias que participaram da modelagem desse grande golpe acionário e fiscal.

"Não fomos seletivos em relação à JBS. Se você olhar operações de outras empresas, você vai ver o mesmo tratamento dado", afirmou Coutinho no dia 24 de abril de 2019 à CPI. No dia 22 de maio, foi a vez do depoimento do ex-ministro Guido Mantega. Ele, claro, negou ter atuado em favor da JBS ou de qualquer outra empresa postulante a financiamento junto ao banco estatal: "Eu nunca pressionei o Luciano Coutinho [ex-presidente do BNDES] e nunca intercedi em favor de qualquer projeto que estivesse tramitando lá – nem do Joesley, nem de qualquer outra empresa. O BNDES tinha autonomia e regras rigorosas, com várias instâncias de decisão".

Porém, o voto condutor do acórdão nº 2.206/2018 (TCU/Plenário) contraria a declaração de Coutinho:

> *Ao reunir mais elementos nestes autos, estou convicto de que o tratamento privilegiado se revestiu no efetivo favorecimento a agentes/interesses privados em detrimento do patrimônio, recursos, normas e interesses maiores do BNDES.*

Coutinho apenas repetia o "mantra da honestidade" – algo quase sagrado para a maioria dos políticos brasileiros. Ora bolas! Se o tratamento dispensado aos irmãos Batista foi o mesmo dado às demais empresas beneficiadas por empréstimos do BNDES, isso somente corrobora o triste entendimento a que chegou a Procuradoria-Geral da República, com base nas investigações feitas por procuradores, ministros e técnicos do TCU, técnicos da Receita Federal e agentes da Polícia Federal.

A denúncia do Ministério Público Federal de Brasília (MPF-DF), datada de 14 de março de 2019 e apresentada pela Procuradoria da República do Distrito Federal à Justiça Federal em Brasília, é assinada pelo procurador da República Ivan Claudio Garcia Marx e pelo procurador Regional da República Francisco Guilherme Vollstedt Bastos. Ela é incisiva ao afirmar que a quadrilha que operava no BNDES defendendo o grupo JBS era comandada pelo então ministro da Fazenda, Guido Mantega, e pelo próprio presidente do banco, Luciano Coutinho.

Vale ressaltar que o procurador da República Ivan Cláudio Garcia Marx não aderiu, em 2017, ao Acordo de Leniência firmado pela PGR com a J&F Investimentos S.A. – montante de R$ 10,3 bilhões a serem pagos em 25 anos – porque ainda estavam em curso as investigações desencadeadas pela Operação Bullish. Mas, desde março de 2019, com a denúncia apresentada à 12ª Vara da Justiça Federal, vem esclarecer fatos tenebrosos relativos à indecorosa relação entre os irmãos Batista e os governos petistas.

Além de apontar diversos crimes praticados pelos membros da organização criminosa no BNDES para beneficiar a JBS, o MPF requer, nessa Denúncia[2], uma multa mínima de R$ 5,587 bilhões, sendo R$ 1.862.335.933,11 por dano sofrido pelo BNDES e R$ 3.724.671.866,22 correspondentes ao dobro dos danos causados.

A denúncia do MPF-DF evidencia que altos funcionários, inclusive em cargos de direção no BNDES, abaixavam a cabeça ante as falcatruas praticadas. Ou delas participavam, convictos e de forma decisiva para beneficiar ilicitamente os irmãos Batista em seus negócios obscuros com o banco.

---

2 MPF. E-PROC: 2327684-2017.4.01.34.00 (IPL Nº 1081/2016 – OPERAÇÃO BULLISH). 355 p. Distrito Federal, 14 mar. 2019. Disponível em: <https://politica.estadao.com.br/blogs/fausto-macedo/wp-content/uploads/sites/41/2019/03/DEN%C3%9ANCIA.pdf>. Acesso em: 2 jun. 2019.

A lista dos denunciados inclui Joesley Mendonça Batista, Victor Garcia Sandri, Guido Mantega, Antonio Palocci Filho e Luciano Galvão Coutinho, em solidariedade também com os técnicos do BNDES Eduardo Rath Fingerl, Caio Marcelo de Medeiros Melo, André Gustavo Salcedo Teixeira Mendes, José Claudio Rego Aranha e Fabio Sotelino da Rocha.

Sobre Luciano Coutinho, o MPF-DF afirma:

> *Por todo o conjunto de provas materiais e testemunhais já referidos, conclui-se que o ex-presidente Luciano Galvão Coutinho aceitou e assumiu a tarefa de encabeçar a instituição, com o intuito de garantir a continuidade de um ciclo de retroalimentação de propinas, inaugurado na gestão de Guido Mantega à frente do BNDES.*

Embora os crimes envolvendo o BNDES e a JBS sejam múltiplos, nesta obra vamos nos ater a analisar o apoio que o BNDES deu à fusão do frigorífico Bertin com a JBS S.A. – revelado, posteriormente, uma grande fraude, que contou com o envolvimento de um bando de colaboradores.

Para viabilizar o negócio, o banco fez uma operação de crédito para os irmãos Batista equivalente a US$ 2 bilhões, por meio de aquisição de debêntures "mandatoriamente conversíveis em ações". Incluiu, além de parcela para a compra de 64% da empresa norte-americana Pilgrim's Pride Corporation, a compra mascarada de "fusão" do frigorífico Bertin e suas unidades produtoras de lácteos, alimentos processados e couros.

De acordo com a denúncia, a JBS obteve, nessa mesma oportunidade, "a liberação do compromisso de aplicar US$ 800,6 milhões que remanesciam em seu poder para aquisição da National Beef"[3].

---

[3] "A união da JBS com o National Beef levaria varejistas, empresas de serviços de alimentação e, consequentemente, os consumidores americanos a pagar mais pela carne bovina", disse Thomas Barnett, procurador na divisão antitruste do Departamento de Justiça. Ressaltando que o negócio colocaria mais de 80% do mercado americano de carnes nas mãos de apenas três companhias – JBS/Friboi, Tyson Foods e Cargill. (Fonte: BeefPoint. 21 out. 2008). De acordo com fato relevante da época, o frigorífico brasileiro havia se mostrado disposto a pagar US$ 560 milhões pela empresa, além de assumir dívidas, o que elevaria o negócio para o valor total de US$ 970 milhões. (Fonte: Suinocultura. 21 out. 2008).

Esse recurso que estava parado no caixa da JBS se referia a uma operação de crédito anteriormente feita pelo BNDES para a compra do National Beef, que não prosperou por oposição do Departamento de Justiça dos Estados Unidos, em face de o potencial negócio violar a lei antitruste do país, já que poderia promover a concentração no mercado de carnes.

O relatório do deputado federal Hugo Leal, relator parcial da CPMI do BNDES instalada em 5 de setembro de 2017, demonstra como o banco articulou para que a JBS conseguisse ficar com o dinheiro que foi a ela destinado para a compra da National Beef:

Para que as empresas investigadas pudessem contar com todo o capital originalmente previsto no contrato, operação que envolvia o valor total de R$ 1.137.006.208, a BNDESPar firmou o 3º Aditivo ao contrato, datado de 16 de abril de 2009, que autorizou em sua cláusula 2.1 que a JBS adquirisse, até o dia 28 de julho de 2010 (Data da Opção), uma ou mais sociedades ou ativo(s), no Brasil ou no exterior, equivalente(s) à National Beef, no valor total igual ou maior que o Valor Base.

Em resumo, a JBS contou tanto com a facilitação da BNDESPar na transferência dos recursos originalmente previstos para aquisição da National Beef para outra operação, como na suspensão da exigência de regularidade fiscal para obtenção destes recursos. Afinal, na data final de 28 de julho de 2010 estabelecida em contrato para a liberação do recurso, a Lei nº 11.945, de 2009, excepcionava a apresentação da CND.

Desses US$ 800,6 milhões, o MPF-DF esclareceu que R$ 614 milhões eram da BNDESPar (BNDES Participações), e o restante, oriundo de fundos de pensão – indiretamente, do próprio BNDES.

Procuradores-gerais de 13 estados americanos entraram com ações contra a JBS USA, alegando que a aquisição da National Beef, quarta maior embaladora dos Estados Unidos, ameaçaria a precificação competitiva ao criar um oligopólio liderado pela JBS USA, pela Tyson Foods Inc. e pela Cargill Inc. O Departamento de Justiça Americano (DOJ) abriu processo para bloquear a aquisição, por motivos concorrenciais. Embora a JBS tenha tentado encontrar uma solução que viabilizasse a compra, essa não foi possível.

Inicialmente, a JBS havia pedido ao BNDES um empréstimo de US$ 1,5 bilhão para adquirir o controle acionário (64%) da Pilgrim's. Depois, sem uma explicação plausível, o valor já saltaria para US$ 2,5 bilhões – por sugestão de técnicos do banco. O processo foi concluído em US$ 2 bilhões, constando no pacote, além da compra da Pilgrim's Pride Corporation, a incorporação [de ações], pela JBS, do frigorífico Bertin e de unidades correlatas.

O empresário Joesley Batista, com sua eterna cara de pau, jurou de pés juntos que ninguém pediu a ele que efetuasse a artimanha. Ou seja, além de comprar a Pilgrim's, que também fizesse uma fusão com o Bertin e livrasse a cara do BNDES em uma eventual quebra do frigorífico – com prejuízo do banco, que investira no Bertin, em 2008, R$ 2,5 bilhões de forma suspeita e temerária. O posicionamento de Joesley Batista é apenas mais uma de suas inúmeras conversas pra boi dormir.

De acordo com a denúncia do MPF-DF, ficou evidenciado que o volume de recursos colocados à disposição da JBS (US$ 2 bilhões + US$ 800,6 milhões) era muito maior que o necessário para os planos concretos de expansão da JBS nos Estados Unidos e no Brasil, não se preocupando o BNDES sequer em conhecer onde, de fato, o dinheiro seria aplicado.

Neste livro vamos mostrar como Joesley Batista, o então presidente do BNDES Luciano Coutinho e os irmãos Bertin fizeram a maior fraude acionária de todos os tempos no Brasil e como o banco usou e abusou do dinheiro público para apoiar negócios privados.

E, claro, demonstrar como se deu a distribuição do clássico pedágio cobrado por membros do PT, inclusive em contas no exterior, para bancar a campanha eleitoral de 2014 da ex-presidente Dilma Rousseff e de políticos de diferentes correntes partidárias – todos afinados com as práticas criminosas comandadas pelo partido, em seu projeto de perpetuação no poder.

Há confissão do próprio Batista. Em sua delação premiada de 2017, ele falou sobre a triangulação armada e sua contrapartida.

O BNDES adquiriu debêntures da JBS S.A. no valor de US$ 2 bilhões, dinheiro este usado para comprar o controle da Pilgrim's e da Bertin S.A. O seu pagamento, conforme ele revelou, foi ter escriturado propina de US$ 50 milhões, com depósito em uma conta nos Estados Unidos, em nome de uma *offshore*.

Batista também afirmou que, em 2010, o então ministro da Fazenda Guido Mantega pediu a ele que abrisse uma nova conta, dessa vez para Dilma Rousseff. Diante disso, o empresário perguntou se a conta existente "não seria suficiente para os depósitos dos valores a serem provisionados". Guido negou, ressaltando que aquela era "de Lula".

Enfim, só nos resta discordar frontalmente do ex-presidente do BNDES Joaquim Levy, que, em seu depoimento à CPI do BNDES no dia 26 de junho de 2019, afirmou que o BNDES é "o banco mais transparente do Brasil".

Levy está redondamente errado. O BNDES foi – na era petista – e continua sendo, apesar de todos os esforços do TCU e do MPF, uma grande e intrincada caixa-preta. E somente agora começa a ser desvendada.

PARTE 1

A caixa-preta gringa

> *O que será, que será?*
> *Que andam suspirando pelas alcovas*
> *Que andam sussurrando em versos e trovas*
> *Que andam combinando no breu das tocas*
> Chico Buarque

Mas o que foi, afinal, essa história de *offshore*?

Para compreendermos é preciso retroceder um pouco no tempo. Durante muitos anos, o BNDES, apesar de trabalhar exclusivamente com recursos públicos, se utilizou de um suposto direito ao sigilo bancário para barrar qualquer investigação pelos órgãos de controle. Isso mudou em julho de 2015, quando o Supremo Tribunal Federal (STF), em acórdão do ministro Luiz Fux, considerou não estarem "abrangidas pelo sigilo bancário ou comercial operações financeiras que envolvam recursos públicos". No entendimento de Fux, tais operações estão submetidas aos princípios da Administração Pública – conforme artigo 37 da Constituição Federal.

De acordo com o relatório da então deputada Cristiane Brasil (PTB) em 2015, quando ela era relatora da Comissão Parlamentar de Inquérito (CPI) que investigava o banco estatal, "foi só a partir desta decisão que as investigações dos órgãos de controle realmente engrenaram e, rapidamente, começaram a descobrir diversas irregularidades". A deputada ressalta que, então, o Tribunal de Contas da União (TCU) já "vinha atuando para tentar exercer seu papel constitucional de fiscalizar a aplicação dos recursos públicos, algo combatido de forma veemente pelo BNDES". No relatório, ela afirmou ainda que a atuação conjunta do TCU, do Ministério Público (MP) e da Polícia Federal (PF) foi "decisiva" para abrir "a caixa-preta" do BNDES.

Criada em julho de 2015, a CPI do BNDES se apoiou na existência de contratos secretos, suspeitas de envolvimento do banco em atos de corrupção e criação de empresas de fachada, indícios de concessão de empréstimos contrários ao interesse público e aquisição – pela BNDESPar – de ações de empresas sem condições financeiras em condições questionáveis.

Na sequência foram criadas quatro sub-relatorias: financiamentos a contratos internos, financiamentos a contratos externos, financiamentos a entes federados e participações em empresas. "Fui designada relatora da sub-relatoria de contratos externos, a qual tem por finalidade focar nos contratos de financiamento realizados pelo BNDES a envolver a realização de obras em países como Argentina, Cuba, Angola, Venezuela, República Dominicana, Guatemala, entre outros", afirmou a deputada.

Pela alta especificidade dos temas, tanto deputados quanto a equipe técnica da Câmara precisaram realizar grandes estudos iniciais. Mesmo assim, é preciso lembrar que diversos termos técnicos constam do dia a dia do BNDES e não são conhecidos por um público leigo no assunto. Isso ficou nítido nas primeiras oitivas, quando havia uma assimetria entre os depoentes e os deputados. Na época, muitos documentos requisitados pelos membros da comissão ainda nem haviam chegado.

Cristiane Brasil disse, inclusive, que essa metodologia precisa ser revista. "De nada adianta convocar testemunhas para depor enquanto ainda não foi possível aos parlamentares tomarem pé dos documentos relacionados à investigação. Cria-se o risco de transformar a oitiva em uma palestra, com o depoente manipulando números ao sabor das circunstâncias sem que esses dados possam ser confrontados imediatamente pelos parlamentares", relatou. Idas e vindas foram necessárias até que o banco suprisse a Câmara com os documentos considerados essenciais pelos deputados.

A seguir, os principais pontos identificados pela CPI:

Irregularidades nos processos

A CPI concluiu que "havia diversos indícios de irregularidades na área internacional. No que concerne à apresentação da carta-consulta da empresa que deseja obter o financiamento, salta aos olhos o fato de algumas dessas cartas-consulta parecerem mais trabalhos de geografia de um estudante de segundo grau, pois dedicam a maior parte de suas páginas a falar sobre a localização do país estrangeiro, sua geografia, população, sistema de governo, demografia etc. O efetivo projeto que será construído naquela localidade, em algumas ocasiões, perde em grau de detalhamento quando comparado ao trabalho de geografia que o antecede, o que parece bastante estranho quando se está pedindo 300 milhões de reais em financiamento, apenas para exemplificar", pontua o documento dos parlamentares.

Também foi apontado que as justificativas para autorizar a concessão dos empréstimos bancários também eram pífias. Contratos de valores vultosos aprovados pela diretoria "em simples parágrafo", "com a utilização de termos genéricos e abstratos, sem uma análise específica sobre a obra que será realizada". Isso causou estranhamento aos investigadores. Além disso, foram identificados pedidos de financiamento para a realização de obras distintas em países diferentes que foram autorizados "praticamente com a mesma fundamentação e com a utilização das mesmas expressões vagas" – como se houvesse um modelo pré-formatado para tais solicitações discrepantes.

Ilustra bem a situação compararmos os processos para a concessão de financiamento nas obras realizadas na Guatemala e na República Dominicana. Embora se trate de obras e países diversos, a fundamentação para a concessão dos respectivos empréstimos é praticamente a mesma, afirmando, de forma genérica, que "o contrato produzirá fomento porque ajudará o país a exportar divisas e serviços".

Em nenhum momento os relatórios indicam quais serão os benefícios sociais para o país do projeto. Não há qualquer menção sobre o número de empregos que serão gerados no Brasil – tampouco qual o efeito que essa operação terá no parque industrial brasileiro.

Os deputados atentaram para o fato de a diretoria da respectiva área fazer constar uma espécie de *disclaimer* no processo, frisando que a decisão final sobre o empréstimo cabe ao Conselho de Administração. No entendimento da CPI, isso denotou que a instância "acredita estar agindo de maneira correta e, ao mesmo tempo, pensa estar se isentando de qualquer responsabilidade, o que não é verdade".

A aprovação do financiamento ocorria de forma ainda pior do que as solicitações mal fundamentadas. Isso porque os registros são parcos. Na ata da reunião na qual o empréstimo era aprovado, apenas se afirmava que a diretoria da respectiva área apresentou "parecer oral" sobre o financiamento, decidindo o Conselho aprová-lo. "Quando se busca o teor do parecer oral, no entanto, não há qualquer registro do que motivou a aprovação do crédito", enfatizou o relatório da CPI.

"Assim, financiamentos de centenas de milhões de reais são aprovados com suporte em uma fundamentação genérica proferida pela respectiva diretoria e um parecer oral perante o Conselho, do qual não foi possível encontrar nenhum registro, mesmo tendo a CPI requerido ao BNDES todos os documentos relativos às operações na área internacional", prosseguiu o documento.

Os deputados concluíram que o cuidado dedicado ao processo não era compatível com a importância das operações analisadas. Em determinados relatórios e decisões da diretoria constatou-se que erros de digitação significaram a celebração de contratos com valores de financiamento inferiores aos pretendidos, e que suposto erro na transcrição de documentos culminou em erro na autorização do prazo deferido para o financiamento. "Falhas de tal gravidade levantam sérias suspeitas a respeito do real caráter avaliativo dessas etapas do procedimento, sendo de se questionar se não se cuida de mera chancela de decisões previamente tomadas", apontou a CPI.

Para os parlamentares, os procedimentos do BNDES analisados contrariavam princípios basilares de transparência, impessoalidade e moralidade, "parecendo o banco desconhecer a necessidade de a Administração Pública fundamentar todos os atos administrativos, sendo eles nulos quando imotivados". Além disso, a maneira como eram conduzidos tornavam os tais procedimentos praticamente à prova de qualquer fiscalização por parte dos órgãos de controle, "sendo uma porta aberta para transformar discricionariedade administrativa em completa arbitrariedade ou favorecimento aos 'amigos do rei'".

O controle do BNDES era pouco eficiente, favorecendo a existência de maracutaias. Embora cada operação de financiamento do BNDES recebesse um número, o banco não formava um processo físico ou eletrônico relativo àquela operação. Assim, os documentos referentes a um determinado financiamento ficavam espalhados entre diferentes setores, tornando difícil para qualquer órgão de controle ou mesmo analista do banco ter uma ideia geral e sistemática do caminho percorrido por aquele pedido de financiamento. "Segundo técnicos do TCU, nas primeiras vezes em que foram ao banco solicitar documentos relativos a determinada operação, precisou-se de horas apenas para que os mais diferentes setores pudessem reunir em apenas um local os inúmeros documentos relativos a uma documentação específica", ressaltou o relatório da CPI.

Os deputados concluíram ser "difícil de acreditar" que, "num órgão com tamanha capacidade técnica e conhecido pela excelência de seus quadros, tais falhas elementares sejam acidentais ou fruto de mero desconhecimento".

Suspeitas de superfaturamento e fraude

Nos casos analisados, quando uma construtora brasileira apresentava projeto para pedir financiamento ao BNDES, o banco não tomava providências para checar se os dados apresentados no projeto – custos estimados, dimensionamento da obra, preço de mão de obra etc. – estavam corretos ou eram superfaturados. Os deputados alertaram para o risco de o país estar, em vez de "fomentando a exportação de divisas e serviços", na verdade "incentivando a exportação de superfaturamento".

"Na modalidade Exim Pós-Embarque, uma das mais utilizadas nos contratos analisados nesta sub-relatoria, o monitoramento das operações é realizado durante o período de utilização do crédito, sendo aferidos a manutenção das garantias, o cumprimento de obrigações contratuais durante o curso do financiamento e, principalmente, a comprovação da realização das exportações – ponto de evidente fragilidade", pontuou o relatório. "A dificuldade de acompanhamento de despesas classificadas como Bonificações e Despesas Indiretas (BDI), utilizadas para o custeio de mão de obra, contingenciamentos e outros itens, aliadas à possibilidade de antecipação de recursos em hipóteses específicas torna imprescindível o acompanhamento efetivo das exportações realizadas e da verificação do desenvolvimento físico-financeiro dos empreendimentos."

E para não dizer que não há fiscalização, o acompanhamento das obras realizadas pelas construtoras no exterior, por sua vez, era feito por auditorias contratadas pelas próprias empresas – suscitando, portanto, sérias dúvidas quanto à idoneidade do trabalho. "Os relatórios de acompanhamento das obras elaborados pelo BNDES, mais uma vez, pecam pela generalidade. O próprio BNDES admite que checa apenas as notas fiscais, mas não a veracidade das notas fiscais, não tendo como aferir com precisão se os produtos e serviços no exterior foram realmente entregues e prestados", afirmou a relatora da CPI. "Em resumo, a construtora afirma que determinado percentual da obra foi concluído, o país estrangeiro, por sua vez, confirma a versão da construtora e assim o dinheiro é liberado. A auditoria, por seu turno, é contratada pela própria construtora e ninguém vai lá confirmar a veracidade das informações. Nos relatórios elaborados pela empresa de auditoria, vale dizer, ela também afirma que não analisa a veracidade da documentação disponibilizada pela construtora."

No entendimento dos parlamentares, tal excesso de confiança nas empresas de auditoria tem de ser encarado como algo temerário. A CPI cita os casos da norte-americana Enron e do Frigorífico Independência, "onde os próprios funcionários do BNDES disseram que foram enganados, levando prejuízo à operação".

O relatório também acrescenta a consideração de que em "boa parte dos países onde as obras foram realizadas" são notórios os "elevados níveis de corrupção" e as "péssimas notas para obtenção de crédito internacional". Muitos deles nem são considerados uma verdadeira democracia e apresentam um baixíssimo nível de transparência.

Vale lembrar que, ao contrário do BNDES, bancos de fomento que atuam de forma parecida – como o Banco Mundial – têm por praxe contratar auditorias externas de reconhecimento internacional ou ainda obrigar que os beneficiários do financiamento contratem uma auditoria por eles indicada. Este modelo torna praticamente nulos os riscos de desvios de recursos, superfaturamentos ou fraudes.

O BNDES, em sua defesa, alegou que nesses tipos de operação "o risco de inadimplemento para o banco é zero, pois o empréstimo é segurado pelo Fundo de Garantia das Exportações (FGE). Mas a questão, no caso, não deve ser pensada apenas do ponto de vista monetário ou lucrativo, e sim no benefício ao país. Aqui, no entanto, revela-se mais uma vez a completa deturpação de como deve agir um banco público. Como um banco de fomento, ainda que a operação seja segurada, a preocupação do BNDES com superfaturamento deveria ser real. Isso porque, se ele empresta R$ 100 milhões para uma obra que necessitaria apenas de R$ 50 milhões, o banco está perdendo a oportunidade de emprestar os outros R$ 50 milhões para outra obra que do dinheiro pudesse precisar, deixando de cumprir sua missão, que é a de fomentar o desenvolvimento nacional. Uma obra superfaturada, mesmo quando o risco de inadimplemento é zero, reduz enormemente a capacidade do banco gerar fomento e desenvolver a economia, pois diminui a quantidade de empréstimos totais que o BNDES pode realizar e, consequentemente, de benefícios a serem gerados. Adicionalmente, está se impondo um elevado prejuízo ao trabalhador brasileiro, que, em última análise, é quem arcará pelos subsídios entregues indevidamente", afirmou o relatório.

O superfaturamento representa uma transferência de recursos públicos para empresas que já são poderosas e detentoras de recursos vultosos. Além de crime, é uma distribuição de renda reversa, dos pobres para os ricos.

Além disso, o dinheiro do seguro da operação também tem origem pública. É dinheiro do contribuinte brasileiro – e, portanto, precisa ser usado com responsabilidade.

A CPI ainda concluiu que nos anos que antecederam a investigação o BNDES não fez nenhum estudo de efetividade, tornando impossível saber se as diferentes operações de financiamento realizadas trouxeram benefícios ao país.

"Ao focar apenas na inadimplência, o BNDES quer se comportar como um banco privado. A grande diferença, porém, é que um banco privado, como Bradesco, Santander etc., empresta dinheiro a juros de mercado, não fazendo subsídio com o dinheiro do contribuinte", concluiu o relatório. "Estudos de efetividade constituem também um instrumento essencial para garantir o respeito ao princípio da impessoalidade. É muito comum no BNDES termos um mesmo agente econômico agraciado com vários empréstimos sucessivos no decorrer dos anos. Mas como saber se aquele agente econômico deve receber um novo financiamento sem um estudo de efetividade que eventualmente comprove que o empréstimo anterior do BNDES, em projeto semelhante, realmente contribuiu para o fomento e desenvolvimento da economia, e não apenas para benefício próprio do empresário anteriormente agraciado?"

O que se tem observado é que nem na adimplência o BNDES focou, porque muitos desses países que receberam recursos do BNDES, como Cuba e Venezuela, estão inadimplentes com o banco, e quem vai arcar com esse custo é o contribuinte brasileiro.

Os deputados afirmaram que estudos assim são essenciais principalmente quando o banco é confrontado com diversas suspeitas "de que bilhões gastos" em determinado setor não geraram "nenhum benefício para a economia" do país. Como no caso da JBS/Friboi, "em que o TCU comprovou que o preço da carne aumentou no Brasil".

Não é preciso ser nenhum ás em Economia para entender a triangulação que pode ocorrer nesses casos. Uma empresa pode tomar empréstimos do BNDES a custo baixo, não para aumentar o seu investimento – como era de se supor, vindo o dinheiro de um banco público de fomento. A empresa pode simplesmente usar esse dinheiro para fazer os investimentos que já estavam previstos em seu planejamento – e que seriam feitos de outra forma, mesmo sem a ajuda do banco estatal. Então, com o empréstimo firmado, as empresas beneficiárias ficam livres para aplicar seu próprio dinheiro no mercado financeiro, lucrando com as taxas maiores. O resultado são lucros astronômicos sem qualquer benefício para o país.

Da concentração de apoio a empresas e a países

A CPI também destacou a grande concentração de recursos em financiamentos destinados a pouquíssimas empresas. Apenas dez empreiteiras firmaram contratos de financiamento para a exportação de serviços de engenharia com o BNDES de 2007 a 2015: dos 539 contratos de financiamento firmados pelo BNDES entre 2/4/2007 e 28/4/2015, 420 (78%) tiveram como interveniente exportadora a Construtora Norberto Odebrecht S.A. (ou sua subsidiária Companhia de Obras e Infraestrutura). O valor total financiado à empresa e à sua subsidiária corresponde a US$ 8,33 bilhões, 69,30% de todo o valor contratado junto ao banco para o financiamento desse tipo de operação (um total de US$ 12,02 bilhões). Mais de 90% dos recursos foram concentrados em contratos envolvendo a interveniência de apenas dois grupos –Norberto Odebrecht e Andrade Gutierrez.

O Ministério Público se pronunciou a respeito. "Se o objetivo do BNDES era alavancar o desenvolvimento nacional, por que privilegiar apenas algumas empresas? Se as beneficiárias fossem empresas públicas, poder-se-ia dizer que os benefícios seriam indiretamente distribuídos a todos os brasileiros. Contudo, trata-se de empresas privadas. Os lucros das operações, caso voltem para o Brasil, serão incorporados ao patrimônio de pouquíssimos cidadãos. Como se sabe, a concentração de renda é um evento não desejável, combatido pela maioria dos países, cujos efeitos vão de encontro a políticas que buscam combater os desequilíbrios e desigualdades econômico-sociais", analisou o órgão.

Nas palavras do procurador, "se o banco recebe recursos públicos para administrar e os transfere a poucos beneficiários, na prática, seus financiamentos têm patrocinado a concentração de renda, transferindo os valores dos pulverizados no mercado (de cada um dos contribuintes) para os agraciados com os subsídios concedidos".

Outro ponto lembrado pelo relatório dos deputados é que o seguro de tais operações também lesa o bolso do brasileiro. "Não desconhecemos o fato de que há cláusulas contratuais condicionando os desembolsos do BNDES ao andamento das obras. Todavia, caso haja divergência entre o importador e o exportador, com eventual paralisação dos serviços, é grande o risco de o governo envolvido suspender os pagamentos ao banco, e haver a necessidade de se acionar o Seguro de Crédito à Exportação. Ou seja, a União, que também faz aportes ao Fundo de Amparo ao Trabalhador (FAT – em 2014, R$ 13,8 bilhões), estaria sendo lesada não só pelo oferecimento de taxas de juros abaixo das permitidas nas operações do FAT-Constitucional, mas também em sua exposição desnecessária a elevado risco de crédito", afirmou a CPI.

Além da concentração em poucas empresas, também foi bem restrito o número de países beneficiados no período investigado. Coincidência ou não, apontou o relatório, todos eles com "péssimo grau de investimento", sendo que muitos deles "sendo classificados como especulativos". Quatro nações respondem por mais de 80% dos recursos destinados: Angola, Venezuela, República Dominicana e Argentina.

No meio financeiro, entende-se que a concentração de recursos em poucos "traz riscos desnecessários aos financiadores e garantidores das operações". Mais um indício, portanto, de que houve má-fé.

O caso venezuelano

A CPI deteve-se com profundidade sobre as operações que tiveram como objetivo construir duas linhas de metrô na Venezuela – a linha 2 de Los Teques e a Linha 5 de Caracas.

A carta de intenções entre os governos brasileiro e venezuelano foi firmada em 26 de maio de 2009, em Salvador: ali ficou formalizado o interesse do Brasil em financiar, por meio do BNDES, as chamadas exportações de bens e serviços destinados a projetos de infraestrutura considerados prioritários pelo governo estrangeiro.

No mesmo ano, a Construtora Norberto Odebrecht (CNO) submeteu ao BNDES pedido de financiamento para engenharia e construção da Linha 5 do metrô de Caracas, no valor de US$ 219.342.333,00, e da Linha 2 do metrô de Los Teques, no valor de US$ 527.847.704,00. Um total de US$ 747.190.037,00.

As operações foram realizadas na modalidade chamada de *supplier's credit*, ou seja, por meio de contratos de colaboração financeira mediante desconto de títulos de crédito. Antes, o BNDES havia apoiado a implementação das Linhas 3 e 4 do metrô de Caracas – os financiamentos foram contratados, respectivamente, em 2004 e 2001.

"As possíveis irregularidades no processo de concessão de créditos do banco levaram o Tribunal de Contas da União a auditar a Área de Exportações da instituição (AEX), bem como o processo de contratação e acompanhamento de alguns contratos internacionais. A atuação da corte de contas enfrentou diversos obstáculos, especialmente diante da alegação de inviolabilidade dos sigilos bancário e comercial, que impediriam o banco de fornecer documentos indispensáveis para a efetiva fiscalização de suas atividades", ressaltou o relatório da CPI. "Sob o manto do sigilo, o BNDES movimentava vultosas quantias em benefício de entidades privadas, de instituições estrangeiras e de outros países, sem a devida transparência, impedindo averiguações do órgão auxiliar do Poder Legislativo. Até mesmo contratos firmados entre empresas nacionais e estrangeiras – fundamento principal para a efetivação das operações – foram sonegados, sob o argumento da necessidade de observância de sigilo. A manutenção de tal interpretação permitia ao Poder Executivo – controlador do banco – dispor livremente de recursos públicos de considerável montante, sem qualquer controle dos representantes do povo, sem prestação de contas, a seu alvedrio."

As investigações descobriram ainda omissões consideráveis no relatório de análise – documento no qual são aferidas autorizações e licenças ambientais exigidas legalmente no país importador, orçamento das exportações de serviços e fontes de financiamento da parcela não financiada, além dos gastos locais, uma vez que esses, como visto, não são passíveis de financiamento pela instituição. É nesse relatório também que precisa ser avaliada a viabilidade da obra em si. "A título exemplificativo, iniciada a fiscalização em 2009, a equipe de auditoria não dispunha de condições para aferir a veracidade das informações atinentes ao cronograma físico-financeiro em março de 2013, em decorrência da sonegação documental", prosseguiu o texto dos parlamentares.

O Tribunal de Contas da União considerou que o BNDES não foi rigoroso na liberação dos recursos, deixando de seguir as "rígidas disposições normativas no âmbito interno do banco para a liberação de recursos ao país importador". Um dos pontos, por exemplo, é a apresentação de um cronograma físico-financeiro que indique a efetiva realização do serviço, em compatibilidade com a parcela do empréstimo: mesmo sem qualquer norma prevendo isso, o banco simplesmente deixou de observá-la. "Não foi informada a instância que foi a responsável pela dispensa, tampouco foi apresentado qualquer documento que permita aferir o processo decisório", afirmou o relatório da CPI.

Foram notadas também contradições internas. Por um lado, o BNDES afirmou que os adiantamentos foram realizados de acordo com seus regulamentos (sem indicar quais são). Ao mesmo tempo, asseverou estar em curso a elaboração de normas da Linha de Financiamento à Exportação que disciplinarão tais adiantamentos, o que reforçou as suspeitas de que tais adiantamentos foram realizados ao arrepio da lei.

"Outro ponto bastante discutido diz respeito ao adiantamento de valores, dispensada a efetiva realização dos serviços. O TCU indicava a violação do *caput* e do § 1º do artigo 28 da Resolução nº 1.467/2007 do BNDES. Este, por sua vez, afirmava que a mencionada resolução tinha aplicação restrita a operações de adiantamento de crédito para financiamento de empreendimentos no Brasil. Contudo, ressalte-se, a defesa não apontou qualquer norma que autorizaria a efetuá-los na Linha de Financiamento Exim Pós-Embarque. Importa salientar, a propósito, que a norma operacional da Linha de Financiamento do BNDES Exim Pós-Embarque dispõe acerca da exigência de apresentação de fatura comercial emitida pela beneficiária no valor das exportações brasileiras realizadas", apontaram os parlamentares.

As datas ainda comprovaram que um "considerável montante" foi liberado pouco antes das eleições de 2010, justamente à companhia que contribuiu fartamente para as despesas de campanhas eleitorais do Partido dos Trabalhadores (PT), então no comando do governo federal.

"Contrariam-se, pois, as normas que cuidam da disponibilização de recursos públicos, e o próprio discurso do presidente do banco, que em reunião de audiência pública realizada nesta CPI foi categórico: os recursos não são adiantados, é necessário comprovar a execução dos gastos", pontuou o relatório da CPI.

Intimados, os funcionários responsáveis pela liberação dos recursos argumentaram que não competia ao BNDES verificar a compatibilidade entre avanço físico da obra e fatura. Afirmaram ser possível o desalinhamento entre o avanço financeiro e o físico, sem que isso represente irregularidade. Arremataram que não caberia ao banco auditar o andamento do projeto que se desenvolve em outro país, por não ser fiscal da obra, mas simplesmente financiador. A própria redação das faturas que embasaram os primeiros desembolsos, segundo eles, estabelecia que o item faturado representava uma antecipação para serviços de mobilização e abertura de novas frentes e gastos gerais associados requeridos para a continuação dos trabalhos de construção.

Na avaliação da CPI, tal discurso desconsiderava solenemente o papel do BNDES como banco de fomento, reduzindo-o a mero agente do mercado financeiro. "Embora não seja fiscal da obra, não se pode admitir que o banco se limite a verificar faturas e atestes do governo estrangeiro, sob pena de não poder sequer aferir se os valores do financiamento efetivamente são despendidos com os serviços a que se destinavam ou se destinados à cobertura de gastos com despesas locais – cujo financiamento é vedado", afirmou o relatório. "Verificou-se ainda que parcela considerável do valor dos financiamentos foi utilizada para o refinanciamento dos elementos administração central, benefícios e contingências, que não se caracterizariam propriamente como prestação de serviços, mas ressarcimento de elementos intangíveis como riscos empresariais e lucro."

Também verificou-se uma dificuldade em comprovar se os valores estavam adequados ou haviam sido superfaturados. Isso porque a única exigência para a aprovação do valor era a "comprovação dos preços, nos termos das informações contidas na fatura e no Registro de Exportação (RE) e Registro de Operações de Crédito (RC)". "Uma vez mais, é inegável que o Banco disponha de parâmetros mínimos a fim de que possa aferir a efetividade dos resultados que justificam sua existência – o fomento do desenvolvimento social e econômico brasileiro", argumentaram os parlamentares.

Houve ainda a negativa do BNDES em apresentar documentos necessários à fiscalização do TCU – o entendimento dos deputados da CPI é que o banco se mostrou resistente ao dever de transparência. O banco deixou de apresentar outras informações essenciais para a aferição do cumprimento dos compromissos por parte do país importador. "Um dos principais argumentos do BNDES quanto à sua eficiência diz respeito ao baixo índice de inadimplência por parte dos contratantes (argumento, aliás, repisado pelo presidente da instituição em audiência pública realizada por esta CPI). Não obstante, relutava em informar adequadamente a Corte de Contas", afirmou a relatora da CPI.

Riscos da operação

No caso da Venezuela, em consideração à avaliação ruim do país na Organização para a Cooperação e Desenvolvimento Econômico (OCDE), houve um seguro completo. O termo foi aprovado em 27 de março de 2009, com cobertura de 100% para eventuais calotes. De acordo com informações fornecidas pelo banco estatal, a análise dos riscos avaliou os cenários político e econômico do país beneficiado – e constou do documento o "bom relacionamento do país com a instituição nas últimas operações de mesma natureza".

Entre a definição das condições do seguro e a assinatura do contrato, entretanto, a classificação do risco de crédito da República Bolivariana da Venezuela foi piorada pela OCDE – de 6 para 7. E não houve notícia de realização de nova reunião para ajustar as garantias.

"A ausência de tempo hábil não permitiu verificar, por exemplo, o interesse de o BNDES financiar a exportação de serviços que já haviam sido contratados pela República Bolivariana da Venezuela desde 2006. Pode-se questionar qual seria o verdadeiro interesse na operação em questão: o fomento à economia brasileira ou apenas a concessão de crédito a um país em crise e incapaz de obtê-lo de outras formas, especialmente quando considerado seu baixíssimo nível de confiabilidade, conforme atestado pela Organização para a Cooperação e Desenvolvimento Econômico (OCDE)", afirmaram os parlamentares. "Vale observar que o contrato precede inclusive o Protocolo de Intenções entre os governos brasileiro e venezuelano, parecendo razoável que este teria legítima expectativa em obter tais financiamentos quando da contratação da empresa brasileira."

Cuba

Outro caso emblemático que merece um pouco de atenção foram os financiamentos concedidos pelo BNDES para a construção do Porto de Mariel, em Cuba. O fomento é resultado do Protocolo de Entendimento sobre Cooperação Econômica e Comercial, acordo firmado em 2008 pelo governo Lula, com o compromisso de conceder linha de crédito para investimentos na ilha então comandada por Fidel Castro.

Seis anos depois, em maio de 2014, foram concedidos US$ 682 milhões para a Companhia de Obras e Infraestrutura (COI), subsidiária da Companhia Norbert Odebrecht. A situação causou estranhamento e motivou o Ministério Público Federal a instaurar um inquérito civil. A suspeita: má gestão de recursos públicos, levando em conta as garantias oferecidas, os prazos e as condições de pagamento.

Ao TCU, o BNDES alegou sigilo das informações, deixando, assim, de permitir a verificação de suas ações e políticas, apesar dos grandes montantes de recursos. "Assim, diante de razoáveis suspeitas acerca da autorização de operações contrárias ao interesse nacional, a instituição escolheu esconder-se sob o manto do sigilo, ocultando tanto dos cidadãos como de órgãos investigativos como geria os recursos", pontuou o relatório da CPI.

"Insta salientar que o contrato de financiamento inicialmente analisado pelo BNDES dizia respeito às obras de reforma e ampliação de determinada rodovia cubana, a Autopista Nacional, no valor de até US$ 43,35 milhões. O projeto consistia na construção de cerca de 152 km de rodovias ligando as cidades de Santa Clara e Ciego de Ávila, chegando à cidade de Havana. O apoio à exportação estava no bojo do Protocolo de Entendimentos firmado entre os governos brasileiro e cubano, em 15 de janeiro de 2008, quando da viagem do então presidente da República, Luiz Inácio Lula da Silva, a Cuba. À semelhança dos contratos firmados com a República Bolivariana da Venezuela, os riscos políticos e extraordinários foram integralmente cobertos pelo Seguro de Crédito à Exportação, com lastro no já mencionado Fundo de Garantia às Exportações (FGE)", prosseguiu o documento.

Mais uma vez, o relatório de análise foi parco nas informações e ponderações. Ao avaliar o projeto, limitou-se a uma breve descrição do país importador dos serviços, da política externa direcionada pela Câmara de Comércio Exterior (Camex) e da aprovação da garantia pelo Comitê de Financiamento e Garantia das Exportações (Cofig). Não houve avaliação técnica específica sobre a viabilidade do projeto ou sobre os potenciais benefícios no mercado brasileiro de exportações de serviços. Logo no passo inicial do processo, comprometeu-se a avaliação dos benefícios do financiamento: se não havia objetivos ou metas específicas a serem alcançadas, como seria possível, em exame posterior, avaliar o sucesso do investimento? O simples adimplemento não traduz o êxito da operação, vez que não é com essa finalidade que são realizados os financiamentos. "De outra parte, o exaustivamente repisado argumento de que o financiamento às exportações de serviços é importante para o Brasil, embora não possa ser desconsiderado, é argumento aplicável a qualquer pedido de apoio levado ao BNDES. Tal linha de argumentação serve para o deferimento de todo e qualquer pedido formulado à instituição", pontuaram os parlamentares. "Em outras palavras, adoção de tal procedimento já justificaria previamente qualquer pedido que viesse a ser formulado, sem considerações específicas sobre as externalidades específicas dele decorrentes."

O relatório de análise pouco analisa. Mais parece um documento que chancela decisões de outras instâncias. Na maneira como o BNDES funcionou, ao menos nesses casos, o banco mais parece agir como um organismo visando ao lucro com empréstimos do que um promotor de fomento, como era de se esperar.

E ainda houve mais. Três meses mais tarde, a diretoria do BNDES aprovou aumento de US$ 85 milhões ao valor concedido. Oito meses depois, novo ajuste. Desta vez, o objeto de financiamento passou a apoiar exportações destinadas à Construção do Porto de Mariel. "A justificativa consistia na alteração de prioridades de construções do governo Castro após a ocorrência de intempéries no país, aliadas a relevantes modificações no cenário econômico internacional e externo", conforme pontuou o relatório dos parlamentares.

A alteração contratual foi registrada em documento interno do banco. Não houve, entretanto, avaliação da nova obra, muito menos verificação das externalidades. "Apenas a constatação de que houve alteração contratual entre o país importador e a construtora e a mudança do uso do capital emprestado", afirmou a CPI.

A nova priorização do investimento foi definida pelo governo da família Castro. O redirecionamento dos recursos da Autopista foi realizado com mais três etapas das obras financiadas. Ou seja, novos aportes de US$ 108,715 milhões, US$ 150 milhões e US$ 150 milhões.

Não foi suficiente. "Mencione-se ainda que os recursos objeto do Protocolo de Entendimentos não foram suficientes para cobrir os gastos decorrentes das obras do Porto de Mariel. Para a conclusão do excesso, foi necessário um investimento do BNDES de cerca de US$ 230 milhões adicionais (inaugurando, assim, o financiamento à quinta e última etapa da obra), previamente aprovados pela Camex, o que totalizou os mencionados US$ 682 milhões. O acréscimo destinou-se à conclusão das principais obras das etapas anteriormente financiadas", esclareceram os parlamentares.

O relatório de análise que trata dos valores acrescidos enfatizou a relevância do projeto para o país estrangeiro e a aprovação da Camex. Nem uma linha falando sobre benefícios para a sociedade brasileira.

"Interessante verificar que tanto em Cuba como em outros países em que não há observância de princípios democráticos, o risco político inevitavelmente integrará o valor do contrato celebrado entre o importador e a empresa brasileira exportadora. Cuida-se de mais um dos países com a pior avaliação de risco no ranking da OCDE. O risco certamente é um fator que afeta o preço dos negócios. Assim, o sobrepreço decorrente dos riscos políticos é pago pelo importador, mas financiado pelo BNDES – sendo nesse ponto válido o questionamento acerca do custo de oportunidade de parte desses recursos. Certamente, não se cuida apenas da estrutura do Banco (que não raras vezes assume papel instrumental), importa questionar instâncias superiores e mesmo o direcionamento desses recursos na política elaborada pelo Poder Executivo", enfatizou o relatório da CPI.

Críticas também pairaram sobre o prazo: consideravelmente longo, em uma demonstração de apreço ao governo cubano. Em geral, as operações do BNDES preveem pagamento em até 12 anos. Nesse caso, foram concedidos 25 anos – condição bastante favorável ao devedor.

Os parlamentares levantaram suspeitas sobre se as condições contratuais se adaptam à realidade internacional. "Seria possível ao regime dos irmãos Castro obter para o país prazo tão elástico com taxas de juros tão atrativas? A concorrência internacional estaria realmente disposta a oferecer semelhantes condições (lembre-se de que um dos principais argumentos de que se vale o BNDES para financiar tais obras é a necessidade de se promover a competitividade das empresas brasileiras)? A dúvida razoável decorrente desses questionamentos não é despicienda. O favorecimento de países estrangeiros remuneraria a menor os recursos dos trabalhadores brasileiros, o que não parece admissível (especialmente diante da probabilidade de inobservância do disposto no § 1º do artigo 239 da Constituição da República), antes, reforça a alcunha de Robin Hood às avessas", afirmou o documento da CPI.

Mais uma vez, foi enfatizada a questão da concentração das operações em poucas companhias brasileiras – um indicativo de que o BNDES, instituição pública, prejudicou a livre concorrência e aprofundou desigualdades sociais. A maior beneficiária foi a Construtora Norberto Odebrecht. Se adicionadas as empreiteiras Queiroz Galvão e Andrade Gutierrez, "resta ínfimo percentual de operações de apoio à exportação de serviços" destinadas a outras companhias.

Neste caso, não foi possível investigar as suspeitas de tráfico de influência. Isso porque a comissão parlamentar não conseguiu aprovar os requerimentos que convocavam o ex-presidente da República, Luiz Inácio Lula da Silva, para prestar depoimento à CPI, "a despeito de todas as evidências de benefício a empresas nacionalmente conhecidas por financiar campanhas eleitorais de seus aliados e das graves denúncias de instrumentalização da instituição para proveito de familiares". Dados da

Câmara atestam que foram apresentados nove requerimentos para a oitiva do ex-presidente, um para a quebra de sigilos bancário, fiscal e telefônico, e outro, encaminhado ao Departamento de Polícia Federal, solicitando relatório de entrada e saída para os principais países beneficiários dos financiamentos. Nenhum desses requerimentos foi apreciado pelo plenário.

Tudo isso foi trazido à luz por uma CPI realizada pela Câmara dos Deputados. O tempo passou, as informações circularam no íntimo do poder em que as decisões são tomadas. Mas nada foi feito. Tal e qual dizia o escritor italiano Giuseppe Tomasi di Lampedusa (1896-1957), tudo precisa mudar para que as coisas fiquem do jeito que estavam.

Uma caixinha de presente: Gamecorp

Um jogo de pega lá, dá cá. O BNDES foi utilizado pelo ex-presidente Lula em uma troca de favores que, pouco tempo depois, acabaria privilegiando negócios de sua família.

No centro do imbróglio, negócios da área de telefonia. A Brasil Telecom estava no alvo da Operação Satiagraha – depois tornada ilegal pelo Superior Tribunal de Justiça. Lula foi atrás de um parceiro na área. E escolheu Sérgio Andrade, da Andrade Gutierrez e da Telemar. Ao banco estatal foi reservada a missão: encher os bolsos da companhia.

Veja o comunicado oficial divulgado pelo BNDES em 1º de novembro de 2006:

> *A diretoria do Banco Nacional de Desenvolvimento Econômico e Social (BNDES) aprovou financiamento de R$ 2,4 bilhões para o grupo Telemar. Do total, R$ 1,97 bilhão será concedido à Telemar Norte Leste e o restante R$ 466,7 milhões à sua subsidiária Oi, operadora de celular. Os recursos serão destinados à expansão e atualização tecnológica da rede de telecomunicação fixa e móvel programadas para o período de 2006 e 2008.*
>
> *Para o setor de telecomunicações, o BNDES já aprovou R$ 18 bilhões, desde 1999 – incluindo a operação atual – que tornaram possível o crescimento no número de telefones fixo e celular no país e o cumprimento das Metas de Universalização fixadas pela Anatel.*

O financiamento ao Grupo Telemar é mais um dos apoios do Banco a grandes projetos de investimentos. De 2005 até agora, por exemplo, foram aprovados R$ 2,4 bilhões para a Suzano, R$ 900 milhões para a Transnordestina, R$ 2,1 bilhões para a Brasil Telecom, R$ 1,7 bilhão para a Klabin e outros R$ 2,5 bilhões para três empresas de siderurgia, a Gerdau, Companhia Siderúrgica de Tubarão (CST) e Usiminas/Cosipa.

Outro mérito do projeto reside no aporte de investimentos significativos em regiões pouco desenvolvidas, realizados por um grupo de telefonia de capital nacional. A região de concessão da Telemar cobre cerca de 64% da área total do país, ocupada por 99,4 milhões de pessoas, ou 55% da população brasileira, e gera aproximadamente 42% do PIB nacional.

Entre 2000 e 2005, o BNDES já aprovou para o grupo Telemar R$ 4,1 bilhões (excluindo o último financiamento), que possibilitaram investimentos de R$ 21 bilhões no período, voltados para expansão e modernização da rede fixa e móvel e que resultaram em uma base de mais de 25 milhões de clientes. Nestes anos, o número de assinantes de telefonia fixa aumentou de 10 milhões para 15 milhões e o de usuários de celular saltou de 1,4 milhão no fim de 2002, seis meses após a entrada da Oi no mercado, para 10,3 milhões em dezembro de 2005. Com a operação atual, o volume aprovado pelo BNDES para a Telemar sobe para R$ 6,5 bilhões.

O novo projeto da Telemar Norte Leste prevê a ampliação e modernização da rede de cabos metálicos e fibra óptica para novos serviços, a expansão da banda larga, além da adoção de novas tecnologias como o IPTV – televisão via Internet. Esses investimentos também atenderão à demanda dos jogos Pan-americanos no Rio de Janeiro, em 2007.

Os investimentos na Oi visam a expansão da rede e o aumento da cobertura, o que inclui a construção de infraestrutura para as estações de rádio base (ERBs) e centrais de comutação para ampliação da cobertura em municípios atualmente não atendidos. O projeto também contempla o atendimento ao evento dos jogos Pan-americanos e, ainda, a oferta de novos serviços.

Mercado – O mercado mundial de telefonia móvel e banda larga passa por um processo de expansão bem superior à demanda por serviços de telefonia fixa. Em função disso, o grupo Telemar vem, desde 2003, desenvolvendo e adotando estratégias de convergência, tornando-se um dos pioneiros na integração de diversas plataformas tecnológicas.

A iniciativa tornou possível a oferta de serviços e produtos que combinam telefonia fixa, móvel, telefones públicos, banda larga, serviços de longa distância e provedor de acesso à internet. Com isso, a empresa garantiu as condições necessárias para atender plenamente, de forma segmentada, às demandas de um mercado cada vez mais exigente.

Projetos sociais – Novos projetos sociais relacionados ao financiamento do BNDES estão em fase de definição pela empresa. Os investimentos serão realizados pelo Instituto Oi Futuro (antigo Instituto Telemar), braço de ação social do grupo criado em 2001, com o objetivo de desenvolver projetos nas áreas de educação, cultura e tecnologia. Dentre os principais, está o Projeto ToNoMundo (antigo Telemar Educação), que recebeu financiamento de R$ 2,5 milhões do BNDES, em 2005, para inclusão digital em Pernambuco, fruto de convênio com o governo do Estado. Os investimentos preveem a capacitação de 300 profissionais de educação e 120 escolas.

O cenário foi montado. A empresa Oi começava a surgir no setor. Por intermédio de Lula, foi firmado um acordo pelo qual a Telemar, do Sérgio Andrade, ganhou o status de Oi.

Essa ajuda do governo federal resultaria em contrapartida para a família de Lula. O beneficiado foi Fábio Luís Lula da Silva, o Lulinha, filho do ex-presidente. Sua empresa Gamecorp – fundada em 2004 –, depois do acordo que transformou a Telemar em Oi, recebeu um aporte de US$ 5,2 milhões. Até o momento, o Ministério Público não provou se houve forma de pagamento entre a injeção de milhões de dólares na empresa de Lulinha e da elevação da Telemar à condição de Oi.

De acordo com relatório da Polícia Federal, a Oi injetou R$ 82 milhões na empresa de Fábio Luís e outros sócios. A Cervejaria Petrópolis foi outra grande investidora, colocando 6 milhões. No total, a Gamecorp conseguiu aportes de R$ 103 milhões.

Diante dessa dinheirama toda, o sempre afeito a metáforas futebolísticas Lula disse que seu filho era o "Ronaldinho dos negócios".

Oi e os governos

Já no governo Michel Temer, a nova lei de telecomunicações precisou ser utilizada para socorrer – e enriquecer – sobretudo a Oi. Em junho de 2016, a companhia entrou com o maior pedido de recuperação judicial da história do Brasil, com R$ 65 bilhões em dívidas acumuladas.

Era mais uma ajuda à empresa, enormemente beneficiada por vários governos, incluindo a gestão PT – que a elegeu como uma das "campeãs nacionais", ao lado da Odebrecht, das empresas de Eike Batista etc.).

Na época do governo Fernando Henrique Cardoso, o então ministro das Comunicações Luiz Carlos Mendonça de Barros chamou o consórcio original da Oi, a antiga Telemar (composto dos grupos Andrade Gutierrez e Carlos Jereissati, dentre outros), de "telegangue". Barros deveria ter suas razões para identificar o grupo com um crime organizado.

Em 2006, Gutierrez foi a maior doadora da campanha do PT. Ao mesmo tempo, a Oi (pelo seu braço Brasil Telecom) injetou R$ 5 milhões na empresa Gamecorp, de Fábio Luís, o Lulinha. Regras jurídicas foram alteradas para a formação da Supertele Oi, e a empresa recebeu R$ 6,8 bilhões do Banco do Brasil e do BNDES.

No total, os principais financiadores da Gamecorp injetaram na firma ao menos R$ 103 milhões, de acordo com laudo elaborado na Operação Lava Jato. A cervejaria Petrópolis e empresas ligadas à Oi são os principais remetentes desses recursos. Companhias como a Oi Móvel e a Telemar Internet, ligadas à empresa de telefonia, colocaram um total de R$ 82 milhões na empresa, em valores não corrigidos.

A Gamecorp, responsável pelo canal Play TV, está em nome de Fábio Luís Lula da Silva e dos sócios Kalil Bittar, Fernando Bittar e Leonardo Badra Eid. A defesa de Lula afirma que a companhia de telefonia é acionista da Gamecorp. O laudo foi elaborado pela Polícia Federal e não traz conclusões a respeito desses repasses. Está anexado a um dos inquéritos sobre o ex-presidente na Lava Jato. A análise não especifica as datas de pagamentos. Entre os financiadores, também está o iG, Internet Group do Brasil, que pertenceu à Oi até 2012.

O aporte inicial, de 2005, havia sido objeto de investigação da Polícia Federal e do Ministério Público Federal, mas o caso acabou arquivado em 2012. A Oi tinha como uma das controladoras até 2014 a holding da empreiteira Andrade Gutierrez e aparece em outros episódios da Lava Jato. Uma outra investigação relacionada a Lula, por exemplo, apura a instalação de uma antena da companhia telefônica próxima ao sítio em Atibaia, no interior paulista, que tem Fernando Bittar como um dos proprietários.

PARTE 2

Como se faz uma campeã nacional e como ela se desfaz

O lucro de um é prejuízo de outro.
Montaigne

O governo federal fabrica detergente para lavar louça, sabão em pó, palha de aço. Processa carne. Em outras épocas, já fabricou massa de tomate e goiabada. Pois, além das 134 empresas estatais, é sócio de 111 empresas – por exemplo, a JBS e a Bombril. O governo federal também arca com prejuízos de negócios malfeitos: por exemplo, é o sócio majoritário da Tecsis, Tecnologia e Sistemas Avançados, empresa criada em 1995, e escolhida pela BNDESPar (BNDES Participações), alguns anos depois, para ser a maior fabricante mundial de pás para usinas eólicas. Ao banco se juntaram alguns grupos privados, que embora não fossem majoritários puderam, graças à boa vontade do sócio estatal, administrar a empresa. Hoje, apesar do crescimento do parque nacional de energia eólica, a Tecsis está totalmente paralisada. Nesse período, a BNDESPar foi se transformando, à medida que a empresa acumulava prejuízos, em seu acionista cada vez mais majoritário. A Tecsis é um bom exemplo do que ocorre até com certa frequência no mercado. E um *case* que não poderia faltar nessa obra.

A empresa foi criada em 1995, em Sorocaba, SP, como sociedade limitada, com capital que em 15 anos chegou a 4 milhões de reais. No começo, foi bem. Escolhida pelo governo para ser uma das "campeãs nacionais", estilo JBS, ganhou amplo apoio da BNDESPar (que passou a ser seu maior acionista) e de grupos privados que se interessaram em participar de uma empresa avalizada pelo suporte, inclusive acionário, do governo federal. O aporte inicial, do governo e acionistas privados, foi de US$ 460 milhões. Com isso, a sociedade limitada se transformou em S.A. Em 2011, com a entrada do BNDES e alguns grupos privados, seu capital se multiplicou de R$ 4 milhões para R$ 231.048.816,82.

A Tecsis cresceu rapidamente e chegou a ser a segunda maior fabricante mundial de pás eólicas. Nessa época, Estáter e Unipar/Carbocloro eram seus principais acionistas privados, superados apenas pela BNDESPar. Mas, tão rapidamente quanto cresceu, a Tecsis encolheu: empresas credoras requereram sua falência, 8 mil funcionários foram demitidos, a produção está paralisada, e a empresa, inativa. O número de credores não pagos é grande, de acordo com informações da Serasa, e os débitos ultrapassavam R$ 1 bilhão. A Tecsis vendia principalmente para a GE e a Alstom. A GE comprou a Alstom e, ao mesmo tempo, a LM Windpower, uma indústria dinamarquesa de pás eólicas, passou a ser sua principal fornecedora. Desapareceu o mercado comprador da Tecsis, sem que houvesse plano alternativo para compensar a perda. E sua situação financeira, dizem os números da Serasa, continua piorando.

O que aconteceu durante o processo de crescimento e encolhimento? Os maiores sócios da BNDESPar na Tecsis eram o grupo Estáter, de Pércio de Souza, um grupo de bancos e a Unipar-Carbocloro, que tem entre os acionistas um envolvido na Operação Lava Jato, Frank Geyer. Este, em delação premiada, disse ter recebido R$ 150 milhões "por fora" para concordar com a venda da Quator à Braskem, empresa controlada pelo grupo Odebrecht. À medida que cresciam os débitos, a partir de 2014, também cresciam as confissões de dívida firmadas pela Tecsis, e, com isso, os grupos privados foram se afastando, deixando a BNDESPar amplamente majoritária como acionista.

Alguns links de reportagens publicadas sobre o tema, sem que houvesse medidas oficiais de investigação:

<http://www1.folha.uol.com.br/poder/2016/04/1762638-delator-da-lava-jato-vai-devolver-r-32-milhoes-aos-cofres-publicos.shtml>
<http://www1.folha.uol.com.br/poder/2016/02/1737444-novo-delator-menciona-suborno-ao-ex-ministro-negromonte.shtml>
<http://veja.abril.com.br/politica/palocci-recebeu-r-2-mi-de-empresa-envolvida-no-petrolao>

A Tecsis pediu recuperação extrajudicial – um pedido estranho, já que uma empresa inativa não tem como suportar o pagamento, mesmo parcelado. Mas o pedido foi aprovado por alguns credores, que atingiram o quórum previsto em lei para tal pleito. Depois da aprovação, o administrador judicial relatou que faltava incluir nas dívidas a quantia devida à GE/Alstom. Segundo a GE, são R$ 228.431.927,93 – valor que seria insuficiente para fazer frente aos demais credores na assembleia de credores da Recuperação Judicial.

Enquanto isso, a Unipar-Carbocloro (lembrando: empresa da qual Frank Geyer é sócio) vendeu suas ações da Tecsis para a GI Eólica Participações Ltda. Como a Estáter (já acionista e por muito tempo encarregada da administração da Tecsis) é proprietária da GI Eólica, com 97,6%, tem-se que a Unipar-Carbocloro repassou suas ações a outro acionista da mesma empresa, saindo na hora do encolhimento.

Juntando tudo: uma empresa inativa, mesmo omitindo o valor total dos débitos, em que há uma operação de venda de ações atípica, conseguiu ter sua recuperação judicial aprovada. E um de seus acionistas, a Unipar/Carbocloro, que em março de 2017, na etapa final dos bons tempos, dividia com a BNDESPar o posto de maior acionista, saiu discretamente, deixando o banco estatal com a maior participação acionária, de longe, em uma empresa inativa, com pedidos de falência, mais de mil títulos protestados, débitos superiores a R$ 1 bilhão e limite de crédito, na análise da Serasa, de zero reais, sem contar a questão que se prorroga e se arrasta judicialmente sem comprovações de prestação de contas, por exemplo. A Tecsis é uma Sociedade Anônima, que deve ter seus atos divulgados de forma pública, mas nem por via judicial isso foi conseguido. Quem paga é a Viúva – traduzindo, a União. Ou, traduzindo melhor ainda, nós, pagadores de impostos.

PARTE 3

A (con)fusão entre a JBS e o Bertin

A verdade sem dúvida é linda; assim como as mentiras.
Ralph Waldo Emerson

No dia 1º de maio de 2008, o BNDES virava sócio do grupo Bertin, com a injeção inicial de R$ 1 bilhão – mais precisamente R$ 1.000.000.039,50. O banco estatal adquiriu, assim, participação de 13% no capital da Bertin S.A., empresa surgida em 2007 durante a reestruturação societária do grupo Bertin.

No mesmo ano, o BNDES injetou ainda quase R$ 1,5 bilhão, em três parcelas: R$ 500.000.019,75 no dia 17 de setembro, R$ 300.000.011,85 em 29 de setembro e R$ 699.929.661,06 em 23 de dezembro. No total, foram R$ 2.499.929.732,16. O banco se tornou dono de 26,92% da Bertin S.A.

Conforme divulgado pela imprensa na época, o BNDES justificou que tal investimento possibilitava ao grupo frigorífico "a aquisição de empresas no Brasil e no exterior – numa estratégia de consolidação e internacionalização –, e na ampliação da capacidade produtiva".

De acordo com a reportagem publicada pelo jornal *Valor Econômico* e assinada pelos jornalistas Chico Santos e Alda do Amaral Rocha, "o objetivo do BNDES com tal capitalização seria permitir o crescimento do Bertin e sua consolidação como um dos principais grupos do mercado global de proteína animal". Isso estava em consonância com o projeto de "criar grandes campeões nacionais" antes de promover a sua internacionalização, afirmaram.

O BNDES também dizia esperar que os Bertin, "além de investir na compra de empresas, ampliassem suas unidades industriais e construíssem novas, gerando 10 mil empregos diretos e 25 mil empregos indiretos" e terem capital de giro para manter regulares as suas operações frigoríficas.

De acordo com o Tribunal de Contas da União (TCU), a informação relativa à geração de empregos "foi colocada apenas para cumprimento do normativo que determinava a indicação do número de empregos que o projeto iria gerar". E o TCU foi incisivo ao afirmar que essa previsão não tinha lastro em qualquer estudo: "Não há nenhuma referência de como se apurou que seria gerado este montante".

O TCU também indicou em relatório que os técnicos do BNDES não se preocuparam, em momento algum, em saber se os bilhões destinados pelo banco à Bertin haviam, de fato, trazido qualquer benefício para a sociedade brasileira.

O banco passaria, depois do vultoso investimento realizado, a ter uma maior participação na Bertin S.A. do que tinha na JBS S.A. – onde ele detinha, em abril de 2008, uma parcela de 21%, depois de aplicar no PROT FIP (Proteínas FIP), criado juntamente com os fundos de pensão Petros (Petrobras), Funcef (Caixa Econômica Federal) e com o banco J.P. Morgan, em março daquele ano, para financiar as novas compras da JBS no exterior: National Beef e Smithfield Beef, nos Estados Unidos, e Tasman Group, na Austrália[4].

O grupo Bertin completava, em 2008, 31 anos de fundação e trabalhava para reformular sua estrutura organizacional e sua governança corporativa, visando a abertura do capital social, ação prevista desde o segundo semestre do ano anterior.

---

4 Por ocasião de sua criação, o PROT FIP comprou 205.365.101 ações da JBS, ações que retornaram aos cotistas do fundo quando de sua dissolução, em junho de 2012, devido ter chegado ao fim seu prazo de duração. A Previ foi insistentemente convidada a participar do PROT FIP, até com a interveniência do próprio presidente Lula, mas não aceitou alegando já estar madura, do ponto de vista atuarial, para assumir esse risco.

Embora fosse grande a expectativa do mercado em relação à IPO (Oferta Pública Inicial de Ações) da Bertin S.A. ainda no início de 2008, isso não aconteceu. E a justificativa foi a ocorrência dos lançamentos de ações da JBS (março), do Marfrig (junho) e do Minerva (julho)[5].

Enquanto isso, em Lins, no interior de São Paulo, as coisas pareciam ir muito bem. Tanto que, na segunda semana de junho de 2008, o grupo Bertin mandou publicar na imprensa uma Declaração de Propósito de constituição de um banco, cuja razão social deveria ser BHB S.A. Banco Múltiplo.

O projeto não prosperaria. Dois meses mais tarde, o grupo Bertin comunicou a desistência da constituição de uma instituição bancária, alegando decisão interna de investir em negócios já existentes.

Para que a abertura do capital da Bertin S.A. fosse possível, seus controladores procuravam ajustar a administração da companhia à governança exigida para pretendentes a ser parte do negócio. Foram contratados dois executivos de prestígio. Um deles, para o cargo de presidente: o economista João Pinheiro Nogueira Batista, ex-executivo da Suzano Holding e da Petrobras. Outro, para ser executivo financeiro: Ronald Seckelmann, que havia atuado como diretor financeiro e de relações com investidores na Klabin S.A. e Usiminas, dentre outros cargos em grandes empresas nacionais.

Além do dinheiro investido no Bertin pelo BNDES, os bancos credores do frigorífico promoveram um alongamento de sua dívida com o propósito de ajudá-lo a passar por tempos difíceis para as exportações de carne brasileira. Essa renegociação, entretanto, não foi suficiente para estancar a sangria da Bertin S.A. – que caminhava célere para a bancarrota.

No fim do mesmo ano, a companhia havia acumulado um prejuízo de R$ 681 milhões. Os Bertin foram novamente pedir socorro ao BNDES. O plano então era tentar unir suas operações a outro grande grupo do setor de carnes, evitando uma provável situação de insolvência.

---

[5] Outro fator negativo e que influenciou o não lançamento de ações pela Bertin foi o período turbulento para todo o mundo, que foi marcado pela crise do "subprime" (hipotecas de alto risco), que vinha se arrastando desde 2007 e que acabou culminando com a quebra de um dos maiores bancos norte-americanos, o Lehman Brothers.

Além do mercado difícil de carnes, por causa da crise financeira internacional, que restringiu as exportações brasileiras, o frigorífico Bertin, na avaliação de analistas de mercado, também havia sido prejudicado por outros negócios do grupo, como os de energia, pedágio e saneamento.

Apenas seis meses depois de assumir o cargo, João Pinheiro Nogueira Batista, o CEO da Bertin, saiu da empresa, em janeiro de 2009. Para seu lugar foi deslocado do recém-formado conselho de administração Fernando Antônio Bertin, um dos sócios do grupo. Segundo declarou Nogueira Batista, a troca foi motivada por interesses da família proprietária, que teve "a percepção de que Fernando Bertin poderia tocar o negócio como executivo".

O ex-CEO disse ainda que a decisão pela sua saída não tinha "diretamente a ver com a crise financeira". Afirmou que a empresa "não estava pronta para o passo que deu seis meses antes", quando o contratou, e que, com a alteração do cenário econômico, a abertura do capital havia deixado de ser prioridade.

Na página de Fernando Falco na rede social LinkedIn, Nogueira Batista comenta a respeito dos seis meses em que trabalhou no grupo Bertin, em declaração elogiosa a Falco, ex-diretor de lácteos do grupo:

> *Tive enorme prazer em liderar a primeira Diretoria profissional da Bertin S.A. Éramos um time unido e com grande disposição para implementar uma agenda de mudanças pesada e difícil. Foram seis meses intensos e bem-sucedidos. Fernando liderou a reformulação e integração da Divisão de Lácteos (Leco-Vigor). Tem visão estratégica e capacidade de liderança. Não nos conhecíamos antes e foi uma das boas descobertas.* (João Pinheiro Nogueira Batista)

Na época, o grupo Bertin era um dos maiores exportadores de produtos de origem animal da América Latina, como carne bovina *in natura* e processada e couros. Eram 39 unidades produtivas no Brasil e no exterior, e havia a aquisição recente da Vigor, que já empregava 25 mil pessoas.

Mas, apesar do porte, a companhia não estava isenta dos efeitos da crise. Segundo avaliação realizada pelo site especializado BeefPoint[6], as empresas do setor de carne no Brasil estavam enfrentando, naquele ano, sérios problemas com o estrangulamento do crédito para exportação, principalmente da linha que mais usavam, os Adiantamentos de Contratos de Câmbio, chamados ACCs. A publicação acrescentou ainda que, além de as linhas de crédito terem secado, "o mercado internacional de carnes diminuiu por causa da menor demanda e também pelas restrições que o produto do Brasil enfrentava na Europa".

De repente, o mercado foi surpreendido por uma notícia, que era guardada a sete chaves: as mudanças na administração da Bertin somente haviam sido feitas porque o grupo tinha acumulado uma grande dívida com bancos públicos e privados, que já passava dos R$ 5 bilhões, com 27% para vencimento em curto prazo, além de estar operando no vermelho, sinalizando para o mercado que poderia estar em uma situação pré-falimentar.

O mercado pode até ter sido surpreendido, mas a situação do grupo não era surpresa para os técnicos do BNDES. Relembrando a fase de negociação para que o banco capitalizasse a empresa em 2008, com R$ 2,5 bilhões, Sérgio Földes Guimarães, ex-superintendente da Área Internacional da estatal, escreveu para Ramon Rotta, advogado interno do banco, mensagem recuperada pela Polícia Federal que comprova a situação do grupo Bertin, socorrido pelo BNDES de forma temerária:

"Se voltarmos ao Bertin, o portfólio da BPar [BNDESPar] era de 50 bi e se investiu 2,5 bi em uma empresa fechada, que ia virar pó. O fato de ter dinheiro para fazer alguma coisa não deve ser motivo para fazer algo se os méritos não forem suficientes e os riscos bem pensados. (MPF-DF. Polícia Federal)."

De acordo com o TCU, "o aporte de R$ 2,5 bilhões foi superestimado pelo BNDES, e o valor deveria corresponder, na verdade, a uma participação maior do que os 26,92% que ficaram nas mãos do banco".

---

6 BEEFPOINT. "Crise atrasa processo de profissionalização". Disponível em: <https://www.beefpoint.com.br/crise-atrasa-processo-de-profissionalizacao-51188>. Acesso em: 5 jun. 2019.

Em meados de 2009, já havia um burburinho no mercado de que poderiam estar em curso ações que buscavam estruturar uma possível fusão entre a JBS S.A. e a Bertin S.A. Na ocasião, ambas as companhias divulgaram nota tratando a história como boataria.

O BNDES tinha receio de uma fusão entre as duas empresas. A concentração de mercado poderia ser um impeditivo para o fechamento do negócio. Havia a possibilidade de este vir a ser vetado, em última instância, pelo Conselho Administrativo de Defesa Econômica (Cade).

A ideia inicial do banco era fomentar a fusão entre o frigorífico Bertin e a Marfrig, do empresário Marcos Molina, da qual o BNDES também era sócio, com participação de 14,66%.

De acordo com o BeefPoint[7], "uma fonte próxima à negociação informou que a aquisição seria 'recomendação' do Banco Nacional de Desenvolvimento Econômico e Social (BNDES)", que tinha todo o interesse no negócio, pois se o Bertin viesse a enfrentar dificuldades financeiras mais graves correria o risco até de ser vendido a uma companhia estrangeira.

"Por conta disso, os recursos para aquisição seriam provenientes do próprio banco estatal e totalizariam R$ 3 bilhões, dos quais R$ 2,5 bilhões seriam para a aquisição", afirmou o site especializado.

Foi nesse contexto que Fernando Bertin, cacifado pelo banco estatal, teria ido à mesa de negociações, embora o grupo Bertin tenha divulgado nota ao mercado negando a existência de tais conversas para uma futura fusão com a Marfrig. "A informação de que estaria em curso uma negociação para sua fusão à Marfrig não é verdadeira. Não há nenhum movimento da companhia neste sentido", afirmou a empresa.

Já a Marfrig, contradizendo Fernando Bertin, confirmou que existiam tratativas do gênero. Com a ressalva de que não havia ainda qualquer acordo firmado pelas partes.

O maior entrave à concretização da fusão entre os frigoríficos Bertin e Marfrig foi quanto ao controle. Fernando Bertin insistia em deter a primazia acionária da nova empresa que surgisse da fusão. Juntos,

---

[7] BEEFPOINT. Giro do Boi. "BNDES incentiva Marfrig a adquirir parte do Bertin". São Paulo, 2009. Disponível em: <https://www.beefpoint.com.br/bndes-incentiva-marfrig-a-adquirir-parte-do-bertin-54633>. Acesso em: 28 jun. 2019.

os dois frigoríficos teriam capacidade de abate superior a 35 mil animais por dia, o que deixaria o líder JBS/Friboi – cuja capacidade estava acima de 26 mil bois – na segunda posição.

O empresário Marcos Molina não via com simpatia a ideia de ter um sócio e, muito menos, deixar o controle da Marfrig. Assim, ele fez uma oferta para comprar, por R$ 1,5 bilhão, as operações frigoríficas dos Bertin – pagando ainda mais R$ 1 bilhão pela participação do BNDES, o que obrigaria o banco a reconhecer a perda de cerca de R$ 1,5 bilhão.

Esse foi o fator decisivo para inviabilizar a negociação em curso.

Após a fracassada tentativa de fusão com a Marfrig – mesmo sob o risco de o Cade impor restrições à efetivação do negócio ou até vetá-lo –, em agosto de 2009 optou-se pela união da Bertin S.A. com a JBS S.A.

Seria um grande negócio, já que a companhia derivada de tal união passava a ter capacidade diária de abate de 90,4 mil cabeças de gado, com 140 plantas e contando com 124 mil empregados.

A estimativa era de um faturamento anual na casa dos US$ 30 bilhões. "Em receita, a companhia [resultante da fusão] se tornaria a terceira maior empresa de capital aberto do país", informava um comunicado à imprensa distribuído pelos Bertin.

Questionado sobre o motivo da união das duas empresas diante da melhoria de resultados no 3º trimestre de 2009, Fernando Falco disse que a intenção era ganhar escala e aproveitar as sinergias existentes entre os dois grandes grupos frigoríficos.

De acordo com Falco, a desvalorização do dólar ante o real é que teria ajudado a Bertin a reverter o prejuízo do terceiro trimestre de 2008, "que havia sido causado pela forte alta do dólar em decorrência da crise financeira global"[8].

---

[8] Em seu último balanço antes da incorporação pela **JBS S.A.**, a **Bertin S.A.** divulgou que teve um lucro líquido de R$ 40,9 milhões no terceiro trimestre de 2009, revertendo um prejuízo de R$ 395 milhões registrado em igual intervalo de 2008. A receita bruta da empresa no período foi de R$ 2,115 bilhões, alta de 9% sobre o terceiro trimestre de 2008. A receita líquida ficou em R$ 1,838 bilhão, aumento de 7,8% na mesma comparação. (ROCHA, Alda do Amaral. *Época Negócios*. "Antes de se unir à JBS, Bertin registra lucro". São Paulo, 2009). Disponível em: <http://epocanegocios.globo.com/Revista/Common/0,,ERT106192-16355,00.html>. Acesso em: 29 jun. 2019.

O presidente do BNDES, Luciano Coutinho, classificou como positiva uma eventual fusão entre a JBS e o Bertin. Afirmou também que o pior momento da crise internacional havia sido superado. "A agenda de dificuldades já passou. Agora há a agenda de oportunidades", disse ele. O caminho estava, enfim, pavimentado para os irmãos Batista, e o acordo "oficial" de associação entre a J&F Participações S.A., a ZMF Fundo de Investimento em Participações – então acionistas controladoras da JBS S.A. – e os acionistas do grupo Bertin foi assinado em 16 de setembro de 2009.

Os termos do acordo foram divulgados pela JBS no mesmo dia, em apresentação ao mercado feita por Joesley Mendonça Batista, então CEO da JBS S.A., e por Fernando Bertin, que presidia o frigorífico Bertin. Foi publicado assim:

> *As Partes estão analisando a melhor estrutura de integração das operações da Bertin e da JBS. Em qualquer caso, a operação seguirá os trâmites legais necessários. Estima-se que os valores de capital próprio* (equity value) *da Bertin e da JBS devem estar na proporção de aproximadamente 40%-60% (data-base 30.6.2009).*

No trecho a seguir do comunicado, a JBS S.A. insistiu que negociava uma capitalização de US$ 2,5 bilhões e ainda impôs, sem qualquer estudo que o justificasse, o quanto o BNDES teria de participação na JBS USA:

> *A JBS está em processo avançado de negociação de uma **capitalização de US$ 2,5 bilhões** mediante subscrição privada na JBS USA Holdings, Inc. ("JBS USA"). **Esta operação resultará em uma participação de, no máximo, 26,3% do capital da JBS USA** pós-capitalização. A obrigação de J&F e ZMF de concluírem o negócio previsto no Acordo de Associação está sujeita à obtenção deste aporte na JBS USA para manter a alavancagem da JBS nos níveis atuais. [...]*

Foi informado que uma holding seria criada para ser controladora da JBS S.A., com contribuição de 73,1% do capital da Bertin S.A. (carnes, alimentos processados e couros), correspondente à participação da Tinto Holding Ltda. e 100% do capital da JBS S.A.

O BNDES, na oportunidade, divulgou nota ao mercado informando que via como positiva a união anunciada entre os dois grupos frigoríficos, como se estivesse completamente alheio ao que se passava na mesa de negociação:

> [...] Em relação à **associação anunciada entre a JBS e a Bertin**, o BNDES, que é acionista das duas companhias, vê de forma positiva essa união, que resultará na maior empresa de proteína animal do mundo, com grande potencial de geração de sinergias, que já nasce listada no Novo Mercado. **O BNDES tem apoiado as estratégias anunciadas pelas empresas**, aderentes às orientações estratégicas do banco, que incluem, entre outras, o incentivo à adoção das melhores práticas socioambientais. [...] (BNDES. Relações com Investidores. Comunicados. Setor de Proteína Animal. 16 set. 2009)

Em seu informe, a direção do banco ainda afirmava que a instituição deveria ter, ao final do processo de "associação", uma participação acionária de 22,4% na nova estrutura societária – considerando sua participação de 26,9% na Bertin S.A. e de 19,4% na JBS S.A.

Por fim, a direção do banco dizia "ver como algo positivo os movimentos estratégicos anunciados pela JBS, inclusive no que se referia ao processo de internacionalização e futura abertura do capital da JBS nos Estados Unidos" e, claro, aproveitou para defender os investimentos que havia feito na JBS S.A. para que esta comprasse o controle acionário da Pilgrim's Pride Corporation.

O BNDES também informou sua participação acionária nos quatro maiores grupos do Setor de Proteína Animal da época, quando o BNDES adquiriu participação acionária de R$ 12,4 bilhões, aplicados em cinco empresas, sendo, além da JBS, os frigoríficos Bertin, Marfrig, BRF e Independência – nesta, somente empréstimo de R$ 250 milhões[9].

---

[9] A JBS informou, no dia 31 de janeiro de 2013, que havia concluído a aquisição do frigorífico Independência, que estava em recuperação judicial. As negociações aconteciam desde abril de 2012, quando a JBS ofereceu R$ 268 milhões pelos ativos

Pelos termos iniciais "oficiais" divulgados pela imprensa[10] em relação à negociação entre a JBS e os Bertin, a chamada Nova Holding seria criada e passaria a deter o controle da empresa resultante da fusão, na qual a família Bertin deveria ficar com 40% de seu capital social e os 60% restantes ficariam de posse da família Batista.

No mesmo dia, o jornalista Luis Nassif afirmava, no programa *Agrobusiness* – do Canal Rural, que ainda pertencia ao grupo RBS e que, em 2013, foi comprado pelos irmãos Batista –, que caso a fusão entre a JBS e a Bertin se concretizasse, "cerca de 20% do abate de bois no país ficariam nas mãos de um único frigorífico, e a hipótese de monopólio poderia gerar polêmica no mercado pecuarista brasileiro".

Fernando Bertin, então presidente do grupo Bertin, disse em coletiva à imprensa, no dia seguinte, que as negociações entre a JBS e o Bertin haviam se intensificado nos últimos 40 dias. "É um amor antigo", disse o empresário, lembrando que as companhias haviam sido sócias antes, na BF Alimentos – nos anos 1990, JBS/Friboi e Bertin adquiriram juntas o frigorífico Anglo e passaram a controlar as marcas Anglo, Bordon, Hereford, Swift e Sola.

Do lado da JBS, o diretor de Relações com Investidores da J&F, Jeremiah O'Callaghan, afirmou que o processo de fusão entre JBS e

---

do frigorífico. A aquisição foi realizada por meio de 22,987 milhões de ações que eram mantidas em Tesouraria. O BNDES nada recebeu do empréstimo de R$ 250 milhões feito ao frigorífico Independência, nem sendo a JBS a sua compradora. (*Valor Econômico*. 31 jan. 2013).

Em decisão do dia 5 de julho de 2017, o Tribunal de Contas da União (TCU) concluiu que houve fraude e prejuízo de R$ 418 milhões (a preços corrigidos) no investimento feito pelo BNDES no frigorífico Independência, em 2008. Conforme decisão tomada pelo Tribunal de Contas, gestores do banco e os administradores da empresa vão responder a processo que visa o ressarcimento das perdas. (*Isto É*. 6 jul. 2017).

10 Em depoimento prestado à CPI do BNDES, no dia 14 de maio de 2019, Mário Celso Lopes, ex-sócio dos irmãos Batista, disse que a transação com os Bertin foi superavaliada – a JBS pagaria apenas R$ 750 milhões em dinheiro, assumiram dívidas do frigorífico estimadas em R$ 4 bilhões e dariam 10% das ações da nova holding para os antigos proprietários da Bertin. Mas, na época, os irmãos disseram que o frigorífico valia R$ 12 bilhões. Esta fala de Lopes é uma tentativa de fazer com que uma mentira vire verdade!

Bertin estava no caminho certo. "Estaremos trabalhando na finalização da fusão até o final do ano, dependendo das condições usuais", disse ele.

Entre outras informações, foram apresentados os nomes das pessoas que comporiam o Comitê Especial Independente exigido pela Comissão de Valores Mobiliários (CVM) para recomendar ao Conselho de Administração da companhia a melhor forma de se fazer a fusão pretendida entre a JBS e o Bertin e a criação de uma nova companhia.

Ou seja, cada empresa deveria criar uma comissão de pessoas independentes para ajudar a determinar a estrutura adequada e produzir um relatório com uma decisão conjunta, como declarado no comunicado ao mercado publicado pela JBS.

No comunicado distribuído à imprensa, assim seria o comitê da JBS:

[...] o Comitê Especial Independente de que trata o PO 35, composto por não administradores da companhia, todos independentes e com notória capacidade técnica, observado que a formação de tal comitê obedece aos fins do artigo 160 da Lei nº 6.404, de 1976, conforme item 5, de caráter transitório ("Comitê da JBS"): Srs. Omar Carneiro da Cunha, José Cláudio Rego Aranha e Wallim Vasconcellos. Este Comitê tem a finalidade única e exclusiva de analisar as condições de uma incorporação da Bertin na JBS, ou de uma incorporação de ações envolvendo a Bertin e a JBS, conforme estrutura que venha a ser adotada, submetendo suas recomendações ao Conselho de Administração da JBS, observadas orientações previstas no PO 35.

O comunicado prosseguia com os membros do comitê do Bertin:

Igualmente, observadas as orientações previstas no PO 35, composto por não administradores da companhia, todos independentes e com notória capacidade técnica, observado que a formação de tal comitê obedece aos fins do artigo 160 da Lei nº 6.404, de 1976, a administração da JBS informa que foi informada, nesta data, pela administração da Bertin, que foram eleitos os seguintes membros para integrar o Comitê Especial Independente de que trata o PO 35, de caráter transitório, no âmbito da Bertin: Srs. Eleazar de Carvalho Filho, José Pio Borges de Castro Filho e Emilio Humberto Carazzai Sobrinho.

O destaque, pelo lado da JBS, ficou por conta da escolha do engenheiro José Cláudio Rego Aranha[11], que já havia atuado em 2007 e 2008 como representante do BNDES no Conselho de Administração da JBS e que também havia sido chefe do Departamento de Mercado de Capitais do BNDES, responsável por aprovar processos de investimentos em grandes empresas.

---

11 Provas obtidas pela Polícia Federal reforçaram as suspeitas contra o ex-chefe do Departamento de Mercado de Capitais do BNDES José Cláudio Rego Aranha, que participou de algumas negociações do banco para investimentos na JBS. Nas buscas realizadas pela PF nos endereços de Aranha durante a deflagração da Operação Bullish, em 12 de maio de 2017, os investigadores encontraram uma grande quantidade de dólares em dinheiro vivo. "A apreensão de US$ 168.000,00, em espécie, sem indicação de origem, sinaliza alguma irregularidade entre sua renda e seu patrimônio", apontou a PF em seu relatório. [...] Aranha entrou na mira dos investigadores porque, após deixar o BNDES, foi contratado por um banco para participar de um comitê de avaliação da JBS no processo de fusão com a Bertin. Pelo trabalho, recebeu R$ 230 mil pagos em uma única parcela por meio de um depósito em sua conta. A suspeita dos investigadores é que o repasse pudesse ser algum pagamento de propina por seu período de trabalho no BNDES. [...] Também chamou a atenção dos investigadores a apreensão de sete fotografias de uma visita técnica de seis funcionários do BNDES à sede da empresa americana Pilgrim's Pride, que estava em tratativas para ser vendida à JBS – a empresa à época era a segunda maior produtora de frango dos Estados Unidos. As imagens mostram os técnicos do banco viajando em um jatinho particular da JBS, acompanhados de José Batista Júnior, o Júnior da Friboi, que comandava a empresa, além de um "jantar de luxo", nas palavras da PF. [...] "Isso mostra que é possível a influência da empresa JBS nas decisões técnicas dos funcionários do BNDES, haja vista a proximidade e o acesso mostrado nestas fotografias", escreveu a PF. (TALENTO, Aguirre. *Revista Época*. "O caso JBS é escandaloso". 12 abr. 2018).

Através delas (fotos) é possível avaliar que, apesar de ser uma visita oficial, a equipe recebeu um tratamento diferenciado e pessoal, como jato particular e jantar de luxo, sendo acompanhado inclusive por um dos donos da JBS, José Batista Júnior (Júnior da Friboi). Isto mostra que é possível a influência da empresa JBS nas decisões técnicas dos funcionários do BNDES, haja vista a proximidade e o acesso mostrado nestas fotografias. (Denúncia MPF; p. 196 – Trecho do Relatório de Análise de Material Apreendido pela Polícia Federal)

Do lado do frigorífico Bertin se destacava o nome de José Pio Borges de Castro Filho, que também havia sido funcionário do BNDES, tendo ocupado os cargos de vice-presidente (1990-1992) e presidente do banco (1998-1999).

Tais currículos sugerem conflitos de interesse nesse comitê.

Em 17 de setembro de 2009, os consultores Lygia Pimentel e Alcides Torres, da Scot Consultoria, assinaram artigo publicado pela revista *Cultivar*, no qual afirmam que a operação seria, de fato, uma fusão:

> [...] *Na verdade, o que importa é o seguinte: a operação consiste em uma fusão entre as empresas. A JBS-Friboi fica com 52% da holding, o Banco Nacional do Desenvolvimento Econômico e Social (BNDES) fica com 27%,* **o Bertin com 10% e o restante pertencerá a acionistas minoritários.** *[...]* (PIMENTEL, Lygia; TORRES, Alcides. Revista Cultivar. 17 set. 2009)

Soava intrigante a afirmativa dos consultores de que o Bertin somente teria 10% de participação acionária na Nova Holding, quando a JBS falava que os Bertin teriam 40%.

Aparentemente, eles sabiam mais do que poderiam...

Outro fato relevante na matéria assinada pelos jornalistas citados foi a afirmativa de que a operação, em curso, redundaria em uma fusão e que a família Bertin participaria da gestão dos negócios.

Entretanto, na documentação oficial do processo de incorporação de ações da Bertin Ltda. e da JBS S.A., isso não aparecia de forma assim tão explícita. Poderia ter sido uma dedução da dupla de jornalistas, já que isso, em uma fusão, deveria ser o mais lógico.

Depois de concluído em início de dezembro, a JBS informou o resultado do estudo e as sugestões apresentadas pelos comitês para a composição acionária da empresa resultante da fusão. De acordo com a JBS, os conselhos de administração da JBS e da Bertin, juntamente com os chamados "comitês especiais independentes" das duas companhias, haviam sugerido os critérios para a relação de troca de suas ações dentro do processo de fusão.

O comitê da JBS recomendou que a relação de troca se situasse dentro de um intervalo, de forma que o valor atribuído à JBS fosse entre 53,5% e 70,2% da empresa combinada, e o da Bertin entre 29,8% e 46,5%.

Por sua vez, o comitê do Bertin recomendou que a relação de troca ocorresse dentro de um intervalo entre 31,23 e 34,61 ações de emissão da JBS por ação de emissão da Bertin.

Segundo o comunicado da JBS, a relação de troca, anteriormente anunciada, era de 32,45 ações da JBS para cada ação da Bertin, portanto dentro dos intervalos sugeridos agora pelos comitês.

Veja que havia uma convergência espantosa entre consultores ditos "independentes" e a própria JBS. Indícios fortes de que houve um arranjo, algo feito a duzentas mãos, mas com um resultado previamente definido pelo chefe do grupo.

Embora o negócio entre as famílias Bertin e Batista seguisse de vento em popa, pecuaristas continuavam preocupados com a possibilidade de se criar um monopólio frigorífico – e, por conseguinte, com a possibilidade de este vir a controlar os preços do boi gordo e a classe produtora ser prejudicada.

Foi por isso que o empresário José Batista Júnior, conhecido como Júnior Friboi, então presidente da JBS/Friboi, tentou acalmar os produtores. Durante o evento ExpoMS, em Campo Grande, no Mato Grosso do Sul, ele garantiu que a fusão das duas companhias não iria pressionar os preços da carne, muito menos "quebrar" os pequenos e médios frigoríficos:

> *Não existe essa história de monopólio, esta é uma empresa brasileira, um projeto nacional, de capital aberto, onde você pode pegar o seu dinheiro e investir. Nossa ideia é a melhor possível, queremos transformar isso em um negócio positivo, inclusive para o produtor.* (Campo Grande News. "Friboi descarta quebradeira a partir da fusão com Bertin". Campo Grande. MS. 3 out. 2009)

O próximo passo na operação de fusão entre a JBS e a Bertin seria a convocação de uma assembleia geral de acionistas para aprovar a incorporação das ações e, assim, concluir a formatação da estrutura financeira.

Além disso, a JBS deveria continuar trabalhando em outras condições precedentes para a efetivação da operação com a Bertin e a compra da Pilgrim's, como a finalização do processo de *due diligence* da Bertin e a realização de capitalização bilionária junto ao BNDES.

Em sua posterior análise, o Tribunal de Contas da União listou os técnicos do BNDES que participaram da 240ª Reunião do Comitê de Enquadramento de Crédito realizada em 24 de novembro de 2009 e que deveriam justificar razões para terem aprovado "a operação de fusão entre as empresas JBS S.A. e Bertin S.A., mediante apoio financeiro da BNDESPar, com base em *valuation* superdimensionado da companhia Bertin S.A."

Em 14 de dezembro de 2009, a JBS publicou outro comunicado, no qual, entre outros assuntos, declarava:

Direito de Retirada

A Incorporação de Ações enseja a possibilidade de exercício do direito de retirada, tanto para os acionistas da JBS quanto para os acionistas da Bertin (conforme o caso) que dissentirem ou se abstiverem da deliberação de Incorporação das Ações, ou não comparecerem à assembleia geral extraordinária pertinente, e que manifestarem expressamente sua intenção de exercer o direito de retirada, no prazo de 30 (trinta) dias contados da data de publicação das atas das assembleias gerais de acionistas da JBS (para os acionistas da JBS) e da Bertin (para os acionistas da Bertin) que aprovarem a Incorporação de Ações.

O valor de reembolso das ações de emissão da JBS de que sejam titulares os acionistas mencionados no item acima, calculado pelo valor de patrimônio líquido constante do balanço da JBS levantado em 30/9/2009, é de R$ 3,54548463 por ação, considerando as ações em circulação nesta data.

Aqui é interessante observar que se indicava como valor a ser resgatado, por cada ação, caso houvesse desistência em relação à incorporação proposta, pouco mais de um terço do valor de mercado, na data indicada como referência. A ação da JBS, no dia 30 de setembro de 2009, havia sido cotada a R$ 9,10.

Por que se chegou a esse valor? Isso ocorreu porque as cotas da FB Participações S.A. foram calculadas pelo valor do patrimônio líquido (a diferença entre os valores do ativo e do passivo da empresa) e não pelo valor consignado às ações da JBS.

Continuando o roteiro dessa pseudofusão entre a Bertin e a JBS, em 29 de dezembro de 2009 foi aprovada a incorporação da totalidade das ações de emissão da Bertin pela JBS S.A. Em contrapartida, os acionistas da Bertin deveriam receber, indiretamente, por meio da FB Participações S.A. (a Nova Holding surgida da união entre Bertin e JBS), ações de emissão da companhia representando aproximadamente 28,7% do capital social da JBS S.A.

No dia 31 de dezembro de 2009 foi aprovada a incorporação da Bertin pela JBS S.A. A família Bertin – conforme documentação – seria representada na FB Participações S.A. pelo Bertin FIP.

Para viabilizar o negócio, Joesley Batista já estava em conversações com o então ministro da Fazenda, Guido Mantega. Queria que o BNDES investisse em empresas brasileiras com sede no exterior, já que seus planos incluíam comprar a Pilgrim's. Ele mesmo revelou isso em sua delação premiada:

> Neste ano de 2009, por questões pessoais me afastei de Victor Sandri [intermediário] e passei a tratar diretamente com o então Ministro da Fazenda Guido Mantega, com quem passei a trocar ideias sobre planos e possibilidades sobre investimentos do BNDES e oportunidades no mercado em geral. Em uma dessas reuniões com Guido Mantega, ele me falou dos planos do BNDES para comprar participações de empresas estrangeiras que eram controladas por empresas brasileiras. No nosso caso, por exemplo, ele disse que o BNDES montaria uma estrutura para que pudessem ser sócios do capital da JBS USA – o que realmente a instituição tentou implementar, por meio da abertura de um escritório em Londres, o qual, pelo que entendi,

teria a missão de captar recursos no mercado de capitais, para fundear tais investimentos. Esta foi a estrutura proposta/negociada entre a JBS e o BNDES.

No depoimento de Joesley Batista, ele contou que não conversava somente com o presidente do BNDES, Luciano Coutinho, ou com o ministro da Fazenda, Guido Mantega. Tinha também acesso aos técnicos do banco para discutir assuntos de seu interesse:

Pelo que me foi dito por seus técnicos [grifo nosso], o BNDES chegou a fazer Road Show para testar sua capacidade de captar dinheiro no mercado internacional. Não sei o motivo, mas tal tentativa fracassou. Na verdade, a JBS S.A. teria disponibilidade financeira para realizar a aquisição da PPC [Pilgrim's Pride Corporation] naquele momento, mas não sem aumentar gravemente seu índice de endividamento, motivo pelo qual era necessária a emissão das debêntures. Dessa maneira, começou a surgir a ideia de uma estrutura alternativa para ganhar tempo, enquanto ficasse pronta a estrutura do BNDES em Londres[12].

Joesley Batista também indica que tudo era feito de comum acordo com o BNDES, demonstrando, assim, que possíveis riscos eram do banco estatal:

Então, estruturamos (JBS e BNDES) uma debênture mandatoriamente conversível em ações da JBS USA, já com uma fórmula pré-definida que determinava a participação do BNDES na JBS USA ou, em último caso, se decorridos dois anos sem ter sido viável tal conversão, uma fórmula de conversão de debêntures na JBS S.A.

---

12 O BNDES chegou a instalar três escritórios de representação no exterior: Montevidéu, Joanesburgo e Londres. Este último teve instalação em 18/2/2009; inauguração em 4/11/2009 e fechamento em 31/5/2017. O escritório de Londres consumiu no período o total de R$ 29.427.199,00, sem considerar despesas com pessoal do Brasil em viagens para o Reino Unido (Fonte: Relatório Final da CPI do BNDES. Brasília, fevereiro de 2018).

Para que isso fosse possível, a JBS contou com a ajuda da presidência do banco, que mudou as regras do jogo com o campeonato em andamento. Para tal, houve alteração no regimento interno da estatal, que não permitia apoiar empresas com sede no exterior, conforme rezava o artigo 6º do Estatuto Social da BNDESPar:

> *Art. 6º. O apoio financeiro de que trata o artigo anterior somente poderá ser efetivado em empresas constituídas sob as leis brasileiras e com sede e administração no país, ou pessoas jurídicas controladas pelos Poderes Públicos.*

Em 24 de novembro de 2009, ou seja, somente um dia após a entrega pela JBS da carta-consulta, a diretoria do BNDES, por meio da Decisão da Diretoria nº 1.349/2009, fez incluir o artigo 6º-B:

> *Art. 6º-B. A BNDESPar, no âmbito de operações de apoio à internacionalização de empresas brasileiras, poderá adquirir certificados de depósitos de valores mobiliários – BDRs com lastro em valores mobiliários de emissão de empresas constituídas sob a legislação estrangeira, cujo controle de capital seja exercido direta e indiretamente por pessoa jurídica constituída sob as leis brasileiras que tenha sede e desenvolva atividade operacional no Brasil, sendo controlada direta ou indiretamente por pessoa física residente e domiciliada no país.*

Com isso, a BNDESPar faria uma operação como tantas outras, mas depois trocaria as debêntures da JBS Brasil por Certificados de Depósito de Valores Mobiliários *(Brazilian Depositary Receipts)* ou BDRs da JBS USA. Uma gambiarra prática. Não infringia regras de seu estatuto e, ao mesmo tempo, apoiava a expansão do grupo JBS – passando por cima da proibição do artigo antecedente.

O Ministério Público Federal resumiu assim a denúncia:

> *Como já demonstrado nos itens anteriores, houve modificação pontual e às pressas do normativo interno para possibilitar a*

participação societária em empresas com sede no exterior. Feito isso, a BNDESPar aporta valores na empresa JBS USA, para possibilitar a aquisição da Pilgrim's Pride, em um montante muito acima do necessário, sem qualquer demonstração de sua necessidade. Agora se demonstra que esses valores não foram apenas acima do necessário, tendo sido também acima do admitido conforme as normas internas do BNDES de exposição a risco. Ou seja, houve clara gestão fraudulenta com o objetivo de beneficiar a qualquer custo a empresa privada. (E-PROC: 2327684-2017.4.01.34.00 - IPL n.º 1081/2016 – OPERAÇÃO BULLISH. 14 mar. 2019)

No Relatório Final da Operação Bullish, a Polícia Federal concluiu, com base em diversos diálogos interceptados e em outras provas que:

Ainda que pressões ostensivas sejam negadas, fato é que a pressão velada por pressa, importância ou urgência de projetos de expansão da JBS S.A. é suficiente para que decisões tenham sido tomadas no melhor cenário para a empresa, em prejuízo do Erário. (TALENTO, Aguirre. *Época*. 24 ago. 2018)

No documento intitulado Protocolo e Justificação da Incorporação das ações de emissão da Bertin S.A. pela JBS S.A., datado de 12 de dezembro de 2009, consta a previsão de transferência, para o patrimônio da JBS S.A., mediante aumento de capital, de ações de emissão do Bertin. Em outras palavras, isso resultaria na transformação do grupo Bertin em uma subsidiária integral da JBS.

Como se estivesse fazendo cortina de fumaça, a JBS passou a vincular a incorporação das ações do Bertin – que não envolvia entrada de dinheiro, como exaustivamente divulgado, mas apenas transferência de ações das duas empresas para a chamada Nova Holding – à capitalização da JBS S.A. Em comunicado publicado em 14 de dezembro de 2009, a companhia disse que a medida servia para "viabilizar a conclusão do projeto de integração das operações da JBS com o Bertin" e também a compra de 64% da Pilgrim's Pride Corporation[13], o que seria feito com a venda de debêntures, até o limite do equivalente em reais a US$ 2 bilhões. Vale destacar alguns trechos do comunicado:

> As debêntures que serão emitidas pela companhia (JBS S.A.) constituem o instrumento de capitalização que a companhia considera adequado para sustentar a sua estrutura de capital, **na medida em que as debêntures jamais serão pagas em dinheiro pela companhia** [grifo nosso], mas serão, mandatoriamente, permutáveis por ações de emissão da JBS USA Holding, Inc. ("JBS USA") ou conversíveis em ações da companhia. [...] (JBS. Fato Relevante. 14 dez. 2009)

Ou seja, as pistas do que estava por vir foram publicadas. A companhia informava isso ao mesmo tempo em que estava em fase adiantada de negociação com investidor para garantir a subscrição da totalidade das debêntures até o limite do valor em reais equivalente a US$ 2 bilhões.

> Nem a emissão das debêntures, nem a permuta das debêntures por ações de emissão da JBS USA ou a conversão das debêntures em ações da companhia, conforme o caso será objeto de registro perante a Comissão de Valores Mobiliários ("CVM"), uma vez que as debêntures serão objeto de colocação privada, sem qualquer esforço de venda pública perante investidores. (JBS. Fato Relevante. 14 dez. 2009)

Tudo já parecia arranjado entre a JBS S.A. e o BNDES, com a garantia da compra integral das debêntures, assumindo um investimento obrigatório. Essa articulação começou a soar de forma muito negativa

---

13 Embora a JBS tenha assinado um contrato com o então deputado federal Antonio Palocci para, supostamente, assessorar tecnicamente a JBS na aquisição da Pilgrim's, foi verificado pelas investigações do MPF que ele apenas atuou na facilitação junto ao BNDES, o que foi comprovado pelo Fato Relevante divulgado pela JBS em 16 de setembro de 2009, onde a companhia comunicou a aquisição da Pilgrim's Pride Corporation e, no mesmo comunicado, indicou as empresas que a assessoraram nos Estados Unidos: "Os assessores financeiros da JBS em todas as etapas dessa operação foram Rothschild e Rabo Securities USA, Inc. O assessor legal da transação da JBS foi Shearman & Sterling LLP". (E-PROC: 2327684-2017.4.01.34.00 - IPL n.º 1081/2016 – Operação Bullish)

perante o mercado, que via o governo no comando dessa operação[14]. Era um jeito de salvar o Bertin, frigorífico do qual o BNDES era detentor de um investimento nada saudável – de R$ 2,5 bilhões, entregues ao grupo de forma totalmente inexplicável.

Todos os indícios apontam para fraude acionária e fiscal. E tudo feito de forma oficial, nada escondido.

De acordo com o Protocolo e Justificação datado de 12 de dezembro de 2009, a Apsis Consultoria Empresarial Ltda., empresa especializada contratada pela JBS, teria determinado que o valor econômico das ações do grupo era de R$ 13.562.329.000,00 – exatos 13 bilhões, 562 milhões e 329 mil reais[15].

Os números são bastante discrepantes de valores anteriores. Em 25 de março de 2008, conforme apurou o TCU, o mesmo BNDES havia calculado que o valor econômico das ações do grupo Bertin era de R$ 6.655.416.000,00. Em agosto de 2009, o Itaú BBA calculou esse mesmo parâmetro como sendo de R$ 5.537.000.000,00[16].

O TCU comentou essa variação:

---

14 Analisando onde efetivamente os recursos recebidos do BNDES foram aplicados pela Bertin S.A., constata-se que apenas 11%, ou R$ 282.276.000,50, foram aplicados em *Capex* (construção de frigoríficos e plantas industriais), o que efetivamente geraria novos empregos. Ressalte-se que no projeto o objetivo seria aplicar R$ 1,047 bilhão entre 2007 e 2017. Na documentação referente ao processo de capitalização do Bertin era indicada a geração de 10 mil novos postos de trabalho. (SHERMAN, Augusto. Tribunal de Contas da União (TCU). Acórdão nº 2.154/2018. 12 set. 2018).

15 A Apsis Consultoria Empresarial Ltda. foi nomeada para avaliar o valor econômico das ações de BERTIN para fins de incorporação de ações por JBS nos termos do artigo 252 da lei nº. 6.404, de 15.12.1976 (lei das S/A). O valor econômico do BERTIN foi calculado com base na rentabilidade, calculada pela metodologia do fluxo de caixa descontado. Esta metodologia define a rentabilidade da empresa como sendo o seu valor operacional, equivalente ao valor descontado do fluxo de caixa líquido futuro. Este fluxo é composto pelo lucro líquido após impostos, acrescidos dos itens não caixa (amortizações e depreciações) e deduzidos investimentos em ativos operacionais (capital de giro, plantas, capacidade instalada etc.). (APSIS. Laudo RJ-0477/09-01 – 30 set. 2009).

16 Disponível em: <https://tcu.jusbrasil.com.br/jurisprudencia/625915174/representacao-repr-rp-3493520150/relatorio-625915229?ref=amp>. Acesso em: 21 jun. 2019.

A diferença entre os valores apresentados pelo BNDES e Itaú BBA com relação ao valor apresentado pela APSIS é justificada quase na sua totalidade pela utilização de uma taxa de crescimento na perpetuidade de 3,0%, ao passo que tanto o BNDES como o Itaú BBA utilizaram uma taxa de 1,5%. Ressalte-se que o BNDES nunca utilizou uma taxa neste nível [de 3%]. [...] A avaliação de R$ 13.562.329.000,00 deveria ter sido utilizada como parâmetro para o estabelecimento de um valor de referência para o aumento de capital social da JBS em função da incorporação da Bertin S.A. Como se verá adiante, o valor utilizado foi cerca de R$ 11.987.963.196,14.

Por sua vez, o valor apurado de Patrimônio Líquido contábil do Bertin, constante do Laudo de Avaliação RJ-0525/09-01 datado de 14 de dezembro de 2009, foi de R$ 3.773.858.371,68[17].

De acordo com documentação entregue ao Conselho Administrativo de Defesa Econômica (Cade), em 15 de outubro de 2009, as empresas da família Bertin, que integrariam a operação de fusão, seriam as seguintes:

- Vigor S.A.
- Companhia Leco de Produtos Alimentícios
- Dan Vigor Indústria e Comércio de Laticínios Ltda.
- Novaprom Foods e Ingredients Ltd.
- Bertin Paraguay S.A. (Paraguai)
- IPFSA S.A. (Paraguai)
- Cascavel Couros Ltda.

---

17 Disponível em: <https://jbss.infoinvest.com.br/ptb/681/RJ_0525_09_01%20-%20Laudo%20BERTIN%20Incorpora%E7%E3o_html/RJ_0525_09_01%20-%20Laudo%20BERTIN%20Incorpora%E7%E3o.html>. Acesso em: 21 jun. 2019.

- Fábrica de Produtos Alimentícios Vigor
- Laticínios Serrabelia Ltda.
- M213 Alimentos Ltda.
- Frigoríficos Canelones S.A. (Uruguai)

A operação deveria envolver, exclusivamente, a transferência ou incorporação de participação societária. Não se tratou, em momento algum, em venda. Oficialmente, a operação não envolvia a transferência direta de ativos e a necessidade de a JBS ter de contar com empréstimo do BNDES para concluir a operação de fusão com o Bertin.

Os termos do Ato de Concentração da JBS e Bertin, embora não explícitos, demonstram que estava sendo estruturada uma operação de fusão:

> *A operação permitiria à empresa resultante fortalecer sua posição e aproveitar sinergias e vantagens operacionais significativas decorrentes da redução de custos administrativos, **além daqueles provenientes dos ganhos de produtividade, resultantes da fabricação, exportação e distribuição conjunta de seus produtos e da diluição de riscos operacionais.** [grifo nosso]. Não se podem descartar, ainda, os benefícios para a economia e para o mercado brasileiro, decorrentes das eficiências geradas em razão de sua atuação global de uma empresa do porte da empresa resultante da operação.* (JBS S.A.; Bertin S.A. Ato de Concentração nº 08012.008074/2009-11 – 8 ago. 2019)

De quebra, a JBS ainda indicava as principais razões para se associar ao frigorífico Bertin:

> *A associação entre Bertin e JBS permitirá à empresa resultante da operação passar a atuar em segmentos e localidades diversos, bem como ampliar seus canais de distribuição e otimizar seus ativos industriais, tendo em vista*

> *a complementaridade geral de produtos entre as atividades de cada uma das requerentes. Para a JBS, por exemplo, a operação resultará na possibilidade de entrada no mercado de lácteos, no qual a Bertin já atua. Do ponto de vista geográfico, há também complementaridade, em termos mundiais, já que a JBS detém capacidade produtiva em países nos quais a Bertin atua apenas por meio de exportação, como, por exemplo, Estados Unidos e Austrália. Nesse cenário, será possível buscar uma otimização de processos, possibilitando captar as melhores práticas de cada empresa.* (JBS S.A; Bertin S.A. Ato de Concentração nº 08012.008074/2009-11 – 8 ago. 2019)

Em comunicado publicado em 14 de dezembro de 2009, a JBS reiterava o processo de fusão e integração das operações de JBS e Bertin.

> *Os recursos oriundos da emissão de debêntures serão destinados à integralização de aumento de capital na JBS USA, com o objetivo de (i) concluir a operação refletida no Stock Purchase Agreement pelo qual a JBS USA, através de subscrição de novas ações, tornar-se-á titular de ações representativas de 64% (sessenta e quatro por cento) do capital social total e votante da Pilgrim's Pride Corporation; e (ii) reforçar a estrutura de capital consolidada da Companhia, para implementação de planos de investimento e projetos de expansão, **além de viabilizar a conclusão do projeto de integração das operações da JBS com a Bertin** [grifo nosso].*

Para viabilizar o negócio, é claro, a mãozinha do BNDES. Foi definido que um representante da BNDESPar compareceria à assembleia geral de acionistas da JBS, convocada para o dia 29 de dezembro de 2009, "mas o mesmo deveria abster-se de votar com relação aos itens da ordem do dia". Era nessa reunião que seria, entre outras coisas, sacramentada a incorporação do Bertin.

O BNDES impôs ao seu representante a não participação nos votos provavelmente para deixar uma brecha quanto a futuros questionamentos sobre sua participação nesse imbróglio. De fato – como se verá –, os acionistas do Bertin não receberiam (e nunca receberam!) os 28,7% das ações da JBS S.A.

Em 29 de dezembro de 2009, também foi feita "a emissão das debêntures no valor total de R$ 3.479.600.000,00 (equivalente a US$ 2 bilhões); capitalização esta que foi apoiada pelo BNDES, que assumia também o compromisso firme de subscrição da totalidade das debêntures".

Novo comunicado da JBS, publicado em 31 de dezembro, informou a conclusão do processo de incorporação do Bertin e a compra do controle acionário da Pilgrim's Pride Co. – por US$ 800 milhões. Essa negociação interessava a muitos – principalmente à família Bertin, já que a empresa está imersa em uma crise profunda, arrastando-se desde 2007. O BNDES também tinha razões de sobra para torcer pelo sucesso da operação e dela participar ativamente. O banco, que detinha 26,92% do capital do Bertin, não queria correr o risco de ver o frigorífico entrar em processo falimentar e levar com ele o investimento de R$ 2,5 bilhões realizado em 2008.

Só que, para chegar a esse momento, Joesley Batista teve de corromper muita gente graúda do governo Lula. Os indícios mostram que ele preparou tudo para que as coisas se ajustassem a seus interesses. De acordo com o próprio Batista, Guido Mantega, então ministro, atuava para pressionar o corpo técnico do BNDES:

> QUE quando o negócio com a Swift Argentina foi fechado, o depoente pediu a GUIDO MANTEGA para acelerar o empréstimo, e afirma que as condições de juros e prazos foram difíceis; [...] QUE o Depoente afirma que não sabe de que forma GUIDO exerceu influência sobre os técnicos, mas esclarece que se não fosse a pressão e acompanhamento de GUIDO MANTEGA, o empréstimo não teria saído. (MPF. Denúncia. E-PROC: 2327684-2017.4.01.34.00 – IPL n.º 1081/2016 – OPERAÇÃO BULLISH)

Em sua delação premiada, Joesley Batista admitiu que pagou cerca de R$ 200 milhões em propina a Mantega e a outras lideranças do Partido dos Trabalhadores (PT). Tudo para que fosse facilitada a liberação de recursos do BNDES para suas empresas. (MORAES, Marcílio. Jornal *Estado de Minas*. Belo Horizonte, 23 de mai. 2017).

No que a denúncia da Operação Bullish chama de "Quarto momento da materialidade e autoria dos crimes de corrupção ativa e passiva", é assim descrita a atuação de Joesley Batista junto a pessoas ligadas ao BNDES:

> *JOESLEY também corrompeu ANTÔNIO PALOCCI para que esse exercesse pressão sobre o BNDES na operação de apoio da BNDESPar para a JBS adquirir a empresa Pilgrim's. O objetivo, logrado, foi a atuação de PALOCCI junto ao BNDES para que este aprovasse aportes à JBS em valores superiores aos necessários para os objetivos solicitados e inclusive superavaliados, com conversão de debêntures em valor acima ao estipulado em contrato e com renúncia tácita a prêmio de 10% a que teria direito (apoio à aquisição da PILGRIM'S e incorporação da Bertin em 2009). No caso, resulta inequívoco que PALOCCI foi corrompido em troca de sua influência para que, por intermédio de uma gestão fraudulenta do BNDES, a JBS auferisse benefícios financeiros. Nesse contexto, os contratos para prestação de serviços, com cláusula de êxito baseada na concretização dos negócios entre a JBS e o BNDES, firmados entre a JBS e a empresa PROJETO CONSULTORIA (de PALOCCI) ocultando os motivos e o destinatário dos pagamentos (já que assinado por Rita de Cássia dos Santos), eram claramente fictícios e geraram o pagamento do valor de R$ 2.144.472,50 (fl. 15 do CD de fls. 2550). ANTÔNIO PALOCCI não prestou nenhum serviço que não fosse o de atuar junto ao BNDES para que os crimes contra o sistema financeiro ocorressem.* (E-PROC: 2327684-2017.4.01.34.00 – IPL nº 1081/2016 – Operação Bullish)[18]

---

18 [...] A partir das informações prestadas por JOESLEY BATISTA, a investigação começou a esclarecer os crimes antecedentes (corrupção ativa e passiva, advocacia administrativa, lavagem de ativos etc.) e posteriores (lavagem de ativos) aos crimes contra o sistema financeiro, evidenciados por meio dos laudos periciais acima referidos. [..] O *modus operandi* do presente esquema de corrupção pode ser assim resumido: De um lado, tem-se um empresário que, propositada e deliberadamente, buscou cercar-se de pessoas próximas a agentes políticos com poder decisório para implementar ou executar políticas econômicas

Assim, o surgimento de um grande grupo, derivado da fusão do Bertin e JBS, além de livrar a cara dos dirigentes do BNDES, também poderia confirmar, em tese, o acerto da política dos chamados "campeões nacionais", posta em prática pelo governo petista. Era uma jogada de mestre. Um grande mico poderia não só virar valioso ativo econômico, mas também um forte cacife político.

A incorporação do Bertin pela JBS foi fator fundamental para a consolidação da relação entre os Batistas e a cúpula do governo petista:

> *Pouco depois do aporte [R$ 2,5 bi] do BNDES [em 2008], o Bertin começou a apresentar resultados negativos, atribuídos a perdas com derivativos, mas, principalmente, à restrição de crédito e perda de foco da administração, uma vez que os controladores tinham investido em diferentes projetos de infraestrutura, notadamente em energia.*
>
> *Embora funcionários do BNDES tenham alegado que havia alternativas para salvar o investimento no Bertin, que não a associação com a JBS, a proposta da família Batista, de R$ 10 bilhões*

---

das quais suas atividades empresariais dependiam. Do outro lado, estavam agentes políticos e autoridades públicas responsáveis pela condução da economia em nível macro, que detinham poder para praticar ou influenciar atos de execução da política econômica. Fazendo a ponte entre os interesses dos envolvidos, os intermediários – comissionados com altíssimos valores pagos em contas no Brasil ou no exterior, caso a aproximação buscada pelo empresário 'contratante' rendesse os frutos esperados. Garantindo que a roda girasse, estava o grupo técnico do BNDES, responsável pelos crimes cometidos contra o sistema financeiro (gestão fraudulenta e prevaricação financeira). [...] (MPF. Denúncia. E-PROC: 2327684-2017.4.01.34.00 – IPL nº 1081/2016 – OPERAÇÃO BULLISH).

Em carta enviada ao Senado Federal, Antonio Palocci rebate matéria publicada pela revista *Época* sobre seus negócios de consultoria. Em relação à JBS, ele justifica: "Em relação à JBS. Palocci diz que a Projeto realizou "estudo de avaliação da oportunidade" para a compra da Pilgrim, maior empresa de carne processada dos EUA, 'muito tempo antes' de o BNDES fazer empréstimo bilionário ao grupo brasileiro para o negócio ser realizado. Conforme o ex-ministro, cinco das seis parcelas recebidas pela Projeto pelo serviço foram pagas antes da liberação do crédito, e o relatório elaborado por sua consultoria está anexado em processo que corre na Justiça Federal do DF". Disponível em: <http://www.mpf.mp.br/regiao1/sala-de-imprensa/noticias-r1/mpf-apresenta-denuncia-por-fraudes-de-r-1-86-bilhao-no-bndes>. Acesso em: 3 jul. 2019.

pelo capital, era muito superior ao que a Marfrig oferecia. Outra vez, a JBS compraria um grande frigorífico tirando das costas do BNDES o ônus que sua quebra lhe acarretaria. (MENDES, L. H.; ADACHI, V.; TORRES, F.; GÕES, F. *Valor Econômico*. "A saga da JBS". 7 jul. 2017)

O acordo de acionistas que havia entre o BNDES e o Bertin previa que o banco poderia exercer o direito de retirada da totalidade de sua participação no capital do frigorífico, com base no maior dos seguintes valores:

a) Valor patrimonial da ação apurado de acordo com o último balanço levantado pela companhia, atualizado pelo IGPM desde a data de encerramento do balanço até o mês anterior à data do efetivo pagamento. Sob esta hipótese, a participação da BNDESPar seria R$ 1,02 bilhão.

b) Preço de emissão das ações corrigido por TJLP + 11% a.a. desde a data de integralização até a data do efetivo pagamento. Sob esta hipótese, o valor da participação da BNDESPar atingiria R$ 3,1 bilhões.

c) Preço de emissão das ações corrigido por IGPM + 13% a.a. desde a data de integralização até a data do efetivo pagamento. Sob esta hipótese, o valor da participação da BNDESPar atingiria R$ 3,0 bilhões.

Embora o BNDES pudesse ter se retirado do negócio ou exigido a entrada na chamada Nova Holding com um quinhão de mais de R$ 3 bilhões, o banco preferiu não fazê-lo oficialmente. Justificou-se afirmando que a exigência do direito previsto nas cláusulas, anteriormente indicadas, inviabilizaria a operação de incorporação das ações do Bertin pela JBS, o que seria indesejável para todos os envolvidos.

Ou seja, para supostamente não prejudicar a negociação entre as empresas, o BNDES dizia acreditar que o processo sairia vitorioso no futuro, especialmente pela expectativa de transformar o frigorífico Bertin em nova estrutura societária aberta ao mercado, "com observância de regras de governança".

Mas o banco teria utilizado outro artifício para manter quase a totalidade de sua participação em R$ 3,2 bilhões na nova empresa resultante dessa pseudofusão. De acordo com a jornalista Alexa Salomão[19], o BNDES usou como parâmetro para definir sua participação na FB Participações S.A. o valor econômico do grupo Bertin considerado pela JBS para aumento de seu capital social, que foi de R$ 11.987.963.196,14, mediante a emissão de 929.392.550 novas ações ordinárias, nominativas, escriturais.

Uma tese estranha, não corroborada pelo Tribunal de Contas da União. O órgão afirma que o BNDES passou a deter fatia da JBS S.A. de apenas R$ 1,83 bilhão, inferior ao aportado inicialmente no Bertin, de R$ 2,5 bilhões. A diferença entre esses dois valores equivale, em valor histórico, à perda de R$ 670 milhões, conforme análise do Tribunal.

A avaliação feita pela Apsis Consultoria Empresarial Ltda. para o valor econômico do grupo Bertin foi de R$ 13.562.329.000,00[20]. Entretanto, as ações da JBS S.A. que deveriam ser entregues ao Bertin FIP para repasse à FB Participações S.A. eram equivalentes a 73,1% do valor considerado para aumento de capital da JBS S.A. (R$ 11.987.963.196,14), ou seja, R$ 8.762.835.592,00 (8,76 bilhões). Esse total corresponderia à parcela de seus ativos ligados a operações frigoríficas, lácteos e couro.

Mas aqui houve uma nova manobra financeira. Quando as ações da JBS S.A. foram supostamente recebidas pelo Bertin FIP, estas foram contabilizadas na FB Participações Ltda. com o valor de R$ 4,9 bilhões, com o objetivo de simular um deságio.

Só que não colou.

---

19 SALOMÃO, Alexa. *Folha de S. Paulo*. "Família Batista acertou pagar R$ 1 para Bertin devolver 17% da JBS por fora". Disponível em: <https://www1.folha.uol.com.br/mercado/2019/05/familia-batista-acertou-pagar-r-1-para-bertin-devolver-17-da-jbs-por-fora.shtml>. Acesso em: 5 jun. 2019.

20 APSIS CONSULTORIA. Laudo RJ-0477/09-01. Disponível em: <https://jbss.infoinvest.com.br/ptb/655/Laudo%20Incorpora%E7%E3o%20BERTIN_valor%20econ%F4mico%20(2).pdf>. Acesso em: 21 jun. 2019.

Essa história é tão complexa que bilhões de reais a mais ou a menos não pareciam ser empecilho para a concretização da negociata. Se o BNDES tomasse como base o valor de R$ 8,76 bilhões, sua participação na FB Participações S.A. cairia para apenas R$ 1,2 bilhão, o que o "obrigaria a anunciar prejuízo no investimento feito no Bertin", conforme reportou Alexa.

A conta foi feita em relação a R$ 11,98 bilhões – ou algo próximo.

Tal fórmula provocou perda para os sócios minoritários e para os fundos de pensão Funcef e Petros, que participavam juntamente com o BNDES do PROT FIP. Este teve sua participação na JBS diminuída de 14% para 8%, contando com o BNDES para contrabalançar parte de sua perda.

Na análise desse rol de maracutaias, o Tribunal de Contas da União cobrou explicações do ex-presidente do BNDES Luciano Coutinho e de ex-membros da diretoria e técnicos do banco. O órgão queria entender por que eles aprovaram o aporte de R$ 2,5 bilhões apenas com base em um relatório elaborado em curtíssimo tempo e que não levou em consideração o endividamento do frigorífico. Também questionou o fato de o mesmo não ter embasamento necessário para "a complexidade da operação, utilizando principalmente informações fornecidas pelos interessados na operação e sem diligências para auferir os dados"[21].

Pela Nova Holding, a FB Participações S.A. passou a deter 59,1% do capital social da JBS S.A., e dessa participação, 28,7% pertenceriam ao grupo Bertin.

Como prejuízo para o BNDES, por conta da compra de ações do Bertin e, depois, na incorporação do Bertin pela JBS, o Tribunal de Contas da União apontou a cifra atualizada e nada desprezível de R$ 1,1 bilhão.

---

21 TOMAZELLI, Idiana. *O Estado de S. Paulo*. "TCU conclui que BNDES teve perda de R$ 1,1 bi ao aportar recursos no Bertin em 2018". São Paulo, 12 set. 2018. Disponível em: <https://economia.estadao.com.br/noticias/geral,tcu-conclui-que-bndes-teve-perda-de-r-1-1-bi-ao-aportar-recursos-no-bertin-em-2008,70002499829>. Acesso em: 10 jun. 2019.

Composição acionária do novo grupo JBS

Acionista	Part. Acionária (%)
FB Participações S.A.	**59,1%**
BNDESPar	18,5%
PROT – Fundo de Inv. em Part.	6,93%
Ações em Tesouraria	1,8%
Minoritários	11,9%
Outros	1,77%

Fonte: JBS.

O TCU entendeu que a participação do banco ficou abaixo do valor investido. "Em outras palavras, a conclusão é no sentido de que a BNDESPar pagou um valor excessivo pelas ações adquiridas da empresa", afirmou o ministro Augusto Sherman, do órgão.

Em 2017, a Associação de Acionistas Minoritários (Aidmin) tentou arregimentar sócios minoritários da JBS, num total de 5% do capital da companhia, "para exigir em assembleia geral abertura de ação de responsabilização dos responsáveis pelos danos causados à empresa e aos sócios minoritários". A JBS não permitiu o acesso da Aidmin ao livro de registro de acionistas, conforme afirmou o vice-presidente da associação, Aurélio Valporto[22].

A Aidmin recorreu, então, à Comissão de Valores Mobiliários (CVM) para ter acesso aos documentos da JBS. O colegiado da CVM, em 7 de novembro de 2017, negou, por unanimidade, esse direito.

Valporto assim se manifestou: "Essa decisão somente reforça a percepção de que o colegiado da CVM foi cooptado e confirma o que indicam as gravações em que Joesley [em autogravação para delação premiada] se mostra interessado em apontar membros da sua diretoria".

---

22 *ISTO É DINHEIRO*. Negócios. *Estadão* conteúdo. "Associação de minoritários tenta angariar acionistas da JBS". São Paulo, 2017. Disponível em: <https://www.istoedinheiro.com.br/associacao-de-minoritarios-tenta-angariar-acionistas-da-jbs>. Acesso em: 26 jun. 2019.

A diretoria da CVM protestou. Afirmou que se tratava de "ilações sobre sua independência" e enfatizou que "zela permanentemente pela existência de um mercado cada vez mais confiável, seguro e eficiente"[23].

---

[23] *O GLOBO*. "CVM nega recurso a associação de minoritários para ter acesso a documentos da JBS. São Paulo, 2017. Disponível em: <https://oglobo.globo.com/economia/cvm-nega-recurso-associacao-de-minoritarios-para-ter-acesso-documentos-da-jbs-22225427>. Acesso em: 26 jun. 2019.

A criação de conflitos para encobrir crimes

*O prazer do crime passa, o arrependimento sobrevém
e o remorso perpetua-se.*

Marquês de Maricá

Tudo indicava que a fusão da Bertin S.A. com a JBS S.A. tinha sido um bom negócio para os envolvidos. Mas logo veio a gritaria. Mais precisamente, nove meses depois. Em setembro de 2010, começaram a surgir especulações na imprensa de que a família Bertin pretendia acionar a Justiça para romper a transação feita com os Batistas – e reaver suas unidades produtivas.

O motivo seria a discordância dos Bertin quanto à avaliação realizada, a pedido da JBS S.A., dos ativos aportados pela Bertin S.A. E também um eventual descumprimento de cláusulas do acordo firmado em relação à troca de ações entre as companhias e o aporte feito junto à FB Participações S.A.

De acordo com a imprensa, os irmãos Batista teriam exigido, durante o processo de incorporação da Bertin S.A., um aporte extra de capital para que a família Bertin assegurasse a prometida fatia de 40% na FB Participações S.A. – e, consequentemente, o equivalente proporcional no capital da JBS S.A.

Questionado, o grupo Bertin não quis se manifestar sobre o assunto, passando à JBS a responsabilidade por prestar informações sobre o caso. Esta, por sua vez, garantiu que não havia qualquer pendência com os Bertin e que o processo de fusão seguiria, conforme anteriormente planejado.

Em 2017, numa revisita ao tema, o jornal *Valor Econômico* deu a seguinte explicação – aliás, nada plausível –, conforme "entrevistas feitas com pessoas ligadas à JBS", o que colocava mais dúvida do que certeza sobre o que, de fato, teria ocorrido:

> "*Numa operação de fusão com troca de ações, é comum que avaliações sejam infladas, porque isso cria uma companhia resultante com maior valor de mercado*", diz um executivo que participou da fusão entre JBS e Bertin. Outro executivo diz que, posteriormente, houve um ajuste de preços. "A JBS encontrou mais esqueletos do que imaginava e, por isso, os Batistas compraram o restante das ações dos Bertin por preço mais baixo, irrisório", relatou. "Os Bertin ficaram com 42% da [nova] holding de controle e sem cláusula de saída. Ficaram reféns dos Batistas", narrou executivo próximo aos Bertin. (MENDES, L. H.; ADACHI, V.; TORRES, F.; GÕES, F. *Valor Econômico*. "A saga da JBS". 7 jul. 2017)

Como assim? Tinham 42% do controle acionário e não tinham cláusula de saída? Esta explicação, dada por fontes protegidas pelo anonimato e ligadas a interesses da JBS S.A., colocava ainda mais dúvidas sobre a questão e não contribuía para a apuração da verdade.

Se, de fato, o Bertin FIP tivesse domínio sobre a participação acionária na FB Participações S.A., nada o impediria de vender suas ações para quem melhor viesse a remunerar tais papéis. Não, não havia lógica na reportagem.

Na denúncia do Ministério Público Federal (MPF) realizada em 2019, com base nas investigações da Operação Bullish, foram apresentadas conclusões acerca da "eventual ausência de análise criteriosa da operação (qualidade da elaboração do estudo e do documento levado à aprovação da diretoria)" feita pelo BNDES:

> *Adicionalmente, conforme demonstrado no âmbito do TC 034.935/2015-0, os técnicos do BNDES praticamente passaram "ao largo" das negociações entre a Bertin e a JBS, pois, considerada sua reconhecida capacidade técnica, não poderiam deixar de perceber que os valores estabelecidos para a relação de troca de ações entre as empresas, calculada em função do laudo produzido pela APSIS Consultoria, não correspondiam aos valores econômicos do Bertin calculados pelo próprio BNDES e pelo Banco Itaú BBA. (MPF/SecexEstataisRJ)*

Só que a coisa não era assim tão simplista: havia um propósito maior na manutenção oculta de todas essas possibilidades, pois parte do pagamento pela compra do Bertin ocorria por meio do escamoteamento de ganhos tributários permitidos pelo uso do Bertin FIP, já que não havia qualquer outra razão para a sua inclusão na estrutura acionária da FB Participações S.A.

> *Conforme argumentado pelas autoridades fiscais, a constituição de um FIP pelo Grupo Bertin teria ocorrido apenas para viabilizar o diferimento da tributação do ganho de capital que teria sido auferido pela Rio Tinto Holding (i.e., autuada) no aporte de ações da JBS em uma holding, que ocorreu a valor de mercado. Adicionalmente, foi alegado que o FIP não tinha propósito negocial e que não trouxe qualquer ganho, exceto pelo diferimento fiscal. (Radar Stocché Forbes Advogados – julho 2017)*

O negócio, que iniciara de forma truncada, continuava na ordem do dia, quase um ano depois, não somente por causa das reclamações da família Bertin, mas também pela desconfiança que persistia no mercado. Isto, sim, era mais grave. Pairavam dúvidas sobre a relação um tanto estranha entre o BNDES e a JBS S.A., por causa da facilidade com que a companhia conseguia dinheiro do banco estatal.

No dia 25 de novembro de 2010, o jornal *O Estado de S.Paulo* publicou entrevista com o CEO Joesley Batista. Ele demonstrou imensa inquietação com as perguntas formuladas pelos jornalistas Raquel

Landim e David Friedlander, especialmente as três vinculadas às negociações para compra da Bertin S.A.[24].

Os jornalistas relataram que Batista entrou agitado na sala de reuniões onde aconteceria e entrevista. E foi logo disparando: "Por que pegam tanto no pé desta empresa? Eu estou injuriado com as críticas que a JBS vem recebendo no mercado".

A reportagem explicita as reclamações de Joesley Batista:

> *O empresário desfila um rosário de queixas; não entende por que o mercado castiga as ações da companhia, que caíram mais de 30% no ano; não entende as objeções ao apoio que a JBS tem recebido do Banco Nacional de Desenvolvimento Econômico e Social (BNDES); não entende por que ninguém menciona que, além do banco público, ele tem parceiros privados importantes como J.P. Morgan, Bradesco, Santander e Itaú.*

Os jornalistas perguntaram a ele sobre a proximidade com o BNDES: "O BNDES foi muito criticado por emprestar dinheiro para os frigoríficos. Como o senhor conseguiu um relacionamento tão especial com o banco?". O empresário mais tergiversou do que explicou. "É óbvio que o BNDES é importante para a JBS, assim como o J.P. Morgan, o Bradesco. Sabe quanto o Bradesco tem de linha de crédito aqui? US$ 2 bilhões. O Bradesco me ajuda? Lógico, assim como eu ajudo o Bradesco. Ele me escolheu? Claro, me escolheu como cliente, assim como eu o escolhi como banco. Passamos pela crise [2007-2008][25] muito bem. Eu fui pessoalmente dizer ao Luciano Coutinho, ao Fábio Barbosa [presidente

---

24 LANDIM, Raquel. FRIEDLANDER, David. *Estadão*. "Será que joguei pedra na cruz?" Disponível em: <https://economia.estadao.com.br/noticias/negocios,sera-que-eu-joguei-pedra-na-cruz,44868e>. Acesso em: 28 abr. 2019.

25 A primeira operação de crédito do BNDES para a JBS foi aprovada em 26 de junho de 2007. Em 2008, a JBS realizou um aumento de capital com o objetivo de adquirir três empresas: as americanas Smithfield, Five Rivers e National Beef. A BNDESPar participou desse aumento de capital subscrevendo aproximadamente R$ 996 milhões, direta e indiretamente (FIP-PROT). Fonte: BNDES. Disponível em: <https://www.bndes.gov.br/wps/portal/site/home/transparencia/consulta-operacoes-bndes/perguntas-respostas/perguntas-respostas-sobre-apoio-bndes-jbs>. Acesso em: 27 jun. 2019.

do Santander], ao Bradesco: senhores, não se preocupem conosco, cuidem de quem precisa", afirmou Batista.

A entrevista prosseguiu de modo emblemático. O empresário confessou que a JBS não tinha capacidade para efetivar a compra do Bertin e, na sequência, se contradisse nas próprias embromações:

— *O BNDES investiu muito dinheiro no Bertin, que depois entrou em dificuldade. É verdade que o banco pediu para vocês comprarem a empresa em troca do empréstimo para comprar a Pilgrim's?*

— *Existem essas histórias, mas se pedissem eu não comprava. Era sinal de que tinha um problema grande. Sabe o que ninguém lembra? É que o Bertin tinha R$ 4 bilhões de dívida com o Itaú, Bradesco, Santander, Banco do Brasil. Por que ninguém pergunta: o Bradesco pediu para você comprar? O BNDES tinha R$ 2 bilhões. O fato é que naquele momento ninguém tinha balanço para comprar o Bertin. [...].*

— *Mas o empréstimo estava condicionado à compra do Bertin?*

— *Não, eu ia comprar a Pilgrim's de qualquer jeito, já tinha um ano de negociação. Mas para fazer duas aquisições ao mesmo tempo eu não tinha balanço. Quando o pessoal veio falar, eu disse que só tinha uma condição: não ia parar o negócio com a Pilgrim's para comprar o Bertin. Falei para o BNDES, para os bancos: vocês vão ter que nos financiar.*

De acordo com os jornalistas, ao fim da entrevista Joesley Batista soltou a clássica pergunta vitimista: "Será que eu joguei pedra na cruz?".

Em novembro de 2010, a Câmara dos Deputados apresentou o relatório da subcomissão permanente designada para acompanhar o processo de fusão entre JBS e Bertin. O texto trouxe duas preocupações principais com o processo em curso: a concentração de poder para definir preços aos fornecedores de animais e insumos, além da possibilidade de fechamento de unidades compradas e a consequente redução de postos de trabalho. Apenas em 6 de abril do ano seguinte o relatório foi apreciado e aprovado pela Comissão de Agricultura, Pecuária, Abastecimento e Desenvolvimento Rural da Câmara dos Deputados.

Assinado pelo deputado Luiz Carlos Setim (DEM), o relatório sugeriu que o BNDES criasse uma linha de crédito que estimulasse a implantação de frigoríficos de pequeno e médio porte e, além disso, que destinasse financiamento de capital de giro aos frigoríficos já existentes. O deputado também recomendou ao Cade a criação de mecanismo de acompanhamento e monitoramento da fusão entre os dois frigoríficos por um período de quatro a cinco anos, para avaliar o grau de concentração do mercado. Setim também pediu para que os órgãos de controle de concorrência exigissem "a prévia quitação de dívidas pendentes das empresas com os produtores".

A Secretaria de Acompanhamento Econômico (Seae), do Ministério da Fazenda, concluiu, no dia 29 de abril de 2011, a análise dos efeitos da fusão entre JBS e Bertin. Com algumas ressalvas, a operação foi aprovada. Segundo o parecer da Seae, a fusão poderia "favorecer o exercício unilateral de poder de mercado pelas requerentes [JBS e Bertin], nos estados de Minas Gerais e Goiás". Por isso, a secretaria recomendou a aprovação da fusão, mas sugeriu que esta fosse condicionada à alienação de plantas frigoríficas, correspondente à participação de mercado da empresa Bertin no ano de 2009, nos dois estados.

Somente em 17 de abril de 2013 o Cade, depois de receber parecer favorável da Secretaria de Direito Econômico do Ministério da Justiça, aprovou a incorporação do frigorífico Bertin pela JBS. Em sua decisão, o órgão exigiu, entretanto, que fosse feito monitoramento das condições do mercado. O órgão também determinou que as empresas – assim, no plural, ou seja, dando a entender que nem o órgão considerava uma fusão de fato – teriam de "informar o Cade pelos próximos 30 meses todas as alterações feitas nos atuais empreendimentos ou qualquer novo investimento, mesmo que fossem em plantas que estavam inativas".

Com tal decisão do Cade e a não obrigatoriedade da venda de unidades produtivas, conforme sugerido pela Seae, estava criada, com as bênçãos e muito dinheiro do BNDES, a maior empresa de carne bovina do mundo.

O então diretor de Assuntos Jurídicos e Corporativos da JBS, Francisco de Assis e Silva, ressaltou que, além da compra do Bertin – em um discurso em que ele aparentemente assumia que realmente não se tratava de uma fusão –, o Cade também havia aprovado a aquisição de 11 frigoríficos em operações feitas pela JBS, com a aplicação de uma multa de R$ 7,4 milhões.

A jornalista Mônica Bergamo, em sua coluna do jornal *Folha de S. Paulo*, publicou em 8 de maio de 2013 uma nota sobre o envio a Joesley Batista, pela família Bertin, de uma notificação, pela qual informou da disposição em adotar medidas legais com relação à incorporação da Bertin pela JBS S.A. Os Bertin se consideravam em prejuízo por ter, três anos depois, menor participação do que a estipulada na época da negociação para a fusão dos dois grupos frigoríficos. Segundo a jornalista, ambos os grupos tentavam negociar para evitar que esse questionamento passasse para a esfera judicial.

Bergamo voltou a falar sobre o imbróglio no dia 23 de maio do mesmo ano. Ela noticiou que a família Bertin, insatisfeita com sua situação acionária no grupo, teria afastado Natalino Bertin[26] das negociações – desde 2010 ele era o interlocutor da família. Reinaldo Bertin assumiu seu lugar.

Na sequência desse roteiro digno das obras de ficção, no dia 10 de junho a Tinto Holding, da família Bertin, entrou na justiça com uma ação cautelar em que fazia graves acusações contra a J&F Participações S.A. Nos termos, a família alegou que 348,3 mil cotas do Bertin FIP haviam sido desviadas de forma criminosa para uma empresa no estado de Delaware, nos Estados Unidos: a Blessed Holdings LLC, que seria da família Batista. A cautelar ainda acrescentava que as assinaturas de

---

26 Natalino Bertin foi preso no dia 13 de maio de 2019 e cumpre pena de prisão em regime semiaberto na penitenciária de Tremembé, em São Paulo (ele trabalha durante o dia em uma horta do próprio presídio e é recolhido à cela no final do dia). Foi condenado, por lavagem de dinheiro, a quatro anos e dois meses de prisão por ter usado contas do grupo Bertin para movimentar parte dos R$ 12 milhões que o Banco Schahin emprestou ao Partido dos Trabalhadores de forma fraudulenta, cuja operação foi conduzida pelo empresário José Carlos Bumlai. (Fonte: MEGALE, Bela. *O Globo*. Condenado na Lava Jato empresário Natalino Bertin vai para o presídio de 'famosos'. Rio de Janeiro, 3 jun. 2019)

Natalino Bertin e Silmar Bertin – autorizando a transferência dessas cotas – teriam sido falsificadas. Isso chegou a ser atestado em laudo assinado pelo perito Celso Mauro Ribeiro Del Picchia, do Instituto Del Picchia.

Os Bertin afirmaram que tais cotas valeriam R$ 900 milhões – mas foram transferidas por apenas R$ 17 mil. E as mesmas cotas anteriormente haviam sido dadas em garantia a um empréstimo contraído pelo grupo Bertin junto ao Banco do Brasil no valor de R$ 100 milhões.

Em 11 de junho de 2013, o juiz Fernando José Cunico, da 5ª Vara Cível de São Paulo, deferiu o pedido de liminar da família Bertin e mandou bloquear a comercialização de tais cotas. Os Bertin alardearam que era só o começo; eles pretendiam mover uma ação maior contra a Blessed Holdings LLC, de ressarcimento de perdas e danos pelo ilícito praticado.

A J&F Participações S.A. negou ser dona da Blessed Holdings LLC. No site oficial da companhia, com informações aos investidores, a Blessed Holdings LLC aparecia integrando o Bertin FIP – justamente aquele em que a família Bertin, supostamente, tinha suas cotas na FB Participações S.A.

De acordo com o jornal *Valor Econômico*, em reportagem publicada em 17 de junho de 2013, "no formulário de referência protocolado pela JBS S.A. na Comissão de Valores Mobiliários (CVM), [...] a Blessed Holdings aparecia como uma das cotistas do Bertin FIP, com 65,79%. A Bracol Holding detinha as cotas restantes do Fundo (34,2%), embora o advogado da Bertin, Sérgio Bermudes, ter negado que os Bertin tivessem relação com a Blessed Holdings".

"Eu queria saber quem são os donos da Blessed. Dos Bertin ela não é", teria garantido o advogado Bermudes.

A família Bertin dizia que iria provar que a Blessed Holdings LLC seria, na verdade, controlada pela família Batista. De acordo com a publicação, havia uma série de "coincidências" que, segundo os Bertin, indicavam o envolvimento da JBS. Uma dessas coincidências seria a ligação do procurador da Blessed Holdings no Brasil, Gilberto de Souza Biojone Filho, a uma consultoria de um ex-diretor da JBS S.A.

Há ainda uma passagem curiosa na biografia de Biojone Filho. Em 28 de novembro de 2012, ele foi indicado representante titular do Ministério do Trabalho e Emprego para integrar o Comitê de Investimento do Fundo de Investimento do FGTS. Poucos dias depois, o FI aprovou a compra de R$ 950 milhões em debêntures da Eldorado Celulose, do grupo J&F, operação que envolveu o pagamento de propina para Eduardo Cunha e Lúcio Funaro. Biojone deixou o comitê cerca de seis meses depois, em maio de 2013.

Questionado pela reportagem sobre quais seriam os indícios que apontariam que a Blessed Holdings seria controlada pelos irmãos Batista, Bermudes, estranhamente, não quis comentar. "Por enquanto, essa é uma matéria interna do escritório, eu não posso fazer declaração sobre isso", declarou.

Em mais um lance dessa historinha de ninar gente grande, em 19 de junho de 2013 aparecia o representante brasileiro da Blessed Holdings LLC, Gilberto de Souza Biojone Filho. Segundo ele, sua função era "meramente burocrática". A empresa o teria procurado para representá-la, por ele ser "conhecido no mercado financeiro".

Bom, não era bem por isso...

Biojone também foi diretor da Corretora Socopa e superintendente da Bovespa nos anos 1990. Até março de 2013, ele foi diretor de Relações com Investidores da Rodopa Indústria e Comércio de Alimentos Ltda., que pertence a Sérgio Longo, empresário e ex-diretor financeiro da JBS S.A. Desde então, prestava serviços como associado para a Selo Consultoria e Gestão Empresarial, criada em 2006 e também comandada por Sérgio Longo.

Questionado pela imprensa sobre a transferência de ações para a Blessed Holdings LLC e a acusação da família Bertin de que a assinatura de seus representantes teria sido falsificada, Biojone foi taxativo: "Fizemos a operação de transferência. Eu assinei o contrato junto com o seu Natalino [Bertin]. Ele assinou na minha frente".

Silmar Bertin teria assinado o contrato de transferência depois, segundo Biojone. O representante da Blessed Holdings também falou que era "estranho" que a Bertin tenha demorado tanto para entrar com a ação, já que a transferência das cotas do Fundo havia acontecido em 11 de novembro de 2010.

Biojone questionou ainda o valor atribuído no processo judicial às cotas do FIP Bertin. Na ação cautelar, os advogados afirmaram que "a transferência criminosa tornou-se inequívoca pela diferença entre o valor real das cotas e o minúsculo valor indicado no vicioso instrumento".

E tem mais.

Contrapondo-se ao que disseram na ação cautelar os advogados do frigorífico Bertin, de que as cotas transferidas valeriam R$ 970 milhões, e não os R$ 17 mil pagos pela Blessed, Biojone disse que "o quanto valia ou deixava de valer não importava, porque esse preço foi negociado e pago. O preço não tem lastro com a JBS, e sim com a receita do fundo, que é muito pequena".

O site *Relatório Reservado* escreveu um belo artigo sobre esse imbróglio envolvendo a JBS e os Bertin sob o título "Bertin nega serem suas as digitais na Blessed". Vale a pena transcrever:

> Se Roman Polansky filmasse o contencioso entre o grupo Bertin e a Blessed LLC, com sede no estado de Delaware (EUA), a fita já teria um nome certo: "A dança dos peritos". No lugar dos vampiros que coprotagonizam o filme de Polansky estaria uma dívida exangue de R$ 100 milhões com o Banco do Brasil. Antes dos peritos entrarem em cena, há uma dança anterior: uma transferência de cotas do fundo Bertin-FIP para a Blessed, que seria supostamente ilícita, mas seria lícita, podendo ser ilícita ou não. Em síntese, um minueto entre aquilo que existe e o que nunca existiu. Os irmãos Bertin são sócios minoritários da JBS através do Fundo Bertin-FIP. As cotas do fundo teriam sido dadas em garantia de um empréstimo do BB para o Grupo Bertin. O processo começou no último dia 10 de junho, quando o duo resolveu questionar na Justiça a transferência dessas cotas para a Blessed. A disputa está sendo travada entre os peritos contratados de lado a lado para constatar a veracidade das assinaturas que validaram a transferência das cotas para a Blessed. O Bertin grita como se a Blessed tivesse cravado os dois caninos na sua jugular. Há diferenças de approach entre as partes. A empresa norte-americana chamou quatro especialistas em grafodocumentoscopia, que analisaram as assinaturas dos contratos,

tanto o bilateral quanto o que foi chancelado pelo Citibank, gestor do Bertin-FIP, além das atas das últimas três assembleias dos cotistas do fundo. Na contramão de tanto rigor, o grupo Bertin contratou um único perito, Celso Mauro Ribeiro Del Picchia. A moviola não para de rodar nesse trecho. Enquanto os peritos da Blessed afirmam categoricamente que as assinaturas são verdadeiras, Del Picchia faz uma série de ressalvas para dizer o contrário. Para sangrar ainda mais a situação do grupo Bertin, há um inquérito sendo aberto por fraude em uma perícia feita por Del Picchia na 3ª Vara Criminal de Barueri (SP). O perito chegou a impetrar um habeas corpus para que fosse suspenso o processo, mas a medida não foi aceita pelo juiz. Procurado, o Instituto Del Picchia informou que o perito ainda não foi indiciado. Sobre a perícia do fundo, alegou sigilo profissional para não falar. Há detalhes nos autos que somente deveriam ser revelados em noite de lua cheia. Por exemplo: a transferência das cotas do Bertin-FIP para a Blessed ocorreu antes da incorporação do frigorífico Bertin pela JBS, o que afastaria o envolvimento desta, apesar da insistência do grupo Bertin de envolver a sócia no contencioso. Sobram elementos para inferir que se trata de uma atitude ardilosa e vampiresca para desviar a atenção da dívida. O enredo tem como um dos coadjuvantes o Citibank. O banco tem se fingido de morto porque fez a transferência em duas tranches das cotas do Bertin-FIP para a Blessed. Uma de 1,2 milhão de cotas e outra de 348 mil cotas. A pergunta que não quer calar é por que o Citi não conferiu as assinaturas dos contratos de venda das participações. Ou será que conferiu? O Banco do Brasil, por sua vez, tem sido implacável na cobrança do débito devido a quebra de confiança provocada pela venda das cotas do Bertin-FIP, que servem de garantia do empréstimo bancário. Essa semana a Blessed deverá recorrer da decisão da 5ª Vara Cível de São Paulo de bloquear a comercialização das cotas. A expectativa é que o Tribunal de Justiça determine a realização de uma terceira perícia para constatar a veracidade das assinaturas. Procurados, o BB e o Citi não quiseram comentar e Bertin e Blessed não se pronunciaram.

Diga você: alguém, em sã consciência, faria um negócio desses – vender bilhões por alguns trocados –, se fosse, de fato, uma coisa lícita? Claro que não.

Principalmente considerando que o prejuízo estimado pela família Bertin era em torno de R$ 2,5 bilhões, já que o suposto golpe consistiria no desvio de 86% das cotas do FIP Bertin, por meio do qual a família detinha participação na JBS.

O representante da Blessed Holdings LLC foi além. Segundo ele, a participação da Tinto Holding Ltda. no Bertin FIP era menor do que os 34,2% que apareciam no Formulário de Referência da JBS S.A., protocolado em maio de 2013 na CVM.

Foi uma verdadeira confissão de fraude. "A Blessed tem mais de 90% das cotas do Bertin FIP", disse Biojone.

Isso comprovou que a estrutura montada no processo de concentração feito pela JBS junto à CVM e Cade era apenas figuração. Os Batistas podiam mudar a coisa na hora que bem entendessem ser oportuno a seus planos criminosos.

Questionado, Biojone não revelou quem seriam os verdadeiros proprietários da Blessed Holdings LLC. Disse apenas que eram "duas empresas estrangeiras", mas que isso não vinha ao caso. O representante também não disse se os acionistas dessas duas empresas estrangeiras seriam brasileiros.

De acordo com o advogado Bermudes, o escritório trabalhava com a hipótese de a Blessed Holdings LLC pertencer à família Batista, controladora da JBS S.A. O jornal *O Estado de S. Paulo* divulgou que, no dia 30 de maio de 2014, "a posição de Bertin e Blessed Holdings teria sido alterada após o jornal buscar informações sobre elas com Bolsa, CVM e J&F". Segundo a reportagem, na manhã desse dia a posição da Blessed Holdings seria de 13% da JBS S.A., o que equivaleria a cerca de R$ 2,8 bilhões, pelo valor de mercado do dia na Bovespa.

Ao anoitecer, porém, tal participação passou a ser de apenas 6,6% (R$ 1,4 bilhão). O jornal ainda informou que o mesmo movimento teria ocorrido com o Bertin, caindo sua participação para a metade do que tinha na manhã, mas que "teriam ganhado" pequenas fatias de outras empresas do grupo J&F, inclusive na Eldorado Brasil Celulose e Papel.

O início de uma longa embromação...

Em 6 de junho de 2014, o *Valor* afirmou que a JBS havia prestado esclarecimentos à CVM sobre a Blessed Holdings. Foi uma resposta a uma convocação do órgão, já que a JBS não cumpria a norma que obriga as companhias a informar todos os acionistas com mais de 5% de capital.

A JBS S.A., então, afirmou que a Blessed era controlada por duas companhias, a Lighthouse Capital Insurance Company, com sede nas Ilhas Cayman, e a US Commonwealth Life, sediada em Porto Rico. Ambas empresas apresentavam como principal acionista Colin Murdoch-Muirhead, que foi executivo sênior do HSBC nas Bermudas, onde residia. Além dele, outros diretores da Lighthouse e da US Commonwealth também seriam acionistas da Blessed: Paul Backhouse, James Walker e Nicholas Ferris.

Muita conversa para pouca explicação.

A Blessed Holdings, suposta "empresa americana" que detinha 65,8% do Fundo Bertin FIP até 31 de maio de 2014, era dona de 48,51% da FB Participações, controladora da JBS S.A., quando o Bertin FIP transferiu suas ações da FB Participações para a J&F Investimentos, holding da família Batista.

Durante boa parte de 2013, a J&F Investimentos S.A. aparecia como detentora de 45,2% das ações ordinárias da FB Participações S.A. E a família Bertin, com 48,51%, por meio do Bertin FIP – que tinha como associados a Blessed Holdings LLC e o Tinto Holding Ltda.

O acordo extrajudicial para pôr fim à briga entre as famílias Bertin e Batista foi feito em 31 de dezembro de 2013. Mas só foi divulgado em 30 de maio de 2014, após a "conclusão de atos societários" e registro na Junta Comercial.

Por meio dessa negociação, o FIP Bertin teria deixado de ser acionista da JBS S.A. para assumir participação de 24,75% na J&F Investimentos, que controlava outras empresas além da JBS, incluindo a Eldorado Brasil Celulose e Papel, o Banco Original, a Vigor Alimentos e o Canal Rural. Não foi divulgado se e quanto os Bertin receberam em dinheiro por essa transação.

Em nota divulgada pela JBS S.A., foi informado que, por exigência da CVM, teria sido solicitado à Blessed Holdings LLC que fornecesse os dados de identificação de seus acionistas e que, até aquela data, a CVM não havia feito ao grupo tal solicitação. Ressalte-se que, uma semana antes, a JBS dizia desconhecer quem seriam os sócios da Blessed Holdings.

Tal polêmica ainda não seria encerrada. Prezando pela transparência no mercado, a CVM não poderia aceitar tantos rolos em uma empresa com ações na BM&F Bovespa.

Os mistérios continuavam na ordem do dia, do mesmo jeito que começaram – do nada surgia uma acusação dos Bertin contra os Batistas. E, estranhamente, o processo judicial era encerrado, com acordo extrajudicial sem revelação de valores nem de outros detalhes da negociação.

Todos os fatos que iam sendo denunciados pela família Bertin e pela imprensa alimentavam a suspeita de que toda a negociação entre a JBS e os Bertin estaria eivada de vícios – senão, crimes.

Não é difícil entender a jogada arquitetada pelos irmãos Batista: graças ao Bertin FIP, ocorreu a mais explícita fraude combinada entre os dois grupos, conforme viria posteriormente a reconhecer a própria Receita Federal. Houve, no caso, a entrada fictícia dos Bertin na sociedade com os irmãos Batista. Os Bertin nunca tiveram ações da JBS. Isso configurou clara sonegação, já que os fundos também têm tributação inferior e diferenciada, o que levaria à recuperação de grande soma em dinheiro.

Os indícios levam a supor que tenha sido esta a forma como a JBS decidiu remunerar, em parte, a família Bertin pelos ativos transferidos à JBS: com dinheiro público.

E isso não surgiu depois de o negócio fechado.

Com certeza, fez parte das equações econômico-financeiras que deram sustentação à transação. E, claro, não teria como o BNDES ter ficado alheio a nada que se passava, já que o banco de fomento era o patrocinador de toda a negociação e tinha interesse direto no negócio, por ser acionista das duas empresas.

Em 2 de setembro de 2014, o jornalista Sérgio Lírio publicou na revista *Carta Capital* uma bombástica reportagem sobre as negociações de gaveta envolvendo as famílias Bertin e Batista, demonstrando que toda a briga de ambas não passava de simulação:

> [...] A desavença sumiu do noticiário e dos tribunais, mas deixou muitas dúvidas. Por que os Batista, apesar das graves acusações, decidiram ceder à "chantagem" dos Bertin e optar por um acerto amigável? E por que estes, detentores de aproximadamente 22% do capital total da JBS, empresa avaliada em mais de 30 bilhões de reais, aceitaram vender suas ações por praticamente um décimo do que elas em tese valeriam? As respostas podem estar em um documento obtido por Carta Capital e nunca revelado às autoridades, à Bolsa de Valores, aos demais acionistas e aos auditores do maior frigorífico do mundo.
>
> Trata-se de um anexo ao acordo de associação celebrado entre as famílias e assinado no mesmo dia, 16 de setembro de 2009. Assinam os papéis três representantes dos Bertin (Silmar, Fernando e Natalino) e dois dos Batistas (José, o patriarca, e Joesley, presidente da J&F, holding controladora dos negócios da família), além dos representantes do administrador do ZMF, um fundo de participação dos fundadores da JBS. ZM vem de "Zé Mineiro", apelido de José Batista.
>
> Segundo o documento, os primeiros se comprometem, em troca de 750 milhões de reais, a repassar aos segundos 12% dos aproximadamente 22% da futura participação no controle da JBS. No fim, os Bertin ficariam com uma fração muito menor da empresa, 10%, enquanto os Batistas controlariam perto de 38% e não 26%, segundo indicavam os termos da aquisição anunciados publicamente. Neste caso, o valor da empresa da família Bertin não passaria de 1,5 bilhão de reais, muito abaixo dos 12 bilhões anunciados ao mercado, conforme se verá adiante.
>
> Existem dois itens fundamentais neste anexo. O primeiro determina o valor. "Os acionistas controladores Bertin deverão ter mecanismo de liquidez para seus investimentos no valor de R$ 750 milhões de reais",

descreve o texto. A quantia poderia ser maior ou menor a depender do tamanho da dívida apontada pelos auditores. Já o item "b" define claramente qual seria a participação efetiva dos Bertin na nova empresa: "Não obstante o disposto no item 2 do acordo, imediatamente após a incorporação, os acionistas controladores Bertin deverão deter uma quantidade de ações da nova holding que corresponda indiretamente a 10% (dez por cento) das ações do capital social".

O BNDES, é claro, tratou de dizer que desconhecia "os termos do anexo ou qualquer outro documento assinado entre as partes, à exceção do acordo de associação apresentado publicamente em 2009".

Já a JBS se fez de desentendida em relação à revelação do suposto acordo de gaveta com os Bertin, não informado ao mercado, e tratou de divulgar seus planos de investimentos futuros, como se nada tivesse acontecido.

A *Carta Capital* tratou de pôr lenha na fogueira:

> *[...] Legalmente, os demais acionistas da empresa poderiam alegar abuso do poder de controle. Dois desses minoritários são estatais: o BNDES, que chegou a ter 32% e hoje possui 22,26% do negócio, e a Caixa Econômica Federal, detentora de 10%. A soma dos investimentos do BNDES no conglomerado dos Batistas e no Grupo Bertin alcança 10,4 bilhões de reais.*
>
> *Parece existir ainda um claro prejuízo ao Fisco. Se a participação da família Bertin vale menos, o ágio de 9 bilhões de reais e o consequente benefício fiscal de aproximadamente 3 bilhões não existiriam. Se a Receita Federal considerar que a operação representa uma tentativa de elisão fiscal, a multa poderia chegar a três vezes o valor do ágio, o que colocaria o grupo em uma situação financeira bastante complicada. [...]*

Pressionada pela CVM a esclarecer a matéria divulgada pela revista, a JBS respondeu que nunca houve qualquer "acordo secreto entre os controladores da JBS e os da Bertin, referente à operação societária realizada em 2009".

A *Carta Capital*, entretanto, demonstrou que o tal "acordo secreto" representou fraudes contábil e fiscal, com prejuízos aos acionistas minoritários, além de comprovar que, na verdade, o Bertin foi avaliado por muito menos do que os R$ 12 bilhões definidos pela Apsis e aceito por todos os envolvidos – mesmo sabedores de que era uma cifra superavaliada.

Em sua defesa, a JBS fez publicar réplica na revista *Exame* negando a validade do documento mostrado pela *Carta Capital*:

> *Tendo a estrutura final da operação seguido os estritos limites do parecer do Comitê Especial Independente, o "Anexo A" não foi considerado na estruturação final da operação e, consequentemente, não foi contemplado nas deliberações societárias que aprovaram a referida operação, sendo juridicamente inexistente, e, por fim, distratado.*

Mesmo se afirmando, ainda de forma esparsa, que a JBS havia comprado o Bertin – assunto este tratado como coisa natural –, a estrutura societária oficial da JBS S.A. mantinha o FIP Pinheiros (sucessor do FIP Bertin) como acionista, assim como a Blessed Holdings LLC e a Tinto Holding Ltda. (sucessora da Bracol Holding Ltda.), como se fossem os reais representantes da família Bertin na pseudofusão com a JBS.

Diante de uma operação de tal complexidade, é difícil acreditar que tudo não tenha sido arquitetado com participação efetiva da JBS S.A. – e até mesmo do BNDES. Parece um roteiro, pretensamente bem elaborado, como de uma novela que, a cada dia, deixa um suspense no ar. Não parece?

Na denúncia apresentada pelo Ministério Público Federal contra Joesley Batista e outros, sobre o caso Bertin, foi mencionada a possível omissão do BNDES sobre o que, de fato, era a negociação das empresas. Também foram trazidas algumas revelações que demonstram o nível de relacionamento entre o banco de fomento e os irmãos Batista:

> *[...] Conforme já afirmado, a singeleza da explicação da necessidade desse montante de recursos para a 'melhoria da estrutura de capital' da nova empresa resultante não se coaduna com a complexa operação que se estava por aprovar. Também*

> *não foram abordadas com profundidade as bases em que estavam sendo negociadas a incorporação da Bertin pela JBS. Apenas reiteradamente se afirma que essa era a melhor opção para preservar o investimento do BNDES. Quando analisada essa operação, o relatório de análise cita que a operação com a Marfrig implicaria no reconhecimento de uma perda de R$ 1,5 bilhão no investimento em Bertin e ainda seria preciso investir mais R$ 2 bilhões. [...]* (Denúncia. SecexEstataisRJ. p. 192)

A denúncia revelou algo incrível: os técnicos do BNDES, de fato, trabalhavam na defesa dos interesses da JBS – e não do banco:

> *[...] Além de não explicitar como a incorporação da Bertin pela JBS resolveria esses problemas, o relatório de análise não dá ênfase à incorporação dos US$ 800,6 milhões ao caixa da JBS. Vale ressaltar que em nenhum momento a JBS pediu formalmente para incorporar em seu caixa esse valor. Essa ideia foi concebida pelos técnicos do BNDES que estruturaram a operação [...]).* (Denúncia. SecexEstataisRJ. p. 192)

Claro que quem escreveu isso não presenciou qualquer negociata entre Joesley Batista e os técnicos do BNDES, com os quais parecia manter estreita ligação.

Os Batistas ganharam muito, mas os minoritários viram sua participação cair em razão do preço inflado anunciado das empresas. Resumo: com mais participação, os irmãos Batista embolsaram uma fatia maior do lucro (sem ter desembolsado o valor divulgado), à custa dos demais sócios.

Esses acionistas da JBS S.A. poderiam alegar na Justiça abuso do poder de controle – especialmente a BNDESPar, que detinha 22,26% das ações, e a Caixa Econômica Federal, que era detentora de 10% das ações. Mas não só. Havia um claro prejuízo ao Fisco, já que a participação da família Bertin valia menos. Assim, o ágio de R$ 9 bilhões e o consequente benefício fiscal de aproximadamente R$ 3 bilhões não existiram. Um golpe perfeito. Uma tacada de mestre.

Assim, a Receita Federal considerou que a operação representou uma tentativa de elisão fiscal, tendo aberto um procedimento, em dezembro de 2014, cobrando do grupo Bertin o valor de R$ 3,1 bilhões em impostos e multas.

A Receita foi enfática: afirmou que, graças ao Bertin FIP, houve "a entrada fictícia" dos Bertin na sociedade, pois eles "nunca tiveram ações da JBS"; sonegação, porque os fundos têm tributação inferior e diferenciada (que resultou na multa para o sócio que deveria ter pagado os tributos, o Bertin).

Para a Receita Federal, as irregularidades foram possíveis porque, apesar de falar em fusão, a JBS comprou o Bertin por meio de uma troca de ações – os papéis do Bertin foram entregues de forma indireta para a holding da JBS. Já o grupo Bertin foi representado pelo fundo de investimento FIP Bertin, que detinha 100% das cotas da família Bertin.

Cinco dias antes do negócio, porém, a empresa Blessed Holdings entrou no fundo. Por US$ 10 mil, ela arrematou 67% das cotas – que valiam R$ 3 bilhões. Em 2014, a Blessed Holdings tinha 86% do fundo e ainda integrava o grupo JBS. Para a Receita, o FIP Bertin permitiu uma fraude explícita entre os dois grupos empresariais, com a entrada fictícia dos Bertin na sociedade – já que, de fato, eles "nunca tiveram ações da JBS".

A Receita Federal também apontou perda dos minoritários com a fraude:

> *Apesar de o frigorífico Bertin estar passando por dificuldades na época do negócio, foi avaliado em cerca de R$ 12 bilhões. Emitiram-se, então, novas ações da JBS para "pagar" os Bertin, que, na sequência, deveriam entregá-las à holding da JBS e se tornarem sócios. Os Bertin tinham direito a R$ 8,8 bilhões em ações da JBS, o equivalente a 73,1% de sua empresa. O restante foi para a BNDESPar, sócia do Bertin, com 27%.*
>
> *Segundo a Receita, foi aí que os minoritários perderam. As novas ações nunca foram registradas pelos Bertin. Saíram da JBS para a holding da JBS. Na JBS, foram registradas a valor de mercado (R$ 8,8 bilhões), mas, na holding, a valor patrimonial (R$ 4,9 bilhões): nessa relação de troca, os donos da JBS protegeram a sua fatia.*

O grupo Bertin tentou reverter no Conselho Administrativo de Recursos Fiscais (Carf) a autuação fiscal, aplicada pela Receita Federal por supostas irregularidades no processo de fusão de suas operações com a JBS.

Depois da revelação da revista *Carta Capital*, inclusive com a divulgação de reprodução do suposto "acordo de gaveta", a BM&F Bovespa pediu explicações à JBS S.A., que negou a existência do tal contrato paralelo. A revista insistiu. Afirmou que, à reportagem, Joesley Batista – na condição de CEO da J&F Participações S.A., disse "não se lembrar de ter assinado o documento". O diretor jurídico da JBS S.A., Francisco de Assis e Silva, por sua vez, disse que tal acordo não "existia juridicamente".

Atendendo à solicitação da CVM, a JBS S.A. enviou a ela a seguinte correspondência:

> REF.: *Esclarecimentos ao Ofício SAE/GAE 2817-14 de 28 de agosto de 2014*
> *Questionamento*
> *Em atendimento à solicitação de Vossa Senhoria, vimos por meio desta prestar nossos esclarecimentos sobre o teor da notícia veiculada na revista Carta Capital, edição de 22/8/2014, que consta, entre outras informações, que um suposto acordo secreto entre a JBS e o Grupo Bertin teria causado prejuízos aos acionistas minoritários e ao Fisco.*
> *Destacamos que não há qualquer acordo secreto celebrado entre nós e o grupo Bertin, referente à operação societária realizada em 2009, sendo que esta operação observou estritamente as normas existentes à época, tendo sido dada a devida publicidade dos atos, conforme fatos relevantes divulgados pela JBS S.A. entre setembro e dezembro do referido ano e tendo, inclusive, sido objeto de análise pela Comissão de Valores Mobiliários (CVM) por meio do Ofício/CVM/SEP/GEA-4/nº 294/09, de 18 de dezembro de 2009, devidamente respondido em 23 de dezembro de 2009.*
> *Conforme informado à época, a operação societária em comento teve como etapas (i) a constituição de uma nova sociedade FB*

Participações S.A., que passaria a deter nosso controle direto (FB); (ii) a incorporação das ações da Bertin S.A. por nós e distribuição de ações de nossa emissão aos então acionistas da sociedade cujas ações foram incorporadas (Incorporação de Ações); (iii) a conferência das ações de nossa emissão de titularidade dos antigos acionistas controladores da Bertin S.A. para a integralização de aumento de capital na FB; e (iv) a incorporação da Bertin S.A. por nós. Todas as etapas supramencionadas foram submetidas a todas as aprovações societárias exigíveis pela regulamentação. [...]

Ademais, afirmamos à época e reiteramos neste ato nossa convicção em relação à ausência de benefício particular dos nossos acionistas controladores em decorrência da operação, inexistindo, assim, impedimento para o exercício do voto em nossas assembleias gerais de acionistas convocadas para deliberar sobre Incorporação das Ações.

A operação societária descrita acima demonstra efetiva negociação entre as partes independentes, com a observância da regulamentação da CVM referente aos acionistas minoritários. Nesse contexto, o ágio decorrente da operação observou estritamente a lei e todas as demais regras tributárias vigentes à época, sendo que o aproveitamento, por nós, do benefício fiscal originado desse ágio decorrente da operação é perfeitamente legítimo e beneficia todos os nossos acionistas.

Em 2014, o grupo Bertin chegou a publicar uma nota de esclarecimento, na qual afirmava que havia efetuado naquele ano a venda definitiva de toda a sua participação indireta na JBS S.A., encerrando também a disputa judicial sobre transferências anteriores de cotas do Fundo de Investimentos, onde se encontrava a participação indireta da empresa na JBS. A nota afirmava:

Nossa participação indireta jamais teve os mesmos direitos políticos e econômicos garantidos aos demais acionistas minoritários da JBS. Nesse contexto, o valor da transação refletiu a condição de subordinação de direitos.

Os Bertin, ainda de acordo com a revista *Carta Capital*, lembravam que a transação societária com a JBS, realizada em dezembro de 2009, resultou na participação indireta da Bertin em uma nova companhia, por meio de cotas de um fundo de investimento que, por sua vez, detinha parte das ações da FB Participações S.A., holding que controla a JBS S.A.

Ainda segundo a nota do grupo Bertin, a disputa entre o grupo e a empresa Mitarrej seguia em andamento desde 2012, no Tribunal de Justiça do Estado de São Paulo. Nesse período, informou o Bertin que, por meio de decisão, em caráter liminar, dada em 1ª Instância, houve penhora de cotas que o grupo havia negociado com a J&F Investimentos, mas que, "por meio de recurso cabível, tal decisão foi contestada e aguardava julgamento da Câmara especializada em direito empresarial no Estado de São Paulo".

Segundo a família Bertin, o processo judicial seguia seu curso, ainda sem decisões definitivas, cabendo o amplo direito de defesa de seus interesses.

A Justiça de São Paulo manteve o bloqueio da participação acionária de 3,2% (R$ 700 milhões) que o grupo Bertin tinha na JBS S.A., para garantir o pagamento da dívida, avaliada em R$ 500 milhões, que o grupo tinha com a empresa Mitarrej, mas que os Bertin ainda poderiam recorrer de tal decisão.

A decisão foi tomada por três desembargadores do Tribunal de Justiça de São Paulo, confirmando a decisão da juíza Maria Rita Dias, que havia entendido em seu julgamento, em julho de 2014, "que o bloqueio se fazia necessário para evitar que os Bertin esvaziassem seu patrimônio" a fim de não quitar as dívidas.

Em nota, a JBS alegou que o bloqueio decretado pela Justiça não fazia mais sentido, pois "essas ações já não lhe pertencem mais". A J&F Participações S.A. confirmou a versão da JBS S.A., e disse que havia pago R$ 346 milhões pela participação dos Bertin no FIP Bertin, em junho de 2014 – ou seja, um mês antes do bloqueio determinado em sentença judicial.

Em 26 de novembro de 2014, a JBS S.A. encaminhou ofício à Comissão de Valores Mobiliários respondendo a ofício recebido dessa Autarquia (OFÍCIO/CVM/SEP/GEA-2/N°374/2014). O órgão questionava a veracidade de informação publicada pela *Folha de S. Paulo* em 23 de novembro de 2014. A reportagem afirmou que as ações da família Bertin estariam penhoradas. A CVM pedia que, "se confirmada sua veracidade, explicasse os motivos pelos quais entendeu não se tratar de Fato Relevante".

A comissão também exigia que a JBS se manifestasse "sobre todos os pontos abordados na notícia, considerando a obrigação disposta no parágrafo único do art. 4º da Instrução CVM nº 358/02, de inquirir os administradores e acionistas controladores da companhia, com o objetivo de averiguar se eles teriam conhecimento de informações que deveriam ser divulgadas ao mercado".

A burocrática resposta assinada pelo diretor de Relações com o Mercado, Jeremiah Alphonsus O'Callaghan, parece algo ficcional:

> *A companhia esclarece que tomou conhecimento sobre a existência de processo judicial em face da família Bertin por seus ex-sócios na MC2 por meio da mídia, uma vez que o processo mencionado na notícia tramitava em segredo de justiça.*

Em seguida, afirmou que, "até aquela data, nem a JBS, nem o agente de custódia das ações de sua emissão foram intimados pela autoridade judicial competente a respeito de qualquer assunto relacionado ao referido processo ou de eventual ordem de penhora das ações de emissão da JBS S.A.", razão pela qual entendia não haver motivo para emissão de um Fato Relevante.

O'Callaghan prosseguiu ainda indagando a origem da cobrança da CVM, "se esta havia sido intimada pela autoridade judicial a respeito do processo anteriormente referido". Afirmou então que a J&F informou que havia sido intimada e que "as ações de sua emissão de titularidade do Pinheiros Fundo de Investimento em Participações (substituto do Bertin Fundo de Investimento em Participações) ('FIP') foram penhoradas por determinação judicial".

Segundo O'Callaghan, ele teria recebido informação da J&F de que as tais cotas encontravam-se gravadas, razão pela qual tal alienação não havia aperfeiçoado, mediante o que a JBS não teria que emitir Fato Relevante. Para o Fisco, contudo, a estrutura societária do negócio foi "fraudulenta", conforme procedimento fiscal feito em uma das empresas do grupo Bertin, que foi autuado em R$ 3,1 bilhões em impostos e multas.

Como tantas irregularidades foram possíveis? A Receita Federal tem a explicação. O segredo estava na estratégia adotada. A artimanha foi o modelo do negócio: por isso sempre se falou em fusão, embora, na prática, a JBS tenha comprado o Bertin.

O Carf reconheceu, em 11 de abril de 2017, a ocorrência de fraudes fiscais no processo que resultou na fusão dos frigoríficos JBS S.A. e Bertin, em 2009. Para o colegiado, foi irregular a criação do Fundo de Investimento em Participações Bertin FIP, que possibilitou o adiamento do pagamento de IRPJ – Imposto de Renda da Pessoa Jurídica – e CSLL – Contribuição Social sobre o Lucro Líquido.

A Fazenda Nacional alegou que o Bertin FIP tinha o objetivo de aproveitar benefícios trazidos pelo art. 2º da Lei nº 11.312:2006, e diferir o pagamento do IRPJ e CSLL. A norma permite o pagamento dos tributos apenas na alienação/resgate das ações do fundo, o que deveria ocorrer somente em 2019.

Para a relatora do caso no Carf, a conselheira Eva Maria Los, o Bertin FIP não cumpria com os requisitos para a criação de um Fundo de Investimento em Participações. Para ela, não houve uma "comunhão de investidores", uma vez que a Tinto Holding era a única participante. A julgadora salientou que houve economia de tributos com a criação do fundo. "É um clássico caso de simulação", afirmou o conselheiro Luis Henrique Marotti Toselli.

É claro que os irmãos Batista usaram e abusaram da perspectiva de impunidade aos poderosos – algo que sempre imperou na Justiça brasileira e foi para eles inspiração.

A mediação de um conflito inexistente

*Se a teoria entra em conflito com os fatos,
tanto pior para os fatos.*
Johann Fichte

O empresário Joesley Batista, em depoimento prestado ao Ministério Público Federal (MPF) em 17 de maio de 2017, falou de forma preliminar sobre um dos anexos que juntou para pleitear um acordo de colaboração premiada com a Procuradoria-Geral da República (PGR). Ele havia sido citado pelo doleiro Lúcio Bolonha Funaro.

Batista contou que, em 2011, o doleiro tinha sido contratado pela família Bertin. E que ele havia "arrumado a briga" com a JBS, questionando a fusão feita em 2009. Em seguida, Funaro passou a ser contratado também pela JBS, para tentar apaziguar as partes, tornando-se um mediador no conflito.

Funaro é controverso. Ao mesmo tempo em que é chamado de "inteligente" e "divertido", também pode ser tachado de "louco" e "perigoso". Tem um histórico complicado. Foi envolvido em várias investigações da Polícia Federal e do Ministério Público, e em algumas delas acusado de crimes, como lavagem de dinheiro. Tem a defesa pronta. "Nunca fui condenado, nem em primeira instância", afirma. Nos últimos dez anos, foi citado ou envolvido, ou chamado a depor em boa parte das grandes investigações de lavagem de dinheiro do país: Operação Satiagraha, CPI dos Correios, caso Bancoop, Mensalão, entre outras. Seu dinheiro circulou em contas e empresas que faziam parte do "Valerioduto" montado pelo Partido dos Trabalhadores (PT) para pagar propinas.

O texto a seguir não foi criado para desmoralizar Joesley Batista. Trata-se de transcrição autêntica do que ele, de fato, afirmou. Essa forma de se expressar, cortando o fim das falas, parece ser intencional, para que, no final, nada fique devidamente explicado:

> *Ele que foi responsável pela nossa compra da parte dos Bertin. Ele é que... O Bertin teve duas partes; uma parte que foi a fusão entre as duas empresas... Isso aconteceu em 2009. Aí, nós ficamos... a Holding J&F ficou sócia da família Bertin, na empresa que controla... quando passou dois anos, em 2011, deu até uma certa briga, saiu na imprensa, os Bertin... enfim, começou a querer vender a parte deles e a maneira que eles acharam de venderem a parte deles foi, de certa forma, que eles criaram um litígio jurídico ali, e isso impulsionou a gente a sentar à mesa e tal. Quem foi o responsável por viabilizar, estar entre nós e os Bertin, foi o Lúcio. Ele primeiro arrumou a briga pelo lado do Bertin. Os Bertin contratou [sic] ele primeiro pra arrumar a briga. Brigando, e olha que brigamos realmente. Os Bertin, incrível, a família Bertin, nós, toda a vida, nos demos muito bem, nós nunca tivemos problema e, de repente, a gente recebe uma notificação dos Bertin questionando todo aquele negócio que nós fizemos da fusão, não sei o quê. Chegaram... chegou ao cúmulo de dizer que nós tinha [sic] falsificado uma assinatura no contrato e tal, a coisa, como se diz, não foi boa. E nós brigamos. Nós contratamos o Lúcio, o Lúcio é que reaproximou nós [sic] dos Bertin e foi quem viabilizou; nós compramos a parte dos Bertin e resolveu e hoje, graças de Deus não tem problema, nem nada. [...]* **Na realidade, o negócio do Bertin tem pendência até hoje.** *[grifo nosso].* (MPF. 17 mai. 2017)

Não era um conflito qualquer. Conforme o próprio Batista frisou, "o negócio do Bertin tem pendência até hoje". Continua mantido em sigilo e alimentado por mentiras intermináveis, especialmente pelo lado dos Batistas, que foram os responsáveis diretos por armar toda a negociata que envolveu a "compra" do frigorífico Bertin, em um processo que, até a sua concretização, era dado e aceito como uma "fusão" entre os dois grupos.

De acordo com a primeira manifestação de Funaro sobre o assunto – antes de se tornar colaborador da Justiça –, ele confirmou o que Batista havia dito, ou seja, que havia assinado um contrato com a JBS por meio de sua empresa, a Viscaya Holding Participações, Intermediações, Cobranças e Serviços S/S Ltda., para que fosse mediador do conflito com os Bertin, tendo tal contrato a previsão de pagamento de *pró-labore* (pelo trabalho) e *ad exitum* (cláusula de êxito).

A comissão total estipulada em contrato, assinado entre as partes em 17 de abril de 2012, teria sido de R$ 100 milhões.

Entretanto, em 16 de junho de 2017, quando o empresário Batista foi novamente ouvido sobre o assunto – desta vez pelo delegado Marlon Oliveira Cajado Santos, da Diretoria de Investigação e Combate ao Crime Organizado, no edifício-sede da Polícia Federal, em Brasília –, ele relatou sobre suas relações com o doleiro e sobre o contrato de R$ 100 milhões, que agora confessava ter sido mais uma de suas falcatruas.

Leia parte da transcrição de seu depoimento:

> *[...] Que salvo engano conheceu LÚCIO BOLONHA FUNARO no ano de 2011 ou 2012, apresentado por PAULO SERGIO FORMIGONI [DE OLIVEIRA], conhecido como "PAULINHO DE ANDRADINA". [...] QUE a J&F INVESTIMENTOS tem contrato com LUCIO BOLONHA FUNARO, o qual foi criado para lastrear e dar um ar de regularidade a uma "conta-corrente" que LUCIO BOLONHA FUNARO tinha com a J&F para receber as "propinas" devidas pelas operações de crédito que ele conseguia junto à Caixa Econômica Federal e o FI-FGTS, além de benefícios obtidos junto ao Ministério da Agricultura; QUE acredita que tenha realizado mais de dez operações de crédito junto à CEF e FI-FGTS, com a*

participação de LUCIO BOLONHA FUNARO e EDUARDO CUNHA; QUE este contrato tinha um valor de R$ 100 milhões, dos quais aproximadamente R$ 80 milhões já estavam quitados; QUE o depoente teria acertado com LUCIO esse valor de R$ 100 milhões, para ter uma "gordura" de R$ 20 milhões para provisionar futuras necessidades de pagamento de "propina" e outras vantagens indevidas; QUE o depoente pediu para FRANCISCO DE ASSIS [E SILVA] se reunir com LUCIO BOLONHA FUNARO para a formalização do contrato; QUE FRANCISCO DE ASSIS não tinha conhecimento das tratativas ilícitas realizadas entre o depoente e LUCIO BOLONHA FUNARO; QUE, de fato, LUCIO BOLONHA FUNARO participou de uma intermediação para resolver problema societário do grupo BERTIN com o grupo J&F INVESTIMENTOS, que culminou na compra da participação do grupo BERTIN na JBS SA; QUE o depoente não efetuou nenhum pagamento a LUCIO BOLONHA FUNARO com relação a essa intermediação, da J&F com o grupo BERTIN, e se houve pagamento foi por parte dos BERTIN, no entanto, para facilitar eventual história a ser contada, combinou com LUCIO BOLONHA FUNARO que os R$ 100 milhões seriam a comissão sobre essa operação; QUE o depoente fez inclusive uma divulgação na imprensa desta história-cobertura da comissão de R$ 100 milhões, mas que agora, em razão da sua obrigatoriedade de falar a verdade, por conta de sua colaboração premiada, desmente essa história e confirma o falseamento do objeto do contrato; QUE inclusive LUCIO BOLONHA FUNARO chegou a oferecer alguns contratos de compra, intermediação e consultoria no setor de energia elétrica de empresas dele para dissimular pagamentos devidos pelo grupo J&F, mas o depoente entendeu que seria mais simples e confiável manter a história da intermediação com o grupo BERTIN; QUE essa história era do conhecimento somente de LUCIO BOLONHA FUNARO e do depoente, razão pela qual todos os demais envolvidos como FRANCISCO DE ASSIS, ROBERTA FUNARO YOSHIMOTO, DANTE BOLONHA FUNARO e FLORISVALDO CAETANO DE OLIVEIRA, acreditavam que os pagamentos eram

> lícitos e decorrentes desse contrato; QUE o irmão do depoente WESLEY MENDONÇA BATISTA também sabia do contrato falso com LUCIO BOLONHA FUNARO, mas em nenhum momento teve qualquer participação nesse evento; QUE o depoente conversou com LUCIO BOLONHA FUNARO poucos dias antes dele ser preso, momento em que LUCIO BOLONHA FUNARO lhe confidenciou o receio de que poderia ser preso.

Joesley Batista desmentiu ter assinado o contrato apenas para ter a mediação de Lúcio Funaro no conflito com a família Bertin. A mediação ele confirmou que existiu, mas disse que a JBS nada pagou por isso. Ficou claro que o conflito era, de fato, uma simulação para justificar um desfecho mais plausível para o monte de suspeitas sobre o negócio entre os dois grupos frigoríficos.

Na sequência de seu depoimento, Batista relatou o receio demonstrado por Funaro de ser preso e "que então o depoente acertou com o mesmo que, em caso de prisão, efetuaria pagamentos mensais em troca da manutenção da versão da licitude da relação negocial que mantinham".

> QUE LUCIO BOLONHA FUNARO pediu que efetuasse pagamentos mensais de R$ 600 mil para ajudá-lo com suas despesas já que estaria passando por dificuldades financeiras; QUE foram realizados três pagamentos de R$ 600 mil e depois o valor baixou para R$ 400 mil por imposição da empresa, devido à dificuldade de operacionalizar pagamentos em espécie; QUE houve uma TED de R$ 600 mil antes da prisão de LUCIO BOLONHA FUNARO, mas com a sua prisão e com o bloqueio das contas das empresas de LUCIO BOLONHA FUNARO, o depoente decidiu que os pagamentos deveriam ser feitos em espécie e falou para colocar a culpa na área de compliance. [...]

Em 23 de agosto de 2017, Lúcio Bolonha Funaro, com a homologação de seu Acordo de Delação Premiada pelo relator da Lava Jato no Supremo Tribunal Federal (STF), ministro Edson

Fachin, voltou a prestar depoimento para a Procuradoria-Geral da República (PGR), em Brasília:

> *Funaro também confirmou que o dono da J&F ficou responsável por comprar o seu silêncio na cadeia. O delator revelou que assinou um contrato fictício de R$ 100 milhões com o dono do frigorífico [em 2015] para esquentar notas frias que ele já havia emitido para uma empresa do grupo, a Eldorado. Como o contrato tinha de parecer mais antigo, caso fosse submetido a uma perícia da Polícia Federal, ele e Joesley assinaram e rasgaram os originais, ficando só com cópias – porque "com Xerox a PF não tinha como" atestar a data da assinatura. Foi com base nesse contrato, que também embutia um serviço prestado à JBS e ao grupo Bertin, segundo Funaro, que Joesley começou a lhe pagar quantias mensais depois que ele foi preso, em julho do ano passado. (Gazeta do Povo. Curitiba/PR. 14 out. 2017).*

Ainda em seu depoimento, o doleiro disse que teria ficado claro para ele, em relação ao contrato assinado com a J&F, que Joesley Batista somente teria feito aquilo porque esta seria sua garantia, se algo acontecesse (a prisão, por exemplo), quando ele poderia lançar mão dos recursos executando o contrato. Funaro também disse a respeito dos acertos feitos entre ele, Joesley Batista, Francisco de Assis e Silva e Natalino Bertin:

> *[...] Que nesta mesma reunião do dia 18 de dezembro de 2015 Joesley e seu advogado Francisco propuseram ao COLABORADOR fazer um contrato guarda-chuva a fim de dar aparência de legalidade aos negócios já efetuados entre o COLABORADOR e Joesley; Que esse contrato tinha função de dar dupla tranquilidade, ao grupo J&F e origem para os pagamentos efetuados às empresas do declarante ou de sua responsabilidade e de dar tranquilidade ao declarante de ter seus créditos reconhecidos pelo grupo J&F; Que essas conversas reforçaram o pacto que o COLABORADOR e o Joesley haviam fechado no dia 11 de dezembro de 2015. QUE Joesley e Francisco chamaram Natalino Bertin para também alinhar contratos e*

discursos [...]. (Portal Jota. Anexo 1 da Delação Premiada de Lúcio Bolonha Funaro)

A J&F Investimentos chegou, de fato, a quitar com a Viscaya um total de R$ 83.424.850,00. Ficou em débito com o restante – razão pela qual Lúcio Funaro entrou com uma ação de cobrança na Justiça paulista para receber a parcela final de R$ 16.575.150,00, que atualizada pelo INPC daria um total de R$ 20.389.450,43. A Justiça paulista deu ganho de causa a Funaro, que recebeu integralmente o valor cobrado.

Na ação impetrada em 31 de maio de 2016, Funaro e seus advogados Edson Queiroz Barcelos Júnior e Roberto Greco de Souza Ferreira sustentaram a versão fraudulenta de que o contrato tinha como objeto a mediação entre a família Bertin e os Batistas, justificando que a quantia cobrada pela comissão, "embora reconhecidamente vultosa, dava-se em um conflito que **envolvia a casa das dezenas de bilhões de reais**".

Na cláusula 9 da referida ação de cobrança estava o cerne da disputa entre a família Bertin e os irmão Batista:

9. Os irmãos Bertin alegavam que haviam sido prejudicados na fusão e que as ações de controle do Grupo Bertin aportadas na holding [FB Participações S.A] teriam sido subavaliadas. Ou seja, os irmãos Bertin alegavam que deveriam ter uma participação acionária maior na holding ou que deveriam ser ressarcidos em **alguns bilhões de reais.** (STF. PET 0007003 – Apenso 9)

E no item 16 foram apresentados os objetivos do contrato de mediação, com destaque para:

(i) Reunir a família BERTIN e os acionistas da Bracol Holding S.A, com o objetivo de encerrar todos os litígios entre estes e a família Batista e J&F por meio de homologação de desistência de toda e qualquer ação iniciada por quaisquer das partes nos juízos competentes, apresentar notificação às partes, coordenar e conduzir reuniões, lavrar atas de reunião;

(ii) Apresentar alternativas de soluções, discuti-las e adaptá-las;
(iii) Acordar os termos e condições para a aquisição pela J&F da totalidade do saldo da participação da Bracol Holding S.A no Bertin Fundo de Investimentos em Participações.

Na cláusula 19 foi escrito: "Trata-se de uma remuneração alta, porém justificada diante do **benefício multibilionário que ambas as partes experimentariam** com uma transação".

Mesmo que o tal contrato de R$ 100 milhões, assinado em 2015 e com data de 2012, não tenha sido feito com o objetivo de cobrir uma mediação de conflito, vê-se que nestes termos da ação de cobrança fica implícito que a Blessed Holdings LLC, que era detentora de 86% da Tinto Holding Ltda., sempre perteceu aos irmãos Batista, pois não fazia parte do conflito em que o doleiro Lúcio Funaro teria atuado como suposto mediador.

Antes de ajuizar a ação de cobrança, Lúcio Funaro vinha mantendo reuniões com a J&F para tentar receber amigavelmente o que achava ser justo pelos "serviços prestados" aos irmãos Batista. Claro, não a intermediação de conflito com os Bertin, mas intermediação de empréstimos junto à Caixa Econômica Federal, FI-FGTS e outros negócios escusos.

No dia 30 de maio – um dia antes de acionar a Justiça –, o doleiro enviou extensa mensagem ao advogado da J&F, Francisco de Assis e Silva, tendo sido claro que "não queria mais ter nenhuma pendência com a família Batista".

> *[...] Entendo também as preocupações e precauções que o Dr queira tomar em relação à imagem da empresa, mas eu não tenho todo esse tempo para esperar para a solução de um débito contratual cujos serviços prestados pela minha empresa foram todos cumpridos de forma irrefutável e **com resultado excepcional para os senhores** [grifo nosso]. Assim sendo peço que informe aos acionistas da judicialização do caso e que esta atitude não influa em nossas relações pessoais, como o Dr mesmo diz é só uma questão financeira e não pessoal. (STF. PET 0007003 – Apenso 9)*

No mesmo dia em que Funaro ajuizou ação de cobrança em face da J&F Investimentos S.A., o advogado Francisco de Assis e Silva, tratando a questão como se o objeto do contrato entre a J&F e Viscaya fosse mesmo uma intermediação de conflito empresarial, encaminhou a ele, às 15h32, a seguinte mensagem:

> *Prezado Lúcio,*
> *Lamento que tenha decidido judicializar a questão!*
> *Como já lhe disse e continuarei afirmando e provando em juízo, há pendências a serem resolvidas com o "acordo" com a família Bertin referente a pendências pós-aquisição. "Pendências pós closing".*
> *E desta forma e por tudo que já falamos, não podemos pagar o saldo enquanto estas pendências não sejam resolvidas. Embora cada qual venha sendo resolvida dia a dia, ainda há pendências.*
> *Nada absolutamente pessoal. Faremos nosso trabalho. Como disse antes, não é negar um possível crédito e sim, sua exigibilidade momentânea, em não podermos antecipar pagamentos ante tudo que ocorreu com Vossa Senhoria e nossa área de Compliance. Assim sugere aguardar a finalização de toda a contratação.* (STF. PET 0007003 – Apenso 9).

Em 31 de agosto de 2016, a J&F Investimentos S.A., por meio de seu procurador, Francisco José do Nascimento, contestou a ação de cobrança impetrada pela Viscaya. Alegou que a mesma "era manifestamente improcedente, não sendo exigível o saldo reclamado pela autora", já que havia ainda pendências a serem solucionadas pela empresa mediadora.

Tudo cortina de fumaça. A Justiça determinou que o pagamento do valor fosse pago pela J&F Investimentos S.A., o que foi feito.

Depois de muito lero-lero, a fraude conflituosa acabou superada, já que o negócio entre os Bertin e os irmãos Batista havia sido, efetivamente, concluído em 25 de junho de 2014, com a J&F comprando dos Bertin "as derradeiras 253.249 cotas" da Tinto Holding Ltda. – entregues para a J&F Investimentos S.A., conforme indicou auditoria da Receita Federal.

Como afirmou [sic] os auditores da Receita Federal, tudo não passou de "uma flagrante mentira, aliás, plenamente aperfeiçoada com a terceira transferência das derradeiras 253.249 cotas para a J&F Investimentos, empresa do grupo JBS, em 25/06/2014 (doc. 39)".

Entretanto, os Bertin informaram uma discrepância financeira. Segundo eles, a transferência das ações da Bertin S.A., no montante de R$ 1.775.231.541,38 (valor de integralização das cotas do BERTIN FIP em 30/11/2009), para a J&F Investimentos S.A., se deu por R$ 346.000.000,00.

Durma com um barulho desses!

Fato é que foi assim que a Tinto Holding Ltda. teria se desfeito completamente das ações que possuía no Bertin FIP. Com alto prejuízo, mas, aparentemente, as coisas se acomodaram – embora Joesley Batista tenha afirmado em depoimento ao MPF que, "na realidade, o negócio do Bertin tem pendência até hoje".

Gilberto Biojone, representante no Brasil da Blessed Holdings LLC, afirmou que, para que os Bertin pudessem concretizar a saída da sociedade com a JBS, foi preciso acertar a questão da garantia com o Banco do Brasil.

Como o Bertin e os Batistas entraram em acordo, a Blessed Holdings LLC concordou que as cotas que havia "comprado" da Tinto Holdings Ltda. continuassem como garantia de dívidas dos Bertin, relatou Biojone[27]. "Para não atrapalhar [o processo de saída dos Bertin], concordamos em deixar aquelas cotas como garantia", disse ele. O banco exigia alguns documentos para confirmar a aceitação da garantia. "O Banco do Brasil está pedindo o contrato original e a tradução juramentada", afirmou ainda.

De acordo com os Bertin, essa operação feita com os irmãos Batista para pôr fim ao conflito entre as partes acabou dando prejuízo. Foi o que eles relataram ao Conselho Administrativo de Recursos

---

[27] O grupo Bertin entrou em processo de Recuperação Judicial – total de dez empresas -, protocolado na Justiça paulista em 16 de agosto de 2017, com dívida de R$ 7,86 bilhões, sendo a Caixa Econômica Federal a maior credora individual, com R$ 2,5 bilhões. Também são credores o Banco do Brasil, o BNDES, Banco Fibra (que pediu sua falência), Bradesco e Banco Votorantim. (MANTOAN, Victória; PIRES, Fernanda. *Valor Econômico*. 17 ago. 2017).

Fiscais (Carf), conforme apontado na sessão de julgamento da Tinto Holding Ltda., em 11 de abril de 2017:

> Os grupos JBS e Bertin entraram em conflito e só em junho de 2014 chegaram a um acordo, cujo resultado foi o desfazimento da Associação o que implicou a transferência, pela Recorrente, de ações da Bertin S.A., no montante de R$ 1.775.231.541,38 (valor da integralização das cotas do BERTIN FIP em 30/11/2009) por R$ 346.000.000,00 para a J&F Investimentos S.A. (Holding controladora do Grupo JBS).
>
> Portanto, o resultado final da operação para a Recorrente foi a apuração de efetivo e vultoso prejuízo, no montante aproximado de R$ 1.429.000.000,00 e não ganho de capital a ser oferecido à tributação, no montante de R$ 3.173.814.688,75.

A Procuradoria-Geral da Fazenda Nacional, ao apresentar suas contrarrazões no processo do Carf, desmascarou os argumentos dos Bertin e demonstrou como ocorreu, de fato, a transação entre o Bertin FIP e a FB Participações:

> Em 14/12/2009, 3 (três) dias depois de a Tinto Holding ter transferido as ações da Bertin S.A. para o BERTIN FIP, foi divulgado que as ações da Bertin S.A. (73,1%) seriam incorporadas pela JBS S.A., que emitiu ações em contrapartida, utilizadas para pagar o BERTIN FIP avaliadas em R$ 8,8 bilhões portanto, o BERTIN FIP deveria ter reconhecido ganho de capital de R$ (8,8 − 1,775 = 7 bilhões aprox.), porém tal ganho não foi reconhecido;
>
> E, ainda em 14/12/2009 consta que as ações da JBS recebidas deveriam ser capitalizadas na "nova holding" (FB Participações) – aquelas mesmas ações avaliadas em R$ 8,8 bilhões foram transferidas para a FB Participações no valor de R$ 4,9 bilhões teria ocorrido uma perda de R$ (8,8 − 4,9 = 3,9) bilhões – mas o BERTIN FIP contabilizou ganho de capital de R$ (4,9 − 1,775) bilhões (troca de ativos, ações da Bertin S.A. x ações da JBS).

A Receita Federal, quando da autuação dos Bertin, afirmou que a interposição do Bertin FIP para figurar no lugar da Tinto Holding tratava-se simplesmente de "uma ação fraudulenta premeditada, uma simulação dolosa". Tal entendimento foi corroborado pela decisão do Carf. A Receita também classificou como fraude a cessão das cotas do Bertin FIP para a Blessed Holdings LLC por preço vil.

Aqui se reafirma que o Bertin FIP nunca existiu no mundo real e foi uma fraude construída pela JBS – "uma simulação dolosa" –, que contou com a participação da família Bertin e do BNDES.

Como visto, o tal conflito entre os Bertin e os irmãos Batista não foi resolvido com a entrada de Lúcio Funaro na jogada. Tudo o que ocorreu foi parte de uma grande simulação para esconder os crimes perpetrados pelos envolvidos nessa trama sinistra contra o erário: JBS, Bertin e BNDES.

Restaram ainda questões sérias a serem respondidas. Entre as quais:

a) A Bracol Holding Ltda. passou "de graça" para a Blessed Holdings LLC, em duas oportunidades, cotas da FB Participações S.A. correspondentes a cerca de R$ 5 bilhões ou 86% do que detinha de cota no Bertin FIP. Se apenas 14% restantes foi motivo de conflito e o pagamento das mesmas foi mantido em sigilo, quanto, afinal de contas, a JBS pagou pelo Bertin?

b) A JBS pagou à família Bertin no Brasil ou no exterior?

c) Por que nem a JBS, nem o Bertin declararam à Receita Federal os valores envolvidos na transação e como foram feitos os pagamentos?

d) Lúcio Bolonha Funaro – delator da Lava Jato – está escondendo o que em relação a essa transação bilionária?

e) Funaro atuou em transferência de dinheiro – bilhões, segundo ele próprio – da JBS para a família Bertin no exterior?

Agora, a questão que vale 1 milhão. O Fundo de Investimentos em Participações (digamos, o Bertin FIP), que nunca existiu no mundo real, foi usado apenas para ganho financeiro com o diferimento de tributos pelo grupo Bertin. Isso fazia parte da estratégia de transferir para o Tesouro Nacional o pagamento pela compra do Bertin?

É preciso concordar com o empresário Joesley Batista: **"Na realidade, o negócio do Bertin tem pendência até hoje"**. E não parece ser pouca coisa...

O magnata grego Aristóteles Onassis (1906-1975) cunhou uma frase bem adequada ao mundo de crimes de Joesley Batista: "Não ser descoberto em uma mentira é o mesmo que dizer a verdade". Batista demonstrou ser mestre – agora descoberto –, na construção de mentiras para tentar encobrir outras e outras mentiras.

A mais recente lorota a respeito da compra fraudulenta do frigorífico Bertin foi registrada pela jornalista Alexa Salomão, em reportagem publicada pela *Folha de S. Paulo* em 26 de maio de 2019.

De acordo com Salomão, "documentos que formalizaram o acerto, assinados por representantes das famílias Bertin e Batista, mostram que os Bertin aceitaram ter menos de 10% da JBS como parte do pagamento".

Mas há algo de muito estranho nesse negócio. De acordo com a jornalista, que afirma ter tido acesso a tais documentos, os Bertin teriam concordado em vender "de volta aos Batistas tudo que excedesse estes 10% pela simbólica quantia de R$1,00". Isso mesmo: um único real.

Ainda de acordo com Salomão, a JBS, depois da pseudofusão com o Bertin, recuperou "por fora ações que equivaliam a pouco mais de 17% da JBS – algo como R$ 4,2 bilhões pela cotação do papel em dezembro de 2009. Hoje essa participação valeria quase R$ 11 bilhões". E a jornalista conclui que "além de um percentual das ações da empresa, os Batistas se comprometeram a pagar R$ 750 milhões e a assumir R$ 4 bilhões em dívidas dos Bertin".

Em 14 de maio de 2019, o empresário Mário Celso Lopes – ex-sócio dos irmãos Batista e desafeto dos mesmos –, em depoimento prestado à CPI do BNDES da Câmara dos Deputados, falou sobre o tema afirmando que "juntaram todas as boas vontades para criar a fusão". E ele enfatizou os interesses pouco republicanos do BNDES e do Bertin.

Quando, afinal, a verdade virá à tona nesse lamaçal de corrupção?

Bertin FIP: um fundo de investimento fictício

*Não fale pra mamãe que virei político.
Ela acredita até hoje que eu toco piano naquele puteiro.*

Piada de autor desconhecido

Quando foi supostamente constituído, o Bertin FIP (Bertin Fundo de Investimento em Participações) teria recebido, para integralizar em seu capital, ações da Bertin S.A. no valor de R$ 1.775.231.541,38 (valor escritural), passando a ter a Bracol Holding Ltda. como única cotista do mencionado fundo. O Bertin FIP sempre foi uma figura jurídica fictícia[28].

O documento a seguir mostra que o fundo nunca existiu no mundo real. Era usado de forma dissimulada pelos irmãos Batista para tentar não deixar rastro sobre os crimes praticados contra a Receita Federal. E, em momento oportuno, acabaria substituído pelo FIP Pinheiros; este sim, com personalidade jurídica, criado antes da pseudofusão entre JBS e Bertin.

---

28 No Processo nº 1064233-92.2014.8.26.0100, que tramitou na 30ª Vara Cível da Comarca de São Paulo, compareceu o Bertin FIP dizendo, entre outras coisas, que "o FIP BERTIN não é sociedade e que não possui personalidade jurídica", confirmando com isso que ele era usado como entidade "fantasma". Disponível em: <https://www.jusbrasil.com.br/diarios/documentos/138796347/processo-n-1064233-9220148260100-da-comarca-de-sao-paulo>. Acesso em: 18 jun. 2019.

REGULAMENTO DO BERTIN FUNDO DE INVESTIMENTO EM PARTICIPAÇÕES

CNPJ/MF Nº 11.369.979-0001/96

CNPJ do Pinheiros FIP criado em 27/11/2009.

CAPÍTULO I
DO FUNDO

Artigo 1º - O BERTIN FUNDO DE INVESTIMENTO EM PARTICIPAÇÕES é um fundo de investimento em participações, sob a forma de condomínio fechado, regido pelo presente Regulamento e pelas disposições legais e regulamentares que lhe forem aplicáveis, especialmente a Instrução CVM nº 391 e suas posteriores alterações, com prazo de duração de 10 anos, contados a partir da data da primeira subscrição de cotas de emissão do FUNDO.

Fonte: Socopa Corretora[29].

Desde a sua entrada no negócio, o fundo tinha por objetivo adiar o pagamento do IRPJ – Imposto de Renda da Pessoa Jurídica – e da CSLL – Contribuição Social sobre o Lucro Líquido – incidentes sobre o ganho de capital decorrente da alienação das ações da Bertin S.A. à JBS S.A. e, depois, para a FB Participações S.A., operações estas realizadas na efetivação das negociações para a incorporação do frigorífico pela JBS.

Eis o nebuloso *modus operandi*:

Como já explicado, o grupo Bertin obteve da Apsis Consultoria Empresarial Ltda. uma avaliação econômica de R$ 13,56 bilhões.

Ao integralizar as ações da Bertin S.A. – com valor escritural, já que a companhia tinha capital fechado – ao capital da JBS S.A., graças ao aumento de capital, foi usado o valor de R$ 11.987.963.196,14. Este valor correspondia à parcela da Bertin S.A. que seria incorporada pela JBS S.A., ou seja, frigorífico, lácteos, carnes processadas e couros, avaliados em R$ 8,76 bilhões, mais a dívida líquida assumida pela JBS S.A. no valor de R$ 3,21 bilhões.

Em contrapartida, a JBS S.A. deveria entregar ações de sua emissão ao Bertin FIP para que o fundo as registrasse na FB Participações S.A.

Depois, caberia à FB Participações S.A. registrar em nome do Bertin FIP as correspondentes ações da JBS S.A. – o que deveria ser, na prática, uma troca de ações.

---

29 Disponível em: <https://www.socopa.com.br/Arquivo/BertinFIP_Prospecto.pdf>. Acesso em: 27 jun. 2019.

Porém, como atestaram as investigações da Receita Federal, isso jamais ocorreu. Tais ações nunca foram registradas pelo Bertin FIP (mesmo porque o fundo era somente uma ficção jurídica). Assim, as ações saíram da JBS S.A. diretamente para a FB Participações S.A.

Nessa transação, o Bertin FIP deveria ficar com 48% do capital social da FB Participações S.A., e os Batistas, com os restantes 52%.

Em 12 de dezembro de 2009, um lote de ações da empresa Bertin S.A., com valor escritural de R$ 1,68 bilhão [não foi usado o valor da ação calculado pela Apsis, que era de R$ 473,61], foi incorporado pela empresa JBS S.A. pelo valor de R$ 8,76 bilhões – o que deu ao Bertin FIP um ganho de capital de R$ 7,08 bilhões.

No Processo nº 0006234-84.2015.403.6100, de 2 de fevereiro de 2018, que tramita no Tribunal Regional da 3ª Região (TRF-3), a União Federal assim explica o caso, embora ainda considerando que o Bertin FIP existisse:

> *O Bertin FIP, mediante tais operações, auferiu ganhos tributáveis haja vista que: a) na primeira operação, o BERTIN FIP negocia com a JBS S.A. ativos avaliados em sua contabilidade, pelo valor escritural, em aproximadamente R$ 1,68 bilhão, recebendo em troca ações emitidas por R$ 8,8 bilhões. Ou seja, a operação gera um saldo positivo de R$ 7 bilhões ao Bertin FIP; b) logo em seguida (no mesmo dia, para sermos exatos), o mesmo BERTIN FIP transaciona com a FB PARTICIPAÇÕES S.A. as mesmas ações. Dessa vez, entretanto, os ativos avaliados em R$ 8,8 bilhões são negociados por R$ 4,9 bilhões, ou seja, o saldo passa a ser negativo em R$ 3,9 bilhões; c) do conjunto de operações, resulta, destarte, que na negociação das ações da BERTIN S.A. pelas ações da FB PARTICIPAÇÕES S.A., o BERTIN FIP auferiu um ganho de capital de R$ 3,1 bilhões.*

O valor da Bertin S.A. no negócio foi inflado artificialmente. A diferença entre a avaliação da parte dos Bertin no negócio (R$ 8,76 bilhões) e o valor patrimonial da empresa (R$ 4,9 bilhões) foi contabilizada ardilosamente pelo lado dos Bertin como tendo um prejuízo de R$ 3,9 bilhões.

Entretanto, a Procuradoria-Geral da Fazenda Nacional (PGFN) enfatizou a falta de propósito negocial na criação do Bertin FIP. Segundo o procurador da Fazenda Nacional, Rodrigo Moreira Lopes, a intenção dos Bertin, por meio do FIP, seria apenas a de postergar eventual pagamento pelo ganho de capital.

O Fisco sustenta que toda essa jogada foi articulada com a finalidade de promover evasão tributária, por meio do diferimento para o momento do resgate das cotas do Fundo de Investimento em Participações, do pagamento do Imposto de Renda incidente sobre o ganho de capital do Bertin FIP – de R$ 3,1 bilhões, resultante do saldo positivo de R$ 7 bilhões decorrentes do pagamento de 680 milhões de ações da JBS S.A. avaliadas em R$ 8,76 bilhões, descontado do saldo negativo de R$ 3,9 bilhões resultante da integralização dos 680 milhões de ações da JBS S.A. avaliadas em R$ 4,9 bilhões, no capital da FB Participações S.A.

Graças à maracutaia de gestão fiscal, a conta, entretanto, era bem diferente: ela considerava o valor de R$ 8,8 bilhões menos os R$ 4,9 bilhões como um prejuízo de R$ 3,9 bilhões – o que certamente seria considerado como correto, não fossem as ações decorrentes da Operação Lava Jato indicando o fim da proteção aos crimes de corrupção.

Ao final de um crime pensado como perfeito, nenhuma ação estaria mais com o Bertin FIP (ou o Pinheiros FIP), já que seriam transferidas da Tinto Holding Ltda. para a Blessed Holdings LLC, *offshore* dos irmãos Batista, mas que aparecia como se fosse da família Bertin. Como o Bertin FIP não existia, ele não detinha qualquer ação da JBS S.A., mas, sim, a Tinto Holding Ltda., já que a Bracol Holding Ltda. teve o nome alterado para Tinto Holding Ltda. em 2005.

Pimba: em 11 de dezembro de 2014 foi lavrado auto de infração, no âmbito do PAF nº 16561720170/2014-01 em face da Tinto Holding Ltda., tendo sido constituído o crédito tributário no valor de R$ 2.350.844.539,97, decorrente da tributação incidente sobre referido ganho de capital.

A União Federal, no processo antes referido, afirmou que o objetivo de toda essa articulação criminosa foi afastar a tributação pelo ganho de capital nas operações realizadas pelo Fundo de Investimento. E, com a transferência de 86% do Bertin FIP para a Blessed Holdings LLC, conseguiu "esvaziar o patrimônio do contribuinte responsável pelo pagamento do imposto de renda incidente sobre o dito ganho de capital", o que demonstrava fraude à lei tributária.

Além da cobrança do imposto sobre ganho de capital da contribuinte autuada (Tinto Holding), foram mantidos como responsáveis tributários os diretores do grupo Bertin (Silmar Roberto Bertin, Natalino Bertin e Fernando Antônio Bertin) e a Heber Participações S.A.

Em sua defesa perante a Receita Federal, a Tinto Holding Ltda., em peça datada de 16/12/2014, assim descreveu como ocorreu a troca de ações:

> *Em 12/12/2009, os dois grupos decidiram que a JBS incorporaria as ações da Bertin S.A. (de propriedade do BERTIN FIP e do BNDES) e, em contrapartida, os controladores da Bertin S.A receberiam 32,45518835 ações de emissão da JBS, para cada ação de emissão da Bertin S.A (permuta de ações) o BERTIN FIP recebeu por permuta 679.182.067,18 ações da JBS S.A., não havendo apuração de ganho de capital nessa operação de troca de ativos por valor histórico; ficou condicionado que as ações de emissão da JBS a serem recebidas em substituição pelos ex-controladores da Bertin S.A. deveriam ser imediatamente empregadas na integralização de capital subscrito pela FB Participações S.A. (Nova Holding) e assim foi feito: o BERTIN FIP empregou as ações da JBS recebidas na integralização da subscrição de aumento de capital social do FB Participações S.A.; assim, os ex-controladores da Bertin S.A. teriam participação acionária direta na FB participações (Nova Holding).*

Na mesma peça em que os Bertin tentam impugnar a autuação da Tinto Holding Ltda. por ganho de capital não declarado, eles insistem na falácia de que teria ocorrido uma fusão entre JBS e Bertin – e não uma venda pura e simples, como de fato ocorreu:

> Com essas operações societárias, os acionistas da JBS e da Bertin S.A. passaram a deter participação acionária direta na FB Participações S.A., com o controle pelos acionistas da JBS. E a Bertin se transformou em subsidiária da JBS.

Para o Fisco, tal ganho de capital de R$ 3,1 bilhões não foi, em verdade, obtido pelo Bertin FIP, mas diretamente pela Tinto Holding Ltda. Pois, como já dito antes, as ações da JBS S.A. nem chegaram a ser registradas pelo Bertin FIP. Este foi incluído no negócio de forma fraudulenta, já que o fundo não constituía uma figura jurídica.

Esse ganho seria até tributado, mas não pago. A lei permitia que os impostos sobre o ganho de capital auferido pelos fundos de investimentos em participações fossem cobrados somente ao final do prazo de sua constituição. Ou seja, em relação ao Bertin FIP, seria somente tributado em dezembro de 2019, quando os "verdadeiros proprietários" – os irmãos Batista – já teriam levado para o exterior todo o patrimônio do fundo. Não restando com o que pagar ao Fisco, o ônus ficaria com a família Bertin.

Além de todos os trambiques realizados pela organização criminosa, houve também sonegação do IRPJ e da CSLL no ganho de capital. Isso porque fundos de investimentos em participações têm tributação inferior e diferenciada, o que iria compensar, em parte, o pagamento menor feito pela JBS na compra do frigorífico. Em outras palavras, a diferença foi debitada na conta do Tesouro Nacional.

Mas a coisa não termina aí.

Analisando os registros na administradora inicial do fundo, a Citibank DTVM, verifica-se que a empresa também utilizava como CNPJ do Bertin FIP o registro nº 11.369.979/0001-96. Este pertencia, na verdade, ao fundo "PINHEIROS Fundo de Investimentos em Participações Multiestratégia", criado em 27 de novembro de 2009, conforme informações da Receita Federal do Brasil.

O uso dessa ficção Bertin FIP foi feito para esconder que, desde o início, a família Bertin ficaria com uma pequena fração na

FB Participações, correspondente ao que sobrara para a Bracol/Tinto depois de transferir 86% do que detinha para a Blessed Holdings LLC. E, claro, com pagamento fora do alcance do Fisco – provavelmente em algum paraíso fiscal.

A Blessed Holdings LLC sempre pertenceu aos irmãos Batista. Não foi comprada por eles em outubro de 2016, conforme informaram em suas declarações de Imposto de Renda. Ninguém compra novamente o que já lhe pertence.

E aquela chiadeira toda dos Bertin falando que iriam provar que a Blessed pertencia aos irmãos Batista era tudo encenação, pois a estrutura criminosa para a venda da Bertin S.A. para a JBS S.A. era uma combinação entre as famílias, o BNDES, os bancos que assessoraram essa traquinagem, de Joesley Batista (J.P. Morgan e Citibank) e as consultorias que trabalharam no negócio.

Inocente não tem ninguém nessa história.

Para a União, a JBS já sabia que as novas ações emitidas na incorporação das ações da Bertin estavam pactuadas para ficar em mãos da FB Participações S.A. E também sabia que as ações da JBS S.A. seriam integralizadas por R$ 4,9 bilhões, "ainda que tal situação caracterizasse um absurdo lógico, societário, negocial, tributário ou de qualquer outra ordem".

O uso do Bertin FIP foi possível porque, com tal estrutura, seria dado um número restrito de informações acerca de seus cotistas, transferências de cotas, valor de negociações das cotas, ativos negociados etc. Além disso, ficaria apenas sob a fiscalização da Comissão de Valores Mobiliários (CVM).

Diferentemente de uma pessoa jurídica empresarial, que tem de entregar várias informações fiscais e societárias (quadro societário, impostos devidos, demonstrações contábeis etc.), o Bertin FIP, por ser um condomínio, teria de disponibilizar uma quantidade de informações bastante reduzida. E, no caso Bertin FIP, por ser um fundo fechado, o número de informações era ainda muito menor. Vê-se que, por isso, uma transferência de titularidade de cotas de fundos de investimentos não é uma informação fácil de ser obtida.

Veja: o FIP Bertin teria 48,51% da FB Participações S.A., que, por sua vez, deteria 54,52% do capital votante da JBS S.A. Os 100% das cotas do FIP Bertin foram distribuídos, inicialmente, entre a Blessed Holdings (65,79%) e a Bracol Holding, depois substituída pela Tinto, com 34,21%.

Antes de prosseguir, é relevante esclarecer que a composição acionária em julho de 2017 da FB Participações S.A. tinha a J&F Investimentos como controladora de 100% de seu capital. O Pinheiros Fundo de Investimentos em Participações, sucessor do [inexistente] Bertin FIP, desde o fim de 2014, detinha 21,92% da parcela de capital que a J&F Investimentos tinha na FB Investimentos (42,31%) e pertencia aos Batistas, agora sem os Bertin.

Posição acionária na JBS em 31 de maio de 2017

Acionista	Ações ordinárias		Ações preferenciais	
	Quant.	%	Quant.	%
FB Participações S.A.	1.154.456.613	42,31	0	0,00
J&F Investimentos	4.811.386.976	100,00	0	0,00
Pinheiros FIP	12.366.100	21,92	12.366.100	21,94
Blessed H. Cayman	200	100,00	0	0,00
Wesley M. Batista	3.000	50,00	0	0,00
Joesley M. Batista	3.000	50,00	0	0,00
JJMB Part. Ltda.	126.961	7,14	0	0,00
WWMB Part. Ltda.	126.961	7,14	0	0,00
Joesley M. Batista	14.266.142	25,29	14.339.204	25,44
Wesley M. Batista	14.266.142	25,29	14.339.204	25,44
WWMB Part. Ltda.	2.846.550	5,05	2.724.780	4,83
ZMF Participações	9.820.199	17,41	9.879.659	17.53
JJMB Part. Ltda.	2.846.550	5,05	2.724.780	4,83

Fonte: Econoinfo.

A Blessed Holdings detinha 85,76% do capital do FIP Pinheiros, sendo que a Blessed Holding Cayman – em nome dos irmãos Wesley e Joesley Batista – detinha 100% (50% para cada um) do capital da Blessed Holdings LLC.

O que falta para fechar os 100% do capital da J&F na JBS está em nome dos irmãos Wesley e Joesley Batista (25,29% para cada um), 17,53% da ZMF Participações, que também pertence integralmente aos irmãos Wesley e Joesley Batista, e em duas holdings pessoais destes, com 7,14% cada.

Essa nova estrutura societária, com atualização em 31 de maio de 2017 – feita, portanto, antes do depoimento de Joesley Batista à Polícia Federal, no âmbito de sua delação premiada – derruba toda a sua narrativa a respeito da Blessed Holdings LLC, especialmente ao dizer que não conhecia muito a estrutura, mas que sabia "que Gilberto Biojone era o representante legal das seguradoras Lighthouse e US Commonwealth".

Joesley Batista ainda insistiu em seu depoimento que não seria o mais habilitado a falar sobre a Blessed Holdings LLC. Afirmou que conhecia James e Collins, das seguradoras Lighthouse e US Commonwealth, que foram apresentados a ele por Fábio, do banco J.P. Morgan.

Muito típico dele. Quando o assunto é um tanto espinhoso, procura passar a bola para outro falar, depois de muita preparação interna para tornar convincentes as muitas mentiras construídas ao longo de tantos anos.

Uma das conclusões a que se chega: enquanto todo mundo ficou querendo desvendar o mistério da Blessed Holdings LLC, não se percebeu que a armadilha não estava apenas nessa *offshore* – que foi uma estrutura criada para esconder detentores de bilionário patrimônio –, mas no menos provável, o Bertin FIP, que sempre foi uma figuração, sem nunca ter detido, de fato, ações da JBS – sempre estiveram em poder do Pinheiros FIP, que controlava as cotas da Blessed e, do nada, acabou incorporando o restante das ações da Tinto. Tudo isso sem que fosse anunciado o valor da transação e como ela foi paga.

Se a Citibank DTVM não participou dessa fraude, como disse ao Carf e foi por ele inocentado, como a Distribuidora de Valores do

Citibank fazia os controles de um FIP que não existia no mundo real? Será que o Citibank nem sequer teve o trabalho de checar o CNPJ do Bertin FIP? Veja que a Citibank DTVM utilizava o CNPJ do FIP Pinheiros para justificar a existência do Bertin FIP[30].

> **BERTIN FUNDO DE INVESTIMENTO EM PARTICIPAÇÕES**
> **CNPJ/MF Nº 11.369.979-0001/96**
>
> **ATA DE ASSEMBLÉIA GERAL ORDINÁRIA E EXTRAORDINÁRIA REALIZADA EM 24 DE AGOSTO DE 2011.**
>
> **I – DATA, HORA, LOCAL:** aos vinte e quatro dias do mês de agosto do ano de 2011, às 09:30hs, na sede social do Administrador, Citibank Distribuidora de Títulos e Valores Mobiliários S.A., na Av. Paulista, 1111 - 2º andar - parte, sala de reuniões, São Paulo - SP. (...)
>
> Fonte: Citibank DTVM

Difícil de acreditar, não é?

A verdade é que os Batistas se aproveitaram do fato de a Receita Federal não exercer fiscalização sobre os fundos de investimentos – somente o fazia quando aparecia um caso concreto, como foi em 2015, em relação ao Bertin FIP. Apenas a partir de 2017 é que a Receita Federal do Brasil passou a fazer uma fiscalização sistemática nas administradoras dos fundos.

Um dos primeiros julgamentos de uma autuação pelo Carf foi realizado em abril de 2017. O caso, analisado pela 1ª Turma da 2ª Câmara da 1ª Seção, envolvia o FIP, supostamente criado pelo grupo Bertin para sua união com a JBS em 2009.

De acordo com o jornal *Valor Econômico*, a fiscalização entendeu que não havia propósito negocial e que o fundo foi criado apenas para reduzir e adiar a tributação sobre ganhos de capital. Os conselheiros mantiveram a autuação fiscal lavrada contra a Tinto Holding, controladora do grupo Bertin, no valor de R$ 4 bilhões (processo nº 16561.720170/2014-01).

---

30 Disponível em:<https://www.brasil.citibank.com/JPS/content/pdf/ICMS_05092012_BERTIN_ FIP_ATA_26082011.pdf>. Acesso em: 27 jun. 2019.

No julgamento do recurso da Tinto Holding ao Carf, o processo foi discutido por mais de três horas. Nas defesas orais, advogados da holding e dos devedores solidários afirmaram que o grupo Bertin atravessava grave crise financeira na época da operação com a JBS e precisava se unir rapidamente a um novo investidor para não ir à falência. Por isso, a operação teria sido feita por meio do Bertin FIP.

Justificativa sem qualquer fundamentação lógica, pois poderiam ter feito a fusão ou a venda, como de fato ocorreu, sem qualquer estrutura desse tipo, mas apenas com um contrato de compra e venda.

Ativos pra lá, dinheiro pra cá. Ops! E também a ajudinha do BNDES. Mas aí, convenhamos, não daria para se praticar o que os irmãos Batista tanto gostam: trapacear.

Segundo o advogado da Tinto Holding, Renato Silveira, do escritório Machado e Associados, "a ideia da unificação nunca foi a venda do Bertin: os acionistas não queriam vender e nem lucrar com a operação".

Entendeu? Nem eu!

Ao final, além da cobrança do Fisco à Tinto Holding, foram mantidos como sucessores passivos solidários os diretores do Bertin e a Heber Participações (que é constituída pelos sócios da Bertin). Foi cancelada apenas a responsabilidade solidária da Citibank DTVM – o que, do meu ponto de vista, foi equivocada.

Depois de sete anos, a fusão bilionária entre os frigoríficos Bertin e JBS passou a ser questionada. A Procuradoria-Geral da Fazenda Nacional (PGFN) pediu que a Justiça cancelasse o negócio, alegando fraudes fiscais e societárias. A PGFN entendeu que não houve uma fusão, como foi anunciado, mas sim uma operação efetiva de compra e venda.

Essas estruturas, que Joesley Batista sempre dizia não se sentir habilitado para comentar, sempre foram de domínio absoluto da família Batista – desde quando eram costuradas as negociatas entre a JBS e a família Bertin, para operacionalizar a fraudulenta fusão entre as companhias.

Foi uma grande jogada arquitetada para tentar livrar a família Bertin de encrenca com um caminhão de dívidas em outros negócios, com bancos estatais e privados, com a Eletrobrás e com empreiteiras às quais se associou em obras, que acabaram não concluídas e deixando enorme passivo.

Tanto a Receita Federal quanto a PGFN entenderam que a transação serviu apenas para lavagem de dinheiro, evasão fiscal, driblar a cobrança de IRPJ e CSLL por ganho de capital e esconder o real propósito, que era o de vender as operações frigoríficas dos Bertin para os irmãos Batista, em vez de fazer uma fusão.

Entenda que uma das vantagens no uso de um FIP em uma sociedade empresarial é a participação nos negócios da companhia investida. Porque, por definição, o fundo de investimento em participações deve garantir retorno aos cotistas dos resultados da empresa em que o dinheiro foi aplicado, sendo muito útil também para empresas familiares – em que parte dos membros investe na empresa através de um FIP, deixando por conta de seus administradores a tarefa de acompanhar de perto o resultado do negócio.

Pois bem, em 2019, em processo de recuperação judicial, com um endividamento da ordem de R$ 10 bilhões – entre os quais R$ 500 milhões ao BNDES por aval dado para garantir o empréstimo para a Usina São Fernando, de José Carlos Bumlai –, o grupo Bertin corre sérios riscos de fechar suas portas.

Pior que isso só mesmo ver um grupo empresarial de capital aberto, como a JBS, listado na Bolsa de Valores ("Novo Mercado"), manipulando a bel prazer e com interesses criminosos a participação acionária de sua empresa de carnes – a maior do Brasil e a maior produtora de proteína animal do mundo. Ao agir assim, causa prejuízos imensuráveis ao mercado de valores mobiliários como um todo, infringindo, impunemente, a legislação societária e as normas da CVM.

O MPF e a Receita Federal devem investigar como os fundos Bertin e Pinheiros conviveram todo esse tempo à margem da legalidade, já que apareciam as cotas em nome do Bertin FIP que, aparentemente, era apenas uma ficção. Enquanto isso, o verdadeiro dono das cotas era o Pinheiros FIP.

Um grande golpe

Em resumo, para atender a uma necessidade do BNDES, que atuava mancomunado com o grupo JBS, o grupo Bertin foi avaliado na parte de *equity* (que não inclui dívidas) em R$ 12 bilhões, quando ele valia perto de zero. Com a compra da Bertin pela JBS por esse valor, todos os acionistas foram diluídos. Num primeiro momento, até os controladores J&F. Mas a família Bertin devolveu aos Batistas, via FIP Bertin e Blessed, a participação em que eles tinham sido diluídos. Então, na operação foram diluídos todos os acionistas da JBS, minoritários, BNDES, portadores de ADRs nos Estados Unidos, menos os Batistas.

Mais um golpe praticado à luz do dia, com milhares de pessoas, contribuintes e entidades públicas sendo prejudicados pela fraude.

Perguntas:

— O BNDES, como banco público, não vai cobrar da J&F o que perdeu de participação nessa fraude?

— A CVM, que até o momento foi totalmente comprometida com o grupo J&F, não vai agora tomar nenhuma medida a respeito dessa fraude bilionária contra os investidores brasileiros e os minoritários?

— Essas fraudes ferem o FCPA (Foreign Corrupt Practices Act) dos Estados Unidos, pois prejudicaram os investidores americanos, e os atos de fraude envolveram estruturas no território americano, como a Blessed. Quais as providências que o Departamento de Justiça Americano vai tomar contra os irmãos criminosos?

— O balanço da JBS está inflado em perto de R$ 12 bilhões, pois incorporou uma empresa que valia quase zero. Mais uma vez a CVM não vai tomar providências?

As muitas mentiras sobre a Blessed Holdings LLC

> *O mundo é um lugar perigoso de se viver, não por causa daqueles que fazem o mal, mas sim por causa daqueles que observam e deixam o mal acontecer.*
> Albert Einstein

O empresário Joesley Batista batizou um de seus iates com o nome de *Blessed* – abençoado, em inglês. A equipe da J.P. Morgan puxou suas orelhas. No entendimento deles, tais brincadeiras poderiam ser perigosas. Batista logo compraria outro iate, um dos lançamentos mais luxuosos do estaleiro Azimut. Batizou-o de *Why Not* – "Por que não" –, expressão que viraria título de livro lançado em 2019 pela jornalista Raquel Landim, com a história da JBS.

O dinheiro era farto. O iate tem 30,4 metros de comprimento, três andares, quatro quartos – incluindo uma suíte de 20 metros quadrados –, cozinha, sala de estar, banheira de hidromassagem e capacidade para 25 pessoas. A embarcação conta com dois motores de 2.216 HP, tanque para 10 mil litros de combustível e é capaz de atingir 60 quilômetros por hora.

Pois entre "abençoado" e "por que não?", fato é que dinheiro realmente não faltava para o magnata da JBS. No formulário de referência emitido pela JBS em 31 de dezembro de 2010 – em atendimento à instrução CVM nº 480 – constava que a FB Participações S.A. era a acionista controladora direta da companhia, cujo único investimento seria a participação de 54,52% no capital social total e votante da JBS S.A., representada pela titularidade de 1.399.867.018 ações.

A participação acionária, no final de 2009, era assim definida:

Participação acionária na JBS em 31 de dezembro de 2009

Acionista	Part. acionária (%)	Quant. ações
FB Participações S.A.	54,523177	1.399.867.018
PROT FIP	7,998730	205.365.111
BNDESPar	17,024620	437.102.262
Outros	17,541921	450.383.818
Mantidos em Tesouraria	2,911549	64.753.190

Fonte: Formulário de Referência – JBS S.A.

No mesmo documento, a JBS demonstrava a cadeia de pessoas físicas e jurídicas que controlavam a participação da família Bertin na FB Participações S.A., entre as quais aparecia a Blessed Holdings LLC:

> **Bertin Fundo de Investimento em Participações é controlado por Bracol Holding Ltda. e Blessed Holding.** A Bracol Holding Ltda. é controlada por Heber Participações S.A. e Silmar Roberto Bertin. A Heber Participações S.A. é

controlada por BERF Participações S.A., JBF Participações S.A., JUFERB Participações S.A., REIVO Participações S.A., SRB Participações S.A., VIAMAR Participações S.A., Natalino Bertin, João Bertin Filho, Fernando Antônio Bertin, Reinaldo Bertin, Silmar Roberto Bertin e Mario Henrique Frare Bertin. A BERF Participações S.A. é controlada por Juracy Frare Bertin, Cláudia Maria Frare Bertin Paiva, Fernando Henrique Frare Bertin e Mario Henrique Frare Bertin. A JBF Participações S.A. é controlada por João Bertin Filho e Cleonice Espelho Verona Bertin. A JUFERB Participações S.A. é controlada por Natalino Bertin, Fernanda Pereira Bertin e Natalino Júnior. A REIVO Participações S.A. é controlada por Reinaldo Bertin, Giovanni Prado Bertin, Renato Prado Bertin, Roberta Bertin Barros e Rubia Bertin Diniz Junqueira. A SRB Participações S.A. é controlada por Silmar Roberto Bertin e José Henrique Santana Bertin. A VIAMAR Participações S.A. é controlada por Fernando Antônio Bertin, Mariana Granado Bertin, Vitor Granado Bertin e Aline Granado Bertin.

No documento referido, ainda era informado que a Blessed Holdings LLC seria detentora, na FB Participações S.A., com base em 29 de dezembro de 2009, de 65,790028% do total de participação da família Bertin, sendo que os restantes 34,209972% estariam em nome da Bracol Holding Ltda. (que depois foi substituída pela Tinto Holding Ltda.) e controlada pela Heber Participações S.A., que detinha 99,999999% da Bracol Holding Ltda., com os restantes 0,000001% em nome do sócio Silmar Roberto Bertin.

Em 29 de dezembro de 2009 foi aprovada, em Assembleia Geral Extraordinária, a incorporação das ações do Bertin S.A. pela JBS S.A. Por causa da incorporação de tais ações, o capital social da companhia foi aumentado em R$ 11.987.463.196,14, passando então de R$ 4.495.580.968,94 para um total de R$ 16.483.544.165,08.

A composição acionária da JBS, em 31 de dezembro de 2009, ficaria como indicado a seguir:

Composição acionária da JBS S.A.

Acionista	Part. acionária (%)	Quant. ações
FB Participações S.A.	100,000000	1.399.867.018
Bertin FIP*	48,517610	679.182.020
Blessed Holdings	31,919749	446.834.038
Bracol Holding Ltda.**	16,597861	232.347.982
J&F Investimentos S.A.	45,202982	632.781.636
ZMF FIP	6,279405	87.903.319
Outros	0,000003	3

Fonte: Formulário de Referência – JBS S.A. - 2010, versão 12.

* Substituído pelo FIP Pinheiros.

** Substituído por Tinto Holding Ltda.

Considerando que a cotação da ação JBSS3 na Bovespa, no pregão do dia 29 de dezembro de 2009, foi de R$ 9,49, e o total de 1.399.867.018 ações detidas pela FB Participações S.A. no capital da JBS S.A., então a participação da FB Participações S.A. valeria, naquela data, a preço de mercado, o total de R$ 13.284.730.000.

Assim, o capital que a família Bertin "oficialmente" detinha na FB Participações S.A. era de R$ 6.445.433.491,00, sendo que em nome da Blessed Holdings estavam R$ 4.240.452.498,00 e, em nome da Bracol Holding Ltda. (Tinto Holding Ltda.), os restantes R$ 2.204.980.993,00.

O certificado de formação da Blessed Holdings LLC foi enviado pelo Departamento de Justiça dos Estados Unidos ao Senado Federal por solicitação do senador Ataídes Oliveira (PSDB-TO), que presidiu a CPMI da JBS em 2018.

```
State of Delaware
Secretary of State
Division of Corporations
Delivered 02:09 PM 12/16/2009
    FILED 02:07 PM 12/16/2009
SRV 091106402 - 4765553 FILE
```

CERTIFICATE OF FORMATION
OF
BLESSED HOLDINGS LLC

1. The name of the limited liability company (hereinafter called the "LLC") is **BLESSED HOLDINGS LLC**.

2. The registered office of the LLC is to be located at 3500 South Dupont Highway, Dover, Delaware 19901. The name of the registered agent located at such address is Incorporating Services, Ltd.

IN WITNESS WHEREOF, the undersigned has executed this Certificate of Formation of **BLESSED HOLDINGS LLC** on this 16th day of December, 2009.

INCORPORATING SERVICES, LTD.,
as authorized entity

By: *Kelly B. Casey*
Kelly B. Casey
Assistant Secretary

Tais valores, atribuídos "oficialmente" à família Bertin, por meio do Bertin FIP e suas controladoras, Bracol Holding Ltda. e Blessed Holdings LLC, seriam líquidos, ou seja, descontadas as dívidas do Bertin e que deveriam ser quitadas pela nova JBS S.A. Isso não era problema, já que havia sido previamente ajustado.

Mas acontece que a Blessed Holdings LLC – criada em 16 de dezembro de 2009 – iria comprar 86% da participação da Bracol Holding Ltda. (Tinto Holding Ltda.), em duas operações: na primeira, cinco dias antes do FIP Bertin se tornar efetivamente acionista da JBS na troca de ações prevista na operação, a Bracol Holding Ltda. cedeu 67% de suas cotas no FIP Bertin para a Blessed Holdings, avaliadas em cerca de R$ 3 bilhões, mas pela bagatela de US$ 10 mil.

Menos de um ano depois ocorreria nova operação de cessão de cotas em poder agora da Tinto Holding Ltda., pela Blessed Holdings LLC. Desta feita, por apenas R$ 17 mil, em outra negociação nebulosa e inverossímil, a Blessed Holdings teria adquirido mais 19%, aumentando sua participação para 86%.

Negocinho bom, não é mesmo?

Nunca é muito repetir que tanto o Bertin FIP quanto a Blessed Holdings LLC nunca foram de propriedade da família Bertin. Mas sim um arranjo ardiloso feito pelos irmãos Batista para esconder a verdadeira gênese do crime que perpetravam contra o Estado brasileiro usando um FIP pirata e uma *offshore* que ninguém assumia ser o verdadeiro proprietário. Isso tudo com apoio e participação efetiva do BNDES, pois o banco era um dos grandes interessados no negócio entre a JBS e o Bertin. A arquitetura dessa grande fraude teve uma participação ativa do banco J.P. Morgan.

Nesse ponto, algum esquema era desenhado para beneficiar os envolvidos, conforme tantas evidências. O Ministério Público Federal ainda não encontrou todas as comprovações e ainda não chegou a todas as explicações. Mas algo foi planejado. Do contrário, por que montar uma operação com a utilização de um FIP inexistente? Por que uma *offshore* entrou na jogada escamoteando parte da participação dos irmãos Batista para o exterior – e longe das garras do Fisco?

Vale ressaltar que as vantagens tributárias e de sigilo de uma LLC (Limited Liability Company) em Delaware são bastante semelhantes às oferecidas por qualquer paraíso fiscal, a ponto de a instrução normativa RFB 1.037/2010 considerá-la sob normas tributárias aplicáveis a jurisdições que adotam tributação favorecida ou regime fiscal privilegiado. Isso significa:

> *Art. 2º São regimes fiscais privilegiados:*
> *VII - com referência à legislação dos Estados Unidos da América, o regime aplicável às pessoas jurídicas constituídas sob a forma de Limited Liability Company (LLC) estaduais, cuja participação seja composta de não residentes, não sujeitas ao imposto de renda federal.*

De acordo com investigação realizada pela Receita Federal, em 2010 o patrimônio líquido do frigorífico Bertin era de R$ 4,9 bilhões, não fazendo qualquer sentido, tanto lógico quanto lícito, que tal ativo fosse transferido pela irrisória quantia de alguns mil dólares.

Em decorrência disso, a Citibank DTVM (Citibank Distribuidora de Títulos e Valores Mobiliários), que havia assessorado a família Bertin na fusão com a JBS e administrado o Bertin FIP até 2012, fez ao Conselho de Controle de Atividades Financeiras (Coaf) e à CVM, em 2010 e 2011, duas comunicações, depois que a Bracol/Tinto cederam cotas à Blessed Holdings LLC a preços simbólicos.

A Citibank DTVM afirmou ao Coaf que não foi informada nem teve qualquer tipo de participação na transferência das ações "detidas" pela Bracol Holding Ltda. e pela Tinto Holding Ltda. para a Blessed Holdings LLC.

Entretanto, o Fisco constatou – em sua análise fiscal de mais de 100 páginas – que o Citibank foi gestor do FIP Bertin até 2012 e que, por ter participado "bovinamente" das operações, ele deveria ser solidário no pagamento da multa imposta pelas operações fraudulentas. Embora pareça estranho que a Citibank DTVM – gestor do Bertin FIP – não tenha tido força para impedir o negócio, é importante repetir que o Fundo de Investimentos em Participações dos Bertin era uma ficção jurídica e, por isso mesmo, não havia como a administradora intervir em um fundo-fantasma.

Os indícios levam a uma tremenda armação. O controle sobre as ações ficava com os irmãos Batista e não com a Citibank DTVM, que foi criminosamente cúmplice da JBS S.A., como afirmou a Receita Federal, ou muito inocente, o que parece muitíssimo improvável.

O que a Citibank DTVM ainda precisa esclarecer é por que aceitou gerir um fundo de investimentos inexistente. Além disso, sob o mesmo escopo existiam a Blessed Holdings LLC, que não se sabia a quem pertencia, e a Bracol Holding Ltda., que já havia sido substituída pela Tinto Holding Ltda. desde 2005.

No fim de 2011, a FB Participações S.A. possuía 45,7% das ações, a BNDESPar, 30,4% – devido à conversão de debêntures em ações, ocorreu o aumento da participação da BNDESPar –, e os minoritários tinham 20,8%. Os restantes 3,1% das ações encontravam-se em Tesouraria.

Importante ressaltar também que o formulário de referência de então, em todas as suas versões, era documento público, e todos os interessados tinham livre acesso a ele. Portanto, a existência da Blessed Holdings LLC como detentora de participação acionária na JBS S.A., vinculada ao Bertin Fundo de Investimento em Participações (Bertin FIP), nunca foi novidade para ninguém. O que não se tinha era noção do volume de irregularidades que estava por trás da compra da Bertin S.A.

A família Bertin ameaçou em 2012. Mas somente em 10 de junho de 2013 foi que de fato recorreram à Justiça alegando prejuízo causado pelos irmãos Batista. Porém, a coisa nunca foi efetivamente esclarecida. Tudo o que sucedeu parece ter sido feito para encobrir o que, de fato, envolvia o nebuloso negócio entre a JBS S.A., a Bertin S.A. e o BNDES.

Na reclamação feita pela família Bertin à Justiça, por meio do escritório de advocacia Sérgio Bermudes, ela alegava ter sido "roubada", já que ações do Bertin FIP, no valor de alguns bilhões de reais, teriam sido transferidas por valor simbólico para o Blessed Holdings sem sua anuência.

A denúncia feita pela família Bertin apontava que a transferência das ações do Bertin FIP para a Blessed Holdings LLC, como já visto, havia sido feita por meio de um documento no qual as assinaturas dos Bertin teriam sido forjadas.

O escritório de advocacia envolvido na operação de transferência das cotas da Bracol e da Tinto para a Blessed Holdings LLC foi o Barbosa, Müssnich & Aragão, para o qual trabalhava na época o advogado Alexandre Seguim. Em maio de 2011, Seguim passou a ser o diretor jurídico da JBS S.A.

Sua ascensão ao cargo executivo na JBS teria sido um prêmio?

A ação cautelar que tramitava na 5ª Vara Cível de São Paulo, em nome da Tinto Holding Ltda. contra a Blessed Holdings LLC, questionava a transferência de 348,3 mil cotas do Bertin FIP, detidas pela Tinto Holding Ltda., para a *offshore* dos irmãos Batista.

O nó da questão estava no fato de a transferência das cotas da Bracol, e depois da Tinto Holding Ltda., para a Blessed Holdings LLC ter sido feita de forma estranha. Aparentava, claramente, uma estratégia para esconder algum pagamento "por fora" feito pelos irmãos Batista aos Bertin – por fatia de sua participação ou, talvez, para encobrir algum esquema de ocultação de patrimônio, com a utilização da Blessed Holdings LLC.

Na ação proposta contra os irmãos Batista, a família Bertin alegava que não seriam verdadeiras as assinaturas de Natalino e Silmar "em documento de gaveta". E que a transferência das cotas tinha sido feita de forma fraudulenta. Mais ainda: que a Blessed Holdings pertenceria, de fato, aos irmãos Batista.

Já os irmãos Batista rebateram as acusações. Alegaram que nada tinham a ver nem com a Blessed Holdings, nem com a transferência das cotas de ações.

A revista *Piauí*, em fevereiro de 2015, publicou um artigo chamado "O estouro da boiada". A reportagem desmonta essa versão e ainda coloca o Citibank na linha de fogo[31]:

> [...] No processo, a família Bertin alegava que as assinaturas de Natalino e Silmar eram falsas e que as ações tinham sido transferidas indevidamente para a Blessed Holding. Ainda por cima, insinuava que a Blessed pertencia aos Batistas. Os donos da JBS rebateram dizendo que nada tinham a ver nem com a Blessed nem com o sumiço das cotas. No entanto, um e-mail enviado pelo J.P. Morgan – que estava intermediando a transação financeira do lado dos Batistas – para o advogado da JBS, Francisco de Assis e Silva, torna o caso mais nebuloso. Ali se lê o seguinte: "Oi, Francisco, a formalização das cotas está na mão do Citibank. Enviamos tudo o que pediram exceto o documento que mostra quem é o investidor por trás da Blessed". [...]

---

31 DIEGUEZ, Consuelo. UOL. *Piauí*. Disponível em: <https://piaui.folha.uol.com.br/materia/o-estouro-da-boiada>. Acesso em: 18 jun. 2019.

Leonardo Curty, procurador da Fazenda Nacional, afirmou ao *Valor Econômico*[32] que "a transferência de propriedade das cotas da Tinto Holding à empresa no exterior [Blessed Holdings LLC] teve repercussão direta sobre a possibilidade de recuperação do crédito tributário no Brasil". Afirmou ainda o procurador que "passando a propriedade para uma empresa no exterior tirou-se a cobrança do alcance da Receita".

Segundo a delegada Márcia Cecília Meng, titular da Delegacia de Maiores Contribuintes (Demac) da Receita Federal em São Paulo, com a transferência das cotas da Bracol/Tinto Holding Ltda. para uma empresa estrangeira, a Blessed Holdings LLC, "o Imposto de Renda sobre o ganho de capital não poderia ser cobrado, pois a legislação brasileira libera não residentes da tributação sobre ganho de capital".

Afirmou ainda a delegada que "o ativo foi tirado do Brasil para a blindagem patrimonial e proteção de uma eventual execução fiscal".

O *Valor Econômico* trouxe informações importantes sobre as jogadas anteriormente feitas pela família Batista para encobrir a pista sobre o dinheiro evadido do país por intermédio da Blessed Holdings LLC:

> Em 2009, o J.P. Morgan, que era o custodiante da Blessed, recebeu informações sobre a estrutura da Blessed. Nessa estrutura, a Lunsville Internacional constava como administradora da Blessed. A Lunsville era detida pelo patriarca dos Batistas (José Batista Sobrinho) e pelos seis filhos.
>
> Em 2010, a Blessed foi doada para um trust nas Bahamas ("Graal Trust"). Esse trust tinha como "protectors" Demilton Castro e Florisvaldo Oliveira. Funcionários de confiança dos Batistas, os dois integram o grupo de sete pessoas do grupo J&F que fizeram delação. Procurada, a J&F informou não ser parte no processo. Blessed e Bertin não comentaram a decisão.

---

[32] BAETA, Zínia; MENDES, Luiz Henrique. *Valor Econômico*. São Paulo, 2018. Disponível em: <https://www.valor.com.br/agro/5413389/decisao-da-justica-em-caso-de-ir-pode-ter-reflexo-no-quadro-societario-da-jbs>. Acesso em: 18 jun. 2019.

Para os auditores da Receita Federal, a fraude foi muito clara, tomando-se como base que, de fato, a Blessed Holdings não pertenceria aos irmãos Batista, e sim à família Bertin – que também dizia não ser dela[33]:

> *A falta de transparência foi proposital. A ideia da Tinto Holding era transferir a maior parte de suas cotas para o exterior, sem informar nada à Receita. Podemos afirmar isso com tranquilidade, pois os fatos que serão narrados são suficientemente contundentes para confirmar que o FIP não passou de uma grande fraude.*

Depois de uma longa batalha jurídica entre as famílias Batista e Bertin, que vinha se arrastando desde 2012, com acusações de lado a lado e gerando desconfianças no mercado sobre o que se passava de fato com tais empresas, no último dia de 2013 os grupos informaram terem feito acordo extrajudicial para encerrar a controvérsia. Sem, contudo, fornecer mais explicações.

Movimentações　　　　　　　　　　　　　　　　　　　　　　　Ano de 2014

● 10/01/2014

Tinto Holding Ltda　　Blessed Holdings Llc　　Alexandre de Mendo...
　　　　　　　　　　　　　　　　　　　　　　Advogado

Arnoldo Wald　　　　Luiza Perrelli Bartolo
Advogado　　　　　　Advogado

Seção: JUÍZO DE DIREITO DA 5ª VARA CÍVEL
Tipo: Cautelar Inominada
Homologo o acordo de fls.489/490 e julgo extintos os processos principal e cautelar, com resolução de mérito, com base no art. 269, III e V, do Código de Processo Civil. Cópia da presente sentença, por mim assinada eletronicamente (chancela na lateral do documento com chave para verificação de autenticidade), servirá como ofício à Socopa - Sociedade Corretora Paulista S/A, para liberação das quotas bloqueadas com base no ofício emitido por este juízo em 12/06/2013, cabendo às partes a impressão e encaminhamento, comprovando posteriormente a entrega. Traslade-se cópia desta sentença para os autos em apenso. Com o trânsito em julgado, não havendo custas em aberto nem sobejando, dê-se baixa e ao arquivo

Retirado do Diario de Justiça do Estado de São Paulo - Primeira Instancia da Capital

Alguns detalhes somente viriam a público em maio de 2014. Foi quando, pela necessidade de "prévia realização de atos societários e registro na Junta Comercial", publicou-se comunicado no *Diário Oficial*.

---

33 Disponível em: <https://www.jusbrasil.com.br/diarios/176281947/trf-3-judicial-i-capital-sp-02-02-2018-pg-25?ref=next_button>. Acesso em: 25 abr. 2019.

A JBS S.A., ao mesmo tempo, também efetuou notificação à Comissão de Valores Mobiliários, no formulário de referência daquele ano.

Pelo que foi divulgado, a J&F Investimentos S.A. passaria a deter 100% da FB Participações S.A., sendo que o Bertin FIP deixaria de ser acionista direto da JBS S.A. e passaria a ser acionista da J&F Investimentos, com participação acionária de 24,75% [o que nunca aconteceu]. Além de participar indiretamente da JBS S.A., os Bertin teriam participação em outros negócios do grupo J&F Investimentos S.A., como a Eldorado Brasil Celulose, a Flora, o Banco Original, a Vigor e o Canal Rural. O que nunca aconteceria de fato.

Isso seria informado no dia 1º de junho de 2014, com publicação em primeira mão pelo jornal *O Estado de S. Paulo*, em reportagem assinada pelas jornalistas Alexa Salomão e Josette Goulart. A informação era de que havia ocorrido mudança sorrateira na composição acionária da J&F, justamente depois que elas haviam buscado informações sobre a participação da Blessed Holdings na CVM, na Bovespa e na própria J&F.

Antes, em 30 de maio de 2014, a CVM enviou à JBS o Ofício/CVM/SEP/GEA-2/nº 126/2014, com a seguinte exigência:

> *Em relação à Blessed Holdings, deverão ser identificados seus controladores diretos e indiretos, até os controladores que sejam pessoas naturais, independente do eventual tratamento sigiloso conferido às informações por força de negócio jurídico ou pela legislação do país em que forem constituídos ou domiciliados o sócio ou controlador.*

Quatro dias depois, a JBS protocolou resposta à CVM afirmando ter indicado em seu Formulário de Referência as pessoas naturais controladoras da Blessed Holdings LLC. Entretanto, isso não correspondia à verdade, já que foram indicados os nomes de pessoas proprietárias das seguradoras US Commonwealth e Lighthouse Capital Insurance Company – e não os reais proprietários, pessoas físicas, detentoras dos direitos da Blessed Holdings.

O diretor jurídico da J&F Investimentos, Francisco de Assis e Silva, afirmou ainda que as seguradoras US Commonwealth e Lighthouse Capital

Insurance Company, também situadas em Porto Rico e Ilhas Cayman, respectivamente, tinham à frente o norte-americano Murdoch-Muirhead. E tais seguradoras estavam por trás da Blessed Holdings LLC.

É a situação ideal para quem quer ocultar os reais proprietários ou blindar um patrimônio: cria-se uma holding em um paraíso fiscal, controlada por duas seguradoras igualmente registradas em paraísos fiscais. E pronto.

Foi esse cenário que levou a Receita Federal, em 2015, a ter a convicção de que a Blessed Holdings LLC teria sido criada pela família Bertin para driblar o Fisco e não pagar bilhões em IRPJ – Imposto de Renda da Pessoa Jurídica – e CSLL – Contribuição Social sobre o Lucro Líquido.

Mas a coisa não terminaria assim tão fácil, já que a CVM voltaria tempos depois a questionar a JBS dobre a Blessed Holdings LLC.

Em 29 de fevereiro de 2016, a CVM encaminhou à JBS pedido de esclarecimento sobre matéria publicada pelo jornal *O Estado de S. Paulo* que, em sua edição do dia anterior, divulgava, entre outras informações, que a Receita Federal havia apontado fraude na fusão entre a JBS e o Bertin. Isso tudo em virtude das irregularidades detectadas em operações com ações. O órgão cobrava, em impostos e multa, R$ 3,1 bilhões.

Eis a resposta do diretor de Relações com Investidores da J&F, Jeremiah Alphonsus O'Callaghan, datada de 1º de março de 2016:

> *A companhia informa que não tem legitimidade para se manifestar a respeito de assuntos referentes a terceiros, na medida em que a matéria trata de um suposto auto de infração de ganho de capital dos antigos controladores da companhia Bertin S.A. – o FIP Bertin, nem sobre a autuação de R$ 3 bilhões – supostamente aplicados aos então cotistas do FIP Bertin.*
>
> *Todavia, a companhia esclarece que a operação envolvendo a Bertin S.A. foi realizada em 2009, com total transparência e rigoroso cumprimento da legislação societária vigente. A operação ocorreu mediante incorporação de ações, ou seja, os controladores da Bertin S.A. entregaram sua participação em troca de ações da JBS S.A., as quais foram conferidas ao capital da FB Participações S.A. em razão*

de aumento de capital realizado pelo FIP Bertin. Assim, a operação não envolveu quaisquer repasses financeiros. Toda a operação foi detalhada em fatos relevantes na época.

A JBS S.A. ressalta, ainda, que as tratativas da incorporação foram realizadas entre os "controladores da JBS" e os "controladores da Bertin", sendo que a companhia acessou e disponibilizou a seus acionistas todos os documentos da incorporação na data de 28 de dezembro de 2009, isto é, quando a Bertin S.A. tornou-se subsidiária integral da JBS S.A.

A companhia afirma que não houve fraude, tentativa de fraude ou de subtração de qualquer participação societária, pois a operação de incorporação deu-se à luz da legislação em vigor e contou com as assessorias competentes em questões tributárias e societárias dos escritórios de advocacia Barbosa, Müssnich & Aragão Advogados **[o mesmo que atuou na transferência de ações para a Blessed Holdings LLC]** e Pinheiro Neto Advogados, bem como a assessoria financeira do Banco J.P. Morgan S.A. e Banco Santander Brasil S.A. Ademais, também participou da operação a empresa Apsis Consultoria Empresarial Ltda., que foi responsável pela avaliação do patrimônio líquido da Bertin S.A.

Por fim, a companhia destaca que o FIP Bertin, atualmente denominado FIP Pinheiros, sempre foi, desde a referida operação de incorporação de ações, um veículo de investimento indireto da JBS **[isso nunca havia sido confessado pelos irmãos Batista]**, tendo suas informações apresentadas no Formulário de Referência da Companhia nos termos das Instruções da CVM em vigor.

Os auditores da Receita Federal demonstraram, de forma didática, o que a JBS, em sua longa explicação à CVM, tentou encobrir:

> [...] Ficou demonstrado que a utilização do fundo [Bertin FIP] foi completamente desvirtuada. As alegações feitas pela fiscalizada para justificar a interposição do fundo se mostraram totalmente infundadas. A visão conexa das duas operações analisadas nessa primeira parte do trabalho demonstra que a formalização das

operações carece de lógica e substância econômica. Pela formalidade dos atos, o fundo teria auferido um ganho de R$ 7 bilhões e, no mesmo momento, uma perda de R$ 3,9 bilhões em operações casadas entre a JBS e o FIP e entre o FIP e a FB.

Como se demonstrou, não há lógica negocial que suporte a hipótese de se perder, como mesmo ativo, adquirido da controladora (JBS) e instantaneamente alienado para a controladora da JBS (FB), o estupendo valor de R$ 3,9 bilhões. Ficou cabalmente demonstrado que as ações da JBS emitidas na incorporação de ações da Bertin nunca foram efetivamente detidas pelo [Bertin] FIP, do contrário o fundo poderia ter optado por aliená-las a outrem por valor substancialmente maior. Deriva-se daí que tampouco houve um ganho de R$ 7 bilhões pelo fundo, já que não se pode ganhar com a venda de algo que não se detinha. Não bastasse isso, a própria existência do fundo não tinha razão de ser. A interposição de uma estrutura cara, e a apenas poucos dias de efetivada a passagem da Bertin S.A. para as mãos do grupo JBS, não foi minimamente justificada. As respostas da Tinto e da administradora do fundo à época foram absolutamente inconsistentes. Ficou patente que a entrada da Tinto na FB poderia seguir outra lógica, infinitamente mais consistente sob qualquer ponto de vista, cujo resultado seria o mesmo, mas sem a esdrúxula formalização realizada das operações de incorporação de ações e de integralização da FB e sem a migração artificiosa do ganho de capital da fiscalizada para o mal-ajambrado fundo.

A total falta de transparência do fundo joga por água abaixo a alegação de governança, expertise e que tais. Nem a administradora do fundo sabia ao certo o destino das cotas. Ao fim, viu-se que a Tinto jamais teve intenção de permanecer com as cotas do Bertin FIP. Tudo o que se alegou – ainda que tivesse alguma consistência – ruiria por conta das transferências das cotas do FIP para a Blessed, uma delas (66% do total das cotas) feita antes mesmo de formalmente aprovada a incorporação das ações da Bertin. A outra, de quase metade do que restou à Tinto, realizou-se menos de

1 ano após a constituição do fundo. Em menos de 1 ano, a Tinto só detinha 14% do total das cotas que inicialmente detinha. Mas não foram apenas as transferências em si que demonstraram o total descalabro com relação ao fundo. Ao desistir e renunciar ao direito em que se fundava a ação, a Tinto Holding admite que cedeu cotas que valiam R$ 1 bilhão por meros US$ 17 mil. E ao não ajuizar outra para discutir a primeira cessão, ainda mais valiosa, de mais de R$ 3 bilhões, por um preço ainda mais aviltante (U$ 10 mil), a Tinto confessadamente praticou negócio jurídico sem qualquer legitimate business reason e sugestivo de simulação, como ela própria acusou ao longo das peças das ações cautelar e principal. E repita-se, por relevante, que nada mais recebeu pelas duas cessões (parágrafo 155), o que corrobora que a desistência da ação e a ausência do ajuizamento de outra para questionar a primeira transferência de cotas foram uma aceitação dos valores falsamente pactuados nos dois instrumentos de cessão de cotas à Blessed.

A Tinto Holding cedeu e transferiu fraudulentamente quase todas as suas cotas do Bertin FIP para a Blessed. Ainda que a essas cessões tivessem se efetivado por preços condizentes – o que se admite apenas como hipótese para reforçar o que queremos afirmar –, estaria aí configurada a mais evidente falta de intenção da Tinto de manter o Bertin FIP. As cessões para a Blessed, como mostram os contratos de cessão e transferência das cotas, foram feitas em 24/12/2009 e 11/1/2010. Em menos de 1 ano, portanto, a Tinto já tinha se desfeito de 86% do fundo que ela dizia ter sido constituído para representar a sua nova condição de investidora da FB. Uma flagrante mentira, aliás, plenamente aperfeiçoada com a terceira transferência das derradeiras 253.249 cotas para a J&F Investimentos, empresa do grupo JBS, em 25/06/2014 (doc. 39). A Tinto se desfez completamente do fundo.

Tudo o que se relaciona a esse fundo está eivado de má-fé. É importante destacar que a Tinto afirmou na ação judicial, sem provar, que a Blessed era a controladora da JBS. Os fatos, contudo, permitem que se trabalhe com três hipóteses, já que não é razoável supor que ativos de elevadíssimo valor possam ter sido praticamente doados: (i) a Blessed é da JBS; (ii) a Blessed pertence à Tinto Holding, ou (iii) a Blessed pertence a ambas. O Estado de S. Paulo veiculou notícia que listava algumas coincidências que davam indícios de que a Blessed seria do grupo JBS. No entanto, tamanha foi a fraude por trás das cessões de cotas para a Blessed que é de somenos importância a quem pertence a offshore de Delaware. [...]

Como visto, a intenção da Tinto não foi exigir o preço justo. O preço foi simulado, irrisório, vil. A venda não valeu. Os preços pagos pelas cotas foram tão insignificantes que a Tinto simplesmente fez uma liberalidade, que, na prática, equivale a uma doação. Em outra doutrina trazida pela Tinto naquela ação, Tepedino, Baroza e Bodin de Moraes dizem que outro predicado que deve apresentar o preço é a seriedade. São repelidos preços vis ou fictícios, pois sugerem simulação, o que acaba por gerar a invalidade do negócio. Tampouco se admite preço irrisório que esteja, de modo anômalo, aquém do valor da coisa. Houve, pois, na opinião da própria Tinto, simulação.

Assim, se a hipótese verdadeira for de que a Blessed pertence à JBS, o que houve foi uma transferência simulada das cotas do FIP para um investidor estrangeiro que seria componente do grupo JBS. Se a Blessed pertence à Tinto, houve uma transferência simulada dela para ela própria no exterior. Se pertencer às duas, ambas se beneficiaram da tramoia. Fato é que, pela doutrina trazida pela própria fiscalizada, não vale a venda, o negócio é inválido.

Reduzindo a extensa exposição dos auditores da Receita Federal, que demonstraram, de forma explícita, toda a sua indignação, o que aconteceu foi uma vergonhosa fraude. E isso somente seria possível se os três grandes sócios (JBS, BNDES e Bertin) tivessem trabalhado em consórcio criminoso para fraudar o Fisco e transferir parcela do pagamento pela compra do frigorífico Bertin para o Tesouro Nacional, via diferimento dos tributos IRPJ e CSLL.

Eis o que afirmaram os auditores da Receita Federal a respeito desse suposto conluio – embora deixando de fora a BNDESPar:

> [...] *Tudo já estava devidamente acordado entre os dois grupos, que previamente, na hipótese de a Blessed pertencer à JBS, assim já teriam compactuado. Mesmo na hipótese em que a Blessed pertença unicamente à JBS, se a Tinto aceitou doar-lhes as cotas do fundo, foi porque a doação de alguma forma a beneficiou. [...] A contribuinte defende que a cessão de cotas do Bertin FIP para Blessed Holdings LLC objetivou o equilíbrio da mensuração econômica do patrimônio líquido da Bertin S.A. (perda por reavaliação de ativos e com créditos fiscais) a ser vertido para a JBS. Referido argumento não merece acolhida, para fins de afastar a imputação da presente infração em razão dos seguintes fatos. [...] Portanto, de acordo com o que foi apurado nas instâncias administrativas (PAF nº 16561.720170/2014-01), a constituição, pela corré Tinto Holding Ltda., do Bertin Fundo de Investimento em Participações (Bertin FIP), teve por finalidade a evasão tributária, por meio do diferimento para o momento do resgate das cotas do Fundo de Investimento em Participações, do pagamento do Imposto de Renda incidente sobre o ganho de capital do Bertin FIP de R$ 3,1 bilhões, resultante do saldo positivo de R$ 7 bilhões decorrente do pagamento de 680 milhões de ações da JBS S.A. avaliadas em R$ 8,8 bilhões, descontado do saldo negativo de R$ 3,9 bilhões decorrente da integralização das 680 milhões de ações da JBS S.A. avaliadas em R$ 4,9 bilhões, no capital da FB Participações S.A.*

Em abril de 2017, o Conselho Administrativo de Recursos Fiscais (Carf) concordou com os técnicos da Receita Federal de que houve fraudes fiscais no processo de fusão dos frigoríficos JBS e Bertin. Por unanimidade, os integrantes do órgão concordaram que os Bertin deveriam pagar a multa – que em valores atualizados para 2019 já estaria em R$ 4 bilhões.

Mas a verdade sobre a misteriosa Blessed Holdings LLC acabaria surgindo depois da prisão dos irmãos Batista em setembro de 2017. Afinal, eles decidiram abrir o bico, mesmo que a conta-gotas e com muitas omissões. Tornaram-se públicas algumas de suas muitas "traquinagens", como definiu o próprio Joesley Batista as suas ações corruptas, em gravação feita com o executivo da J&F Ricardo Saud.

No encadeamento acionário da FB Participações S.A., o FIP Pinheiros, sucessor do fictício FIP Bertin, continuou a ter como parte a Blessed Holdings LLC. Fazendo parte da *offshore*, surgia, em maio de 2017, pela primeira vez, a Blessed Holdings Cayman, que tem como proprietários os irmãos Wesley Batista e Joesley Batista – com 3 mil ações ordinárias cada.

Mas isso só foi divulgado depois que o *Valor Econômico*, em 23 de maio de 2017, revelou que nas declarações de Imposto de Renda de 2016 dos irmãos Batista existia a informação de que cada um teria comprado 50% das ações da Blessed Holdings Cayman Limited.

Tais declarações ficaram acessíveis quando foram entregues junto com outros documentos das delações premiadas dos executivos da J&F. Na manobra, a Blessed Holdings LLC foi "comprada", digamos assim, por ambos, por um valor declarado de US$ 300 milhões, em outubro de 2016.

Mais uma traquinagem dos irmãos Batista para tentar manter as muitas mentiras anteriores. A Blessed Holdings LLC, afinal, sempre foi deles. Como pode alguém comprar algo que sempre lhe pertenceu? Eles não compraram a Blessed Holdings LLC – a *offshore* sempre foi deles.

O que parece é que os irmãos Batista mentiam para justificar outras mentiras anteriores. Viviam em um ciclo vicioso. Talvez por causa disso eles pareciam já ter perdido a noção – e mantinham a crença de que, de fato, se safariam da Justiça, mesmo diante de tantas evidências colhidas pelo MPF e pela PF.

Ora, como ações com valor total de R$ 4,34 bilhões (a cotação em 31 de outubro de 2016 foi de R$ 9,71)[34] poderiam ter sido compradas por US$ 300 milhões? Na mesma data, o dólar comercial fechou, para venda, em R$ 3,1811, o que daria, na conversão dos US$ 300 milhões, um total de R$ 954,33 milhões. Será que teria sido em retribuição pela Blessed Holdings LLC ter "comprado" as mesmas ações pela bagatela de US$ 27 mil?

34 Disponível em: <http://cotacoes.economia.uol.com.br/acao/cotacoes-historicas.html?codigo=JBSS3.SA&beginDay=29&beginMonth=12&beginYear=2009&endDay=31&endMonth=12&endYear=2009>. Acesso em: 20 abr. 2019.

Até mesmo no país da eterna impunidade e da justiça seletiva do Supremo Tribunal Federal, onde o ministro Ricardo Lewandowski, defendendo a liberdade de corruptos, profetizou que "a prisão é sempre uma exceção e que a liberdade é a regra", e ainda "que deveríamos ter generosidade com os bandidos", os irmãos Batista deveriam ter continuado presos. Em minha opinião, eles mentiram muito – e mentiram mal, e continuam mentindo.

Enfim, depois de muito vaivém, acertaram o discurso em torno da afirmativa de que "agora" seriam eles os reais donos da Blessed Holdings, depois de terem supostamente "comprado" a participação da *offshore*.

Mas era mais uma história para boi dormir.

Diz um provérbio chinês que "quanto mais longa a explicação, maior é a mentira". Isso explica o quanto os irmãos Batista tiveram de se esforçar, com tantas mentiras, até chegarem a esse ponto crítico, encurralados que foram diante das evidências obtidas pelo Ministério Público Federal.

Quem escutou ou leu as transcrições dos depoimentos de Joesley Batista para a Polícia Federal e para o MPF, ou pelo menos conhece um pouco mais da história desse grupo empresarial, terá percebido a quantidade de inverdades que ele desfilou nesses eventos – justamente situações que deveriam aferir a verdade.

Vamos aos fatos.

Em 23 de maio de 2017, a CVM abriu o Processo Administrativo nº 19957.004735/2017-98, que tinha por objeto:

> *Analisar a veracidade da divulgação dos controladores diretos e indiretos, até os controladores que sejam pessoas naturais, da Blessed Holdings, sociedade estrangeira sediada em Delaware (EUA) que fazia parte do grupo de controle da JBS S.A., a partir de notícias veiculadas na mídia.*

Na mesma data, a CVM encaminhou à JBS o ofício nº 175/2017/CVM/SEP/GEA2, com diversos questionamentos referentes às informações que a mídia havia divulgado sobre a delação premiada de executivos da J&F.

O documento citava, inclusive, notas veiculadas pelo site O Antagonista sobre a fala "descarada" de Wesley Batista dizendo que seu irmão, Joesley, saberia dizer quem seriam os reais donos da Blessed Holdings e que a JBS pretendia comprar tais ações, além de outras notícias, sempre com a transcrição das mesmas.

Em resposta, no dia seguinte, o diretor de Relações com Investidores Jeremiah Alphonsus O'Callaghan escreveu à CVM:

1. A companhia informa, inicialmente, que, anualmente, atualiza o item 15 do Formulário de Referência, nos termos do artigo 24, parágrafo 3º, da Instrução CVM 480/2009 e questiona seus acionistas controladores e detentores de quantidade superior a 5% das ações de sua emissão sobre qualquer alteração em sua participação acionária na companhia.

2. Desde 3 de junho de 2014, a companhia não recebeu qualquer atualização de seu acionista indireto, Blessed Holdings, sobre a composição de sua participação acionária, que vem se mantendo ao longo dos últimos anos, de modo que as informações prestadas em seu Formulário de Referência estão, portanto, devidamente atualizadas.

3. No que se refere às notícias veiculadas em 16/5/2017 e 19/5/2017, mencionadas no Ofício, a companhia informa não estar envolvida em qualquer tratativa para aquisição de participação na Blessed Holdings.

4. Assim, a companhia entende não haver qualquer informação relevante sobre os temas tratados no Ofício a ser divulgado.

Parece que o diretor, que estava na companhia desde 2008, aprendeu direitinho como mentir, de forma oficial, para os órgãos reguladores e sancionadores. E a CVM talvez tenha grande parte de culpa nessa sua atitude, por ter sido sempre leniente com a gigante das carnes e outras empresas de peso.

Desta feita, contudo, a comissão não se deu por vencida e voltou a questionar a resposta recebida da JBS – desmascarando a mesma de forma vexatória:

[...] 2. Destacamos, inicialmente, que o acordo de colaboração premiada dos controladores da companhia, tornado público há cerca de uma semana e que pode ser acessado em vários sites de notícias, traz cópias das declarações de Imposto de Renda dos Srs. Wesley e Joesley Batista, onde se lê que os mesmos informaram à Receita Federal terem comprado em 31/10/2016, cada um, 50% de participação na Blessed Holding Cayman Ltd, pelo valor de US$ 150.000.000,00, de forma que, desde aquela data, os controladores da JBS também são detentores de 100% de participação em controladora indireta da companhia.

3. Nessa mesma linha, reportamo-nos à notícia veiculada no site do jornal Valor Econômico, no dia 23/5/2017, sob o título "Irmãos Batista citam ao Fisco compra da acionista 'misteriosa' Blessed", na qual constam as seguintes informações:

Os irmãos Joesley e Wesley Batista, controladores da JBS, informaram nas declarações de Imposto de Renda de 2016 a compra de 50% cada um das ações da offshore Blessed Holdings, uma acionista indireta da JBS.

A Blessed surgiu na cadeia societária da empresa de proteína animal após a união da empresa com o frigorífico Bertin, em 2009, mas nunca se soube quem eram os investidores pessoa física por trás do investimento.

Em comunicado divulgado na noite desta terça-feira, a Comissão de Valores Mobiliários (CVM) disse que abriu processo para investigar se é verdadeira a informação que a JBS presta sobre quem são as "pessoas naturais" por trás da Blessed. A Receita Federal investiga o caso há anos por suspeita de fraude tributária.

Em seu mais recente Formulário de Referência, a JBS diz que os acionistas, pessoas jurídicas da offshore, são duas seguradoras – uma com sede em Cayman e outra em Porto Rico; e lista, como pessoas físicas por trás das duas, executivos de um agente fiduciário com sede em Guernsey – uma ilha no Canal da Mancha –, chamado Cogent, que controla as duas seguradoras.

Joesley e Wesley informaram nas declarações de IR, que constam da documentação entregue ao Ministério Público Federal, que teriam pago US$ 150 milhões (ou R$ 477 milhões) cada um por 50% da Blessed Holdings Cayman Limited. Um total de US$ 300 milhões, ou R$ 954 milhões, em valores da época. O preço equivale a apenas 37% do valor de mercado de R$ 2,56 bilhões da fatia indireta da Blessed na JBS, que era de 9,25% do capital total em 31 de outubro de 2016, data do negócio. Essa conta não considera os demais negócios da J&F, já que a participação da Blessed na empresa de carnes se dá por meio dela.

Conforme as declarações de impostos, até o fim do ano passado teriam sido pagas duas parcelas de US$ 7,5 milhões cada, restando uma dívida de US$ 135 milhões para cada irmão.

Apesar de a transação ter sido formalmente realizada em outubro passado e declarada pelos controladores da empresa à Receita Federal, a informação sobre quem são os acionistas da Blessed não foi atualizada no Formulário de Referência da JBS, datado de 23 de maio.

4. A esse respeito requeremos que a companhia se manifeste sobre a aparente contradição entre o informado pelos controladores diretos e indiretos à companhia e o que está informado à justiça brasileira, bem como informe se questionou ou recebeu comunicação dos acionistas controladores Wesley e Joesley Batista sobre essa alteração em sua participação acionária.

5. Adicionalmente, como a informação a respeito da aquisição da Blessed Holdings é pública e está em documento homologado por autoridade judicial, além de fazer parte das hipóteses que ensejam reapresentação do Formulário de Referência (alteração dos acionistas controladores indiretos), determinamos que a companhia, com os meios que julgar necessários, certifique-se da informação prestada à justiça brasileira e atualize seu Formulário de Referência de forma a compatibilizar as informações prestadas ao mercado com as informações que constam nos documentos anexados ao acordo de colaboração homologado pelo Supremo Tribunal Federal.

O diretor de Relações com Investidores da J&F, Jeremiah Alphonsus O'Callaghan, em flagrante menosprezo pela Comissão de Valores Mobiliários (CVM), respondeu no dia 26 de maio de 2017:

> 1. *Diante das notícias divulgadas nos últimos dias sobre a suposta alteração no quadro societário da Blessed Holdings, sociedade referida nas páginas 474 e seguintes da versão 18 do Formulário de Referência de 2016 da companhia, o diretor de Relações com Investidores da companhia questionou, em correspondência encaminhada em 25 de maio de 2017, os Srs. Wesley Mendonça Batista e Joesley Mendonça Batista acerca da veracidade das informações publicadas pela imprensa, com o que responderam que adquiriram, de fato, a totalidade das participações societárias de emissão daquela sociedade em 31 de outubro de 2016.*
> 2. *Em razão disso, a companhia apresentou, nesta data, nova versão do Formulário de Referência com a atualização do item "15.1/15.2 - Posição Acionária".*

Mesmo diante do fato de a CVM ter evidenciado conhecimento de falcatruas da JBS, em 21 de junho de 2017 o empresário Joesley Batista, ao prestar depoimento na Superintendência da Polícia Federal, em Brasília, perante a delegada Danielle de Meneses Oliveira Mady, ao responder sobre o processo de fusão da JBS com o Bertin e sobre a Blessed Holdings, falou como se nada soubesse:

> *Em relação à aquisição do Bertin, o depoente esclarece que, a princípio, o BNDES não desejava que essa fusão fosse realizada com a JBS, para evitar concentração de mercado. Que, entretanto, após tentativa de fusão entre Bertin e Marfrig não ter sido possível, Natalino Bertin procurou o BNDES para que essa fusão fosse realizada com a JBS. Que havia interesse da JBS, desde que fosse aberta uma holding e o controle da companhia fosse mantido com a família Batista. Que foram realizadas várias reuniões, especialmente para verificação da correlação da participação acionária do BNDES no Bertin e a manutenção de acordo de acionistas. Que Natalino*

> *Bertin procurou o depoente para realização de fusão (dezembro de 2008), e não desejavam realizar venda, portanto, o depoente não teve a percepção de que o frigorífico estava em situação de dificuldade financeira. Que, entretanto, quando o negócio foi fechado, a situação do frigorífico estava muito ruim e, por isso, as condições de negociação para o Bertin foram muito desfavoráveis. Que as negociações foram assessoradas pelo J.P. Morgan, pelo lado da JBS, e pelo Santander (Valadão, ao que se recorda o depoente) pelo lado do Bertin. Que na época das negociações, o mercado já falava em enormes dívidas que o Bertin tinha acumulado. Que em relação à criação da Blessed, o depoente esclarece que foi gestada por Fábio Pegas, do J.P. Morgan, de NY. Que a criação da offshore foi pensada para garantir que o controle acionário da JBS, após a fusão com o Bertin, continuasse com a família Batista. Que o depoente não conhece muito a estrutura, mas sabe que Gilberto Biojone é o representante legal das seguradoras, Lighthouse e US Commonwealthy. Que essas seguradoras estão em nome de James e Collins, apresentados ao depoente por Fábio. Que o depoente não se recorda de valores, mas afirma que ambos foram remunerados para que essas empresas constassem como sócias do Fundo. Que o depoente afirma não se sentir muito habilitado para falar dessa estrutura, porque foi toda gestada por Fábio, mas informa que essa estratégia foi pensada para reduzir ainda mais a possibilidade da família Bertin vir a ter alguma forma de controle acionário na JBS. Que o depoente esclarece que não há e nunca houve político envolvido nesta holding. [...]*

O que se viu nesse depoimento de Joesley Batista – e não só no trecho transcrito – foi um desprezo pela verdade e pelo trabalho da Justiça.

Batista falou que "não teve a percepção de que o frigorífico estava em situação de dificuldade financeira", que "na época das negociações o mercado já falava em enormes dívidas que o Bertin tinha acumulado" e que "entretanto, quando o negócio foi fechado, a situação do frigorífico estava muito ruim".

Quem faz um negócio de tal magnitude, envolvendo dezenas de bilhões de reais e o futuro de sua própria companhia, que já se destacava como a segunda maior exportadora de carne bovina do Brasil, não iria, de forma alguma, confiar apenas na percepção sobre uma eventual situação financeira do Bertin.

Tanto é que a empresa Apsis Consultoria Empresarial Ltda., uma das maiores avaliadoras de ativos do Brasil, foi contratada para esse fim. O J.P. Morgan atuou como assessor financeiro exclusivo da JBS. E, para questões tributárias e societárias, foram contratados os escritórios de advocacia Barbosa, Müssnich & Aragão Advogados e Pinheiro Neto Advogados.

Ora, bolas, se "o mercado já falava em enormes dívidas que o Bertin tinha acumulado" – algo em torno de R$ 5 bilhões –, isso não teria sido detectado na fase de *due diligence*? A expressão, comum no meio empresarial, é utilizada para definir as minuciosas análises que costumam preceder uma aquisição corporativa, quando a empresa que se pretende comprar é diagnosticada sob os mais variados aspectos.

Claro que isso teria sido detectado. Tanto é verdade que, no Fato Relevante divulgado ao mercado e acionistas em 16 de setembro de 2009, comunicando a assinatura de um acordo de fusão entre a JBS e o Bertin, foi afirmado no item 4:

> 4. *Além disso, a obrigação das partes de concluir o negócio previsto no Acordo de Associação está sujeita à aprovação da operação pelas autoridades de defesa da concorrência no Brasil e exterior, conforme aplicável, a condições de praxe, tais como a inexistência de efeito adverso material nos ativos a serem contribuídos, e à conclusão, satisfatória, de* due diligence *em tais ativos.*

Dizer que a situação financeira "muito ruim" do Bertin só foi descoberta depois de o negócio ser fechado é querer achar que todo mundo é otário e que os "coitadinhos" dos irmãos Batista foram enganados.

E o BNDES nessa história? Na condição de sócio de ambos os frigoríficos, também não teria o banco procurado saber sobre a situação financeira da empresa?[35] Se isso não foi feito, como afirmou em nota o banco, seu ex-presidente Luciano Coutinho deveria ser processado e condenado por gestão temerária.

Quanto à Blessed Holdings, Batista afirmou que sua criação "foi pensada para garantir que o controle acionário da JBS, após a fusão com o Bertin, continuasse com a família Batista", e que essa estratégia serviria "para reduzir ainda mais a possibilidade que a família Bertin viesse a ter alguma forma de controle acionário na JBS".

Nas tratativas e depoimentos dos executivos da J&F para lastrear o acordo de delação premiada, nem o empresário Joesley Batista, nem o diretor jurídico Francisco de Assis e Silva falaram sobre a compra do frigorífico Bertin. Em anexos complementares, ambos apresentaram suas histórias, mas sem relato de fatos ilícitos – o que foi desconsiderado pelo MPF, como trecho indicado pelo ministro Edson Fachin no âmbito da PET nº 7.003:

> *O colaborador Francisco de Assis e Silva narra, em anexo complementar entregue no dia 31.8.2017, que o assunto Blessed Holdings é de seu conhecimento desde o final do ano de 2009, quando Joesley Batista solicitou-lhe que criasse uma estrutura societária, de forma a acomodar a transação decorrente do acordo de associação firmado entre BERTIN e JBS. [E só!]*

Responsável pela Operação Bullish, o procurador Ivan Cláudio Marx quis saber quem esteve por trás da Blessed Holdings LLC. Marx ouviu o empresário Joesley Batista em 12 de junho de 2017. Em 4 de agosto concedeu mais dez dias para o envio dos dados solicitados. "Ele não entrega. Ninguém sabe quem eram os sócios da empresa", disse o procurador.

Só que essa história não era assim tão escondida.

---

35 ACREDITE SE QUISER: O BNDES, em nota, disse que, "por causa do potencial conflito de interesses, a BNDESPar não participou das tratativas entre os acionistas controladores de JBS e Bertin, tendo acompanhado e tomado conhecimento dos valores da transação por meio dos anúncios ao mercado". (SALOMÃO, Alexa. *Folha de S. Paulo*. "Família Batista acertou pagar R$ 1 para Bertin devolver 17% da JBS por fora". São Paulo, 26 mai. 2019.)

Em reportagem publicada em 8 de setembro de 2017, os jornalistas Márcio Kroehn e Moacir Drska, escrevendo para *IstoÉ Dinheiro*, iniciaram assim o artigo "A gravação que pode mudar a história"[36]:

> *Parafraseando o meio-campista do São Paulo FC, Hernanes, conhecido como profeta, que disse em sua reapresentação ao futebol brasileiro que "a vida do jogador é uma sucessiva sucessão de sucessões que se sucedem sucessivamente", o empresário Joesley Batista poderia dizer que "a vida de um delator é traquinar na traquinagem traquinando numa sucessão de traquinagens".*

Para os jornalistas, "um dos principais mistérios em torno da JBS começou a ser revelado nos anexos à delação dos irmãos Batista. A *offshore* Blessed, com sede em Delaware, nos Estados Unidos, sempre pertenceu à família".

Joesley Batista acabou contando à Procuradoria-Geral da República que as seguradoras US Commonwealth Life e Light House Capital eram, na verdade, as representantes da família Batista na Blessed Holdings LLC e que ele e seu irmão Wesley Batista sempre foram os proprietários da *offshore*, sendo que os reais beneficiários das apólices de seguro seriam os filhos dele e de seu irmão.

A *IstoÉ* ainda acusou os irmãos Batista de terem planejado driblar o imposto sobre herança, porque "o dinheiro será transferido aos filhos quando os pais morrerem", sem pagamento do ITCMD (Imposto sobre Transmissão Causa Mortis e Doação). Ou seja, até traquinagem final, para o dia da morte, foi planejada por Joesley Batista.

A revelação de mais essa esperteza criativa dos irmãos Batista "entrou na mira da Receita Federal e da CVM por evasão fiscal e fraude contra os acionistas minoritários da JBS", de acordo com a revista.

Outra coisa: Joesley Batista afirmou que ele e o irmão compraram as cotas em poder da Blessed Holdings LLC por US$ 300 milhões,

---

[36] KROEHN, Márcio; DRSKA, Moacir. *IstoÉ Dinheiro*. "A gravação que pode mudar a história". São Paulo, 8 set. 2017. Disponível em: <https://www.istoedinheiro.com.br/gravacao-que-pode-mudar-historia>. Acesso em: 6 jun. 2019.

dinheiro que deverá ser entregue aos beneficiários. Como assim? Compraram o que era deles?

Restam algumas perguntas que ainda precisam ser respondidas pelos irmãos Batista e pela família Bertin.

Por exemplo:

a) No ato das duas transferências de ações da Bracol e Tinto Holding para a Blessed Holdings LLC, a "preço vil", como a JBS S.A. fez o pagamento dos valores reais à família Bertin? Em contas no exterior?

b) Qual o real valor pago à família Bertin pela compra de suas operações frigoríficas e como foi processado o pagamento?

Como era visto de fora o imbróglio Bertin-JBS

Não siga a boiada, não se deixe conduzir pelas multidões, nem pelas emoções, mas guie-se pela razão.
Wendell Linhares

Até escritórios renomados de advocacia e juízes embarcaram nas versões criadas pelos irmãos Batista, em conluio com a família Bertin e com o BNDES.

Em 25 de novembro de 2014, o Tribunal de Justiça de São Paulo, confirmando decisão de 1ª instância de julho daquele ano, determinou a penhora do equivalente a R$ 700 milhões do que o Bertin tinha como participação na JBS S.A., para garantir o pagamento de uma dívida de R$ 500 milhões que o grupo tinha com a empresa Mitarrej Empreendimentos e Participações Ltda., ex-sócia na empresa MC2, no setor de energia.

No relatório, a juíza Maria Rita Dias, da 30ª Vara Cível da Comarca de São Paulo, apontou que os autores da referida ação acusavam a Heber Participações [holding principal da família Bertin] e os irmãos Bertin de promoverem a segregação patrimonial da participação que detinham na JBS S.A.; e que eles "faziam uso disfuncional de personalidade jurídica e de fraude a credores com o intuito de blindagem patrimonial, diante da constatação quanto à sua crescente dificuldade econômica de fazer frente às suas obrigações".

Não pretendo analisar esse processo, mas transcrever parte dele para demonstrar o que era público, àquela época, sobre a participação dos Bertin na JBS S.A., conforme consta dos autos e relatado pela juíza – especialmente o que se refere à suposta blindagem de patrimônio, com a segregação e o isolamento de ativos, consistindo, segundo os autores da ação de arresto "em transferências de ativos entre sociedades do grupo com o intuito de segregar o ativo mais relevante que a Heber tinha – participação na JBS, com o objetivo de protegê-lo de futuras execuções, esvaziando o patrimônio".

Os autores afirmaram na ação que a Heber era a holding dos Bertin, que detinha a participação remanescente na JBS S.A. Afirmaram que a Heber tinha 99% do capital social da Tinto Holding Ltda. (antiga Bracol Holding Ltda.), a qual, por sua vez, detinha 34,21% do capital social da Bertin Fundo de Investimentos em Participações, e esta, por sua vez, detinha 48,51% do capital social da FB Participações S.A., que, por fim, era controladora da JBS S.A. com 54,52% de participação no capital social da companhia.

Veja o tamanho do imbróglio:

Suposta cadeia de Participação Societária dos Bertin na FB Participações

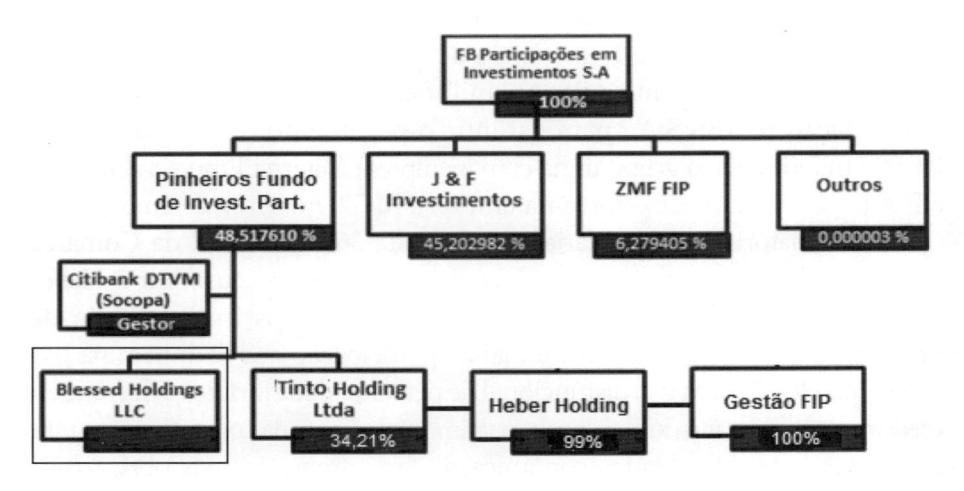

```
                    FB Participações em
                    Investimentos S.A
                         100%
    ┌──────────────┬─────────────┬─────────────┬─────────────┐
Pinheiros Fundo   J & F         ZMF FIP       Outros
de Invest. Part.  Investimentos
  48,517610 %     45,202982 %   6,279405 %    0,000003 %

Citibank DTVM
  (Socopa)
   Gestor

Blessed Holdings   Tinto Holding   Heber Holding   Gestão FIP
     LLC              Ltda
                     34,21%           99%            100%
```

Os autores esclareceram que, em razão da estrutura societária citada, a Tinto Holding Ltda. detinha, de forma indireta, participação de 9,04% na JBS S.A. Isso corresponderia, em valor de mercado, a aproximadamente R$ 2 bilhões, uma vez que o valor da JBS era de cerca de R$ 22 bilhões.

Afirmavam ainda que, em 15 de abril de 2011, teria havido a criação do FIP Gestão – Fundo de Investimento em Participações, que passou a controlar 100% do capital social da Heber Participações S.A.

Em razão da criação do referido FIP, as seis holdings pessoais (e, indiretamente, as pessoas físicas da família Bertin) passaram a deter cotas individuais de 16,67% no FIP Gestão. Este, por sua vez, controlava 100% do capital social da Heber e, indiretamente, a participação de 9,04% na JBS S.A.

Os autores ponderaram que o objetivo da referida medida era blindar o patrimônio pessoal dos irmãos Bertin, em razão da prática de *layering* – ou seja, sobrepondo camadas societárias, em especial, recorrente à forma Fundo de Investimentos em Participações, que não é comumente atingido pela jurisprudência por causa da desconsideração de personalidade jurídica.

A ação acusava os irmãos Bertin de ensaiarem transferir, da Tinto Holding Ltda., a participação detida na JBS S.A. para as holdings pessoais, em atos societários realizados em 29 de junho de 2011. Isso porque, em tal data, houve assembleia geral extraordinária da Heber Participações S.A., na qual foi deliberado que haveria conversão das ações detidas pelas holdings pessoais, de ordinárias para preferenciais, com seu resgate e entrega, em contrapartida dos seguintes ativos: todas as cotas da Tinto Holding Ltda. e créditos detidos pela Heber Participações S.A.

Foi afirmado na ocasião que o propósito de tal estratégia societária da família Bertin era apenas transferir, para as holdings pessoais, sua participação na JBS S.A., detida, indiretamente, pela Tinto Holding Ltda.

Os autores da ação se defenderam. Afirmaram que, muito embora tal conversão tenha sido autorizada em assembleia da Heber Participações S.A., não foi realizada na própria Tinto Holding Ltda., pois tal medida seria apenas de caráter preventivo. Afinal, os irmãos

Bertin acreditavam que conseguiriam equacionar as dívidas da Heber Participações S.A. A argumentação era de que a Heber, justamente nesse momento [janeiro de 2012],

> por estar ciente de que não conseguiria se desincumbir de suas obrigações, teria praticado fraude contra credores, transferindo a Tinto Holding para outra sociedade de apenas um dos irmãos Bertin, e que teria sido feito da seguinte forma:
> a) Em 16/3/2012 foi arquivado na Jucesp o 64º Instrumento Particular de Alteração e Consolidação do Contrato Social da Bracol Holding Ltda. (antiga denominação social da Tinto Holding), que já estava assinado desde 30/11/2011, em razão do qual a Heber transferia para a Riober Participações Ltda. 700.000.000 de cotas da Tinto Holding, permanecendo a Heber com 833.704.188 cotas.
> b) Em 17/4/2012 foi arquivado na Jucesp o 65º Instrumento Particular de Alteração e Consolidação do Contrato Social da Bracol Holding Ltda. (antiga denominação social da Tinto Holding), que já estava assinado desde 28/12/2011, por meio do qual a Heber cedia suas 833.704.188 cotas para a Riober Participações, retirando-se da sociedade.

Na ação, os autores esclareceram que a Riober Participações Ltda. seria controlada 99% por Natalino Bertin. Eles ainda afirmaram que tais contratos eram todos de gaveta – e que apenas estariam aguardando definições das suas negociações em relação ao contrato que fundamentava as execuções em trâmite no juízo.

Destacaram ainda que, corroborando esse entendimento, a Heber optou por registrá-las com 30 dias de espaçamento para conferir falsa aparência de regularidade, "ou, alternativamente, para praticar a fraude da forma que melhor lhe conviesse, ou seja, preservando 50% ou 100% da participação indireta detida pelos irmãos Bertin na JBS S.A".

Os autores acusaram ainda os irmãos Bertin de enviarem para o exterior um pedaço relevante de seus ativos, em operações feitas com a sociedade *offshore* Blessed Holdings LLC, cuja sede se encontraria em casa "de beira de estrada" de Delaware, "equivalente a um paraíso fiscal, constituída em 16 de dezembro de 2009, oito dias antes de lhe transferirem ativos do grupo Bertin (Ações da FB Participações)".

A defesa afirmou que a Blessed Holdings era detida pelas sociedades US Commonwealth e Lighthouse Capital Insurance Company, cada qual com 50%, ambas *offshores* com ações ao portador, também situadas em paraísos fiscais, em Porto Rico e Ilhas Cayman, respectivamente. Alegaram que tais empresas seriam seguradoras que teriam comprado 65,79% do FIP Bertin.

Sobre o controle das cotas da Blessed Holdings, os autores da ação esclareceram que sua titularidade dava-se por uma estrutura baseada em um tipo especial de apólice de seguro denominado Segregated Assets Plan Insurance ("Plano de Seguro de Ativos Segregados") – modelo que serviria para segregação e blindagem de patrimônios, tratando-se de serviços prestados por seguradoras menores e independentes, geralmente localizadas em paraísos fiscais.

Conforme informações prestadas por eles, a apólice mencionada – Segregated Assets Plan Insurance – consistia em um "seguro de vida" em que os ativos de uma determinada pessoa, alvo da apólice, são segregados de seu patrimônio e passam a ser detidos pela seguradora, ficando protegidos de impostos e credores, sendo entregues aos beneficiários quando da morte do segurador.

Parecer elaborado por escritório de advocacia de Porto Rico, encaminhado à Seguradora US Commonwealth, assegurava que tal modalidade de apólice protege o beneficiário contra seus credores, conforme as leis do país.

Eles ainda apontaram que tais controladoras – US Commonwealth e Lighthouse Capital Insurance Company –, apesar de terem sede em países diversos e aparentemente não possuírem qualquer vínculo, mantinham sites praticamente idênticos, com mesmo conteúdo, telefones, e-mails para contato e equipes de trabalho.

Os autores destacaram a estranheza de operação praticada entre a Tinto Holding Ltda. e a Blessed Holdings LLC, em razão da qual esta última adquiriu aproximadamente 65% das cotas do FIP Bertin por valor simbólico, em duas etapas, sendo a primeira em 2009, em que foram transferidas 1.174.351 cotas do FIP Bertin para a Blessed Holdings pelo valor simbólico de US$ 10 mil. E, na segunda operação suspeita, foram transferidas 348.317 cotas por R$ 17 mil.

Foi dito ainda que, como resultado dessa operação, houve a transferência de 65% da participação na JBS S.A., sem contraprestação, para fora do país, o que, no seu entender, permitiria concluir que, ou os irmãos Bertin detinham algum direito sobre as cotas da Blessed Holdings LLC, de modo que apenas estariam realocando a participação que detinham na JBS S.A. para fora do país, para esconder ativos, ou eles efetivamente haviam vendido a sua participação para terceiros, que seriam os donos da Blessed Holdings LLC, mas receberam o pagamento de verdade "por fora", no exterior, e não declarado.

A ação também informou que o acordo homologado judicialmente na disputa envolvendo a transferência de cotas do FIP Bertin para a Blessed Holdings LLC, referente à segunda etapa, ficou sigiloso para o próprio juízo – que não tomou conhecimento de seus termos.

Eles informaram ainda que a participação que os irmãos Bertin detinham na JBS S.A., de 6,66%, foi reduzida para 3,33%, uma vez que eles e a família Batista promoveram, em 30 de maio de 2014, uma reestruturação societária que diminuiu a participação dos primeiros na JBS S.A. pela metade, com o posicionamento e uma sociedade interposta denominada J&F Investimentos.

Os advogados alegaram ainda que o FIP Bertin, que tinha participação direta na FB Participações S.A., passou a deter 24,7% na J&F Investimentos, que possuía então 99% das ações da FB Participações S.A. Os autores destacaram ainda que tal participação já foi feita dentro da estrutura societária resultante das manobras adotadas, em que o FIP Bertin era controlado.

Tudo isso foi dito contra os Bertin porque se acreditava que a JBS, o BNDES e o próprio Bertin não seriam capazes de criar uma estrutura de negócio com todas essas figuras jurídicas envolvidas (Bertin FIP, Blessed, Bracol), e a apresentasse aos órgãos de controle (CVM e Cade) de forma criminosa. Mas foi o que aconteceu.

Entram em campo as novas estratégias

O pessimista afirma que já atingimos o fundo do poço, mas o otimista sempre acha que dá para cair um pouco mais.
Woody Allen

Depois das negociatas finais entre os Bertin e os Batistas, em 2014, o Bertin FIP foi substituído pelo FIP Pinheiros, que em 31 de maio de 2017 detinha a participação de 21,92% de ações ordinárias e 21,94% de ações preferenciais da J&F Investimentos S.A.

O FIP Pinheiros, porém, não é nenhuma novidade. E será crucial entender isso nesta análise sobre as "traquinagens" feitas por Joesley Batista. O fundo foi criado em 27 de dezembro de 2009. É administrado pela Socopa – Sociedade Corretora Paulista S.A. Foi constituído sob a forma de condomínio fechado, com prazo de duração de dez anos e período de investimento de cinco anos – o qual poderia ser prorrogado mediante aprovação em assembleia geral de cotistas, ambos com início a partir da data da primeira integralização.

O portfólio alvo do FIP Pinheiros passou a ser o conjunto dos títulos e valores mobiliários de emissão da J&F Investimentos S.A., que detinha um patrimônio líquido de R$ 5.253.596.325,54 divididos em ações ordinárias e preferenciais, na proporção de 50% de cada categoria, conforme posição em 30 de setembro de 2016.

Eis o que a Socopa informava sobre o FIP Pinheiros:

> *O Fundo tem como principal ativo a participação na J&F Investimentos S.A. (companhia), detendo 48,52% das ações ON do seu capital. O objetivo social da companhia consiste na participação social em outras sociedades, como sócio ou acionista (holding) e administração de bens próprios. A companhia foi constituída para a criação de uma associação entre as companhias JBS S.A. e Bertin S.A.*

Em 10 de novembro de 2016 foi criado o Formosa Multiestratégia FIP. Este recebeu 95% das ações da JBS S.A. – antes em poder da JMF Fundo de Investimento em Cotas de Fundos de Investimentos em Participações. Tal operação ocorreu a partir da aprovação dos cotistas durante assembleia geral extraordinária ocorrida em 16 de abril de 2018. Desde o fim de maio de 2017, os irmãos Joesley e Wesley Batista passaram a ser os únicos integrantes da família a figurar como acionistas da JBS, depois que fecharam acordo de leniência de R$ 10,3 bilhões com o Ministério Público Federal.

Os demais sócios da família (as irmãs Valére, Vanessa e Vivianne Batista e o pai José Batista Sobrinho) deixaram de constar na composição acionária da companhia, atualizada em Formulário de Referência apresentado espontaneamente à CVM no dia 31 de maio de 2017.

No dia 28 de junho de 2017, a Socopa Corretora, por deliberação da Assembleia Geral Extraordinária dos Cotistas do FIP Pinheiros, foi aprovada a "substituição, a partir do fechamento do dia 14 de julho de 2017 ('Data de Transferência'), dos serviços de custódia prestados pelo Banco Paulista S.A. para a Administradora".

De acordo com a nova composição acionária protocolada na CVM, a J&F Investimentos passou a ter como sócios apenas *offshores* pertencentes aos irmãos Joesley e Wesley Batista. Pelo menos oficialmente, eles passaram a dividir, meio a meio, as ações na bilionária holding.

No dia 31 de dezembro de 2018, a composição acionária da JBS já trazia a participação do Formosa FIP como membro do grupo de controle.

Participação acionária com posição de 31/12/2018

Acionista	Ações ordinárias %	Ações preferenciais %
J&F Investimentos*	37,03	0,00
FIP Multiestratégia Formosa*	3,61	0,00
BNDES Participações BNDESPar	21,32	0,00
Banco Original S.A.	1,23	0,00
Banco Original do Agronegócio	0,04	0,00
Outros	34,27	0,00
Ações em Tesouraria	2,51%	0,00

Fonte: Bússola do Investidor.
*J&F Investimentos e FIP Formosa formam o grupo de controle.

O patrimônio líquido do Formosa Multiestratégia FIP, em 31 de março de 2019, era de R$ 2.375.278.427,00, conforme registrado na CVM.

Já o FIP Pinheiros detinha, em 31 de março de 2018 – quando foi apresentada sua última Demonstração Financeira à Comissão de Valores Mobiliários (CVM) –, 99,99% de seu patrimônio líquido investido em ações da companhia J&F Investimentos S.A. E tinha patrimônio líquido de R$ 3.255.377.000,00[37].

Entretanto, somente no dia 28 de dezembro de 2018 é que foi emitido o Relatório do Auditor Independente sobre as demonstrações

---

37 Disponível em:<http://cvmweb.cvm.gov.br/SWB/Sistemas/SCW/CPublicaDemFinanc FdoExclvFech/CPublicaDemFinancFdoExclvFech.aspx?PK_PARTIC=96556&COMPTC =&TpConsulta=23&TpPartic=73>. Acesso em: 30 abr. 2019.

financeiras. No documento, o auditor Jefferson Coelho Diniz se absteve de dar informações. Justificou-se assim:

> [...] As demonstrações contábeis da companhia investida referentes ao exercício findo em 31 de dezembro de 2017 se encontram em processo de auditoria, desta forma não foi possível mensurarmos o efeito de eventuais ajustes, se houver, nos respectivos investimentos.
>
> Em consonância com os procedimentos de verificação de possíveis contingências, foram enviadas cartas de confirmação a todos os advogados que mantêm e/ou mantiveram relacionamento com o Pinheiros Fundo de Investimento em Participações Multiestratégia durante o exercício auditado, entretanto, não obtivemos as respostas. Como consequência, não nos foi possível, através de procedimentos de auditoria, concluir quanto aos potenciais efeitos, se houver, nas demonstrações contábeis combinadas naquela data. [...]

O auditor da Grant Thornton afirmou no relatório que, devido ao assunto descrito na seção intitulada Base para Abstenção de Opinião, não lhe foi possível obter evidência de auditoria apropriada e suficiente para fundamentar sua opinião sobre essas demonstrações financeiras.

Não se sabe que fim levou o FIP Pinheiros.

Roteiro de uma fraude acionária

*As verdades são frutos que apenas devem
ser colhidos quando bem maduros.*
Voltaire

Em 31 de dezembro de 2009 chegava ao fim o processo de incorporação do frigorífico Bertin à JBS por meio da nova holding FB Participações em Investimentos S.A. Esta passava a deter 54,52% do total de ações da JBS S.A. E todo mundo falando em fusão!

Veja a seguir como as ações foram distribuídas, de acordo com informações prestadas pela JBS ao Conselho Administrativo de Defesa Econômica (Cade) e à Comissão de Valores Mobiliários (CVM):

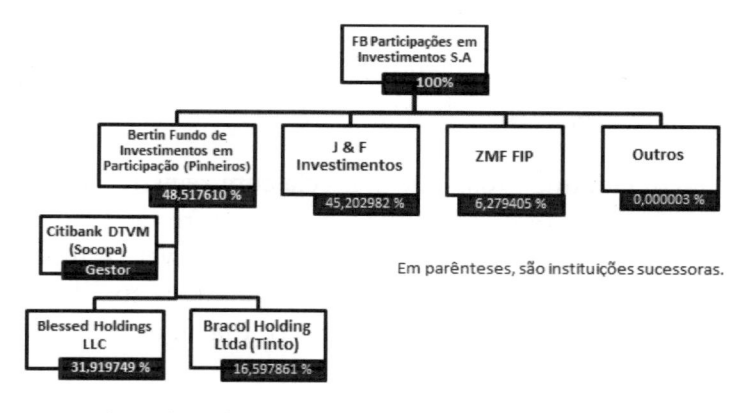

```
                    FB Participações em
                    Investimentos S.A
                         100%
    ┌──────────────┬──────────┬──────────┬──────────┐
  Bertin Fundo de   J & F      ZMF FIP    Outros
  Investimentos em  Investimentos
  Participação
  (Pinheiros)
  48,517610 %       45,202982 %  6,279405 %  0,000003 %
    │
  Citibank DTVM
  (Socopa)
  Gestor
    │                          Em parênteses, são instituições sucessoras.
  ┌─────────┬─────────┐
  Blessed    Bracol
  Holdings   Holding
  LLC        Ltda (Tinto)
  31,919749 % 16,597861 %
```

Fonte: Formulário de Referência – JBS S.A. – 2010, versão 12.

Pela estrutura divulgada, pode-se verificar que não deveria haver qualquer dúvida sobre a quem pertencia o que, pois ficariam com a família Bertin 48,5% da FB Participações S.A., e com a família Batista, os restantes 51,5% – já que, por dedução, o Bertin FIP teria sido criado pela família Bertin para ter e gerir sua participação acionária na nova estrutura acionária da JBS.

Considerando o total, isso equivalia à família Bertin deter 26,44% do capital da JBS S.A., a família Batista, 28,07%, e o restante ficava de posse do BNDES e minoritários.

Entretanto, isso foi uma armação.

A primeira ressalva: embora a Citibank DTVM apareça como gestora do FIP Bertin, foram os bancos J.P. Morgan e Santander Brasil que atuaram como assessores financeiros exclusivos da JBS S.A. e da Bertin S.A., respectivamente, para a operação de fusão entre os dois grupos.

Tanto que a Citibank DTVM contestou, em processo junto ao Conselho Administrativo de Recursos Fiscais (Carf), a sua possível solidária participação no pagamento da multa imposta pelo Conselho, por fraude no processo de fusão entre Bertin e JBS, o que foi acatado:

> *No referido procedimento fiscal, juntamente com os corréus Natalino Bertin, Fernando Antônio Bertin, Silmar Roberto Bertin, João Bertin Filho, Reinaldo Bertin e Heber Participações, o autor fora incluído como devedor solidário de dívida atribuída à corré Tinto Holding no valor de R$ 3.797.148.574,37, em que pese sustentar não ter tido nenhuma influência no processo que levou à constituição do Bertin FIP ou à reorganização societária para unificar os grupos JBS e Bertin.*

A Bracol Holding Ltda., que aparecia com registro no CNPJ de nº 01.597.168/0001-99, foi criada em 12 de dezembro de 1996. Contudo, numa consulta à Receita Federal do Brasil, é possível verificar que em 3 de novembro de 2005 a Bracol Holding Ltda. teve sua denominação alterada para Tinto Holding Ltda., conforme a figura 1, tendo como sócio Natalino Bertin.

Figura 1 – Cartão de CNPJ da Tinto Holding Ltda., sucessora da Bracol Holding Ltda.

```
REPUBLICA FEDERATIVA DO BRASIL
CADASTRO NACIONAL DA PESSOA JURÍDICA

NÚMERO DE INSCRIÇÃO              COMPROVANTE DE INSCRIÇÃO E DE SITUAÇÃO     DATA DE ABERTURA
01.597.168/0001-99                            CADASTRAL                      12/12/1996
MATRIZ

NOME EMPRESARIAL
TINTO HOLDING LTDA

TÍTULO DO ESTABELECIMENTO (NOME DE FANTASIA)
********

CÓDIGO E DESCRIÇÃO DA ATIVIDADE ECONÔMICA PRINCIPAL
64.62-0-00 - Holdings de instituições não-financeiras

CÓDIGO E DESCRIÇÃO DAS ATIVIDADES ECONÔMICAS SECUNDÁRIAS
46.49-4-08 - Comércio atacadista de produtos de higiene, limpeza e conservação domiciliar
82.99-7-99 - Outras atividades de serviços prestados principalmente às empresas não especificadas anteriormente

CÓDIGO E DESCRIÇÃO DA NATUREZA JURÍDICA
206-2 - Sociedade Empresária Limitada

LOGRADOURO                                  NÚMERO      COMPLEMENTO
R CARDEAL ARCOVERDE                         2811        ANDAR 6 CONJ 604/605

CEP              BAIRRO/DISTRITO            MUNICÍPIO                       UF
05.407-004       PINHEIROS                  SAO PAULO                       SP

ENDEREÇO ELETRÔNICO                         TELEFONE
TINTO.MATRIZ@BOL.COM.BR                     (11) 3819-0138

ENTE FEDERATIVO RESPONSÁVEL (EFR)
*****

SITUAÇÃO CADASTRAL                          DATA DA SITUAÇÃO CADASTRAL
ATIVA                                       03/11/2005

MOTIVO DE SITUAÇÃO CADASTRAL

SITUAÇÃO ESPECIAL                           DATA DA SITUAÇÃO ESPECIAL
********                                    ********
```

Fonte: Receita Federal do Brasil.

São algumas evidências necessárias para explicar como os irmãos Batista conseguiram construir uma grande fraude acionária na compra do frigorífico Bertin, graças à formação de estruturas-fantasmas e uma *offshore* que sempre foi deles.

A Tinto Holding Ltda. passou a figurar como nova denominação da Bertin Ltda., que virou nome fantasia, conforme pode ser visto na figura 2 – que foi recortada do cartão de CNPJ de nº 01.597.168/0045-00 (filial de Aruana-GO).

Figura 2 – Recorte de CNPJ de uma filial da Tinto Holding Ltda.

```
NOME EMPRESARIAL
TINTO HOLDING LTDA

TÍTULO DO ESTABELECIMENTO (NOME DE FANTASIA)
TINTO HOLDING LTDA
```

Fonte: Receita Federal do Brasil.

Entretanto, a família Bertin continuou usando o nome Bracol Holding Ltda. (CNPJ nº 01.597.168/0010-80), mesmo esta não existindo mais – como se Bracol fosse uma nova denominação para Bertin Ltda., como demonstra a figura 3, em evento ocorrido em 2008.

O CNPJ nº 01.597.168/0010-80, ainda ativo no site da Receita Federal, pertence a uma filial da Tinto Holding Ltda., de Lins, no interior de São Paulo, cuja atividade e endereço são coincidentes com a BSB Produtora de Equipamentos de Proteção Individual S.A. (figura 6).

Ou seja, um mesmo estabelecimento comercial é visto como se tivesse dois cadastros de pessoa jurídica, provavelmente com o objetivo de usar o nome que fosse mais conveniente para a situação.

Figura 3 – Trecho de ata de processo de licitação em Maringá (PR)

ATA Nº. 201/08 DA REUNIÃO DE JULGAMENTO DA DOCUMENTAÇÃO E PROPOSTAS AO EDITAL DE CONCORRÊNCIA Nº. 012/2008-PMM – PROCESSO Nº. 8281/2008 – REGISTRO DE PREÇOS PARA AQUISIÇÃO DE MATERIAIS DE LIMPEZA GERAL, EQUIPAMENTOS DE LIMPEZA E CONSERVAÇÃO DO PISO, GÊNEROS ALIMENTÍCIOS, GÁS ENGARRAFADO, BOTAS, BOTINAS, KIT HIGIÊNICO PARA BANHO, CADEIRAS DE RODAS PARA PASSAGEIROS COM NECESSIDADES ESPECIAIS, DESTINADOS AO USO NO TERMINAL URBANO E RODOVIÁRIO VEREADOR DR. JAMIL JOSEPETTI - SECRETARIA MUNICIPAL DE TRANSPORTES - SETRAN. Às 08h45min (oito horas e quarenta e cinco minutos) do dia 24 (vinte e quatro) do mês de abril do ano de 2008 (dois mil e oito) na Sala de Reuniões da Diretoria de Compras e Licitações, reuniu-se a Comissão Especial designada pela **Portaria** nº. 134/2008-GAPRE, composta por: José Maria Bernadelli, na presidência, Rosa Maria Loureiro, Hermes Salgueiro da Silva e Anderson Damião Soares (suplente), como membros, com vistas ao Edital de **Concorrência** nº. 012/2008-PMM. Registramos a presença dos representantes: André Veigas Teixeira (CPF: 045.489.389-23), pela empresa **NOBRE PRODUTOS DE LIMPEZA LTDA. - ME (CNPJ: 07.667.698/0001-42)**, João Henrique Garcia (CPF: 021.374.549-63), pela empresa **FG COMÉRCIO DE PRODUTOS DE HIGIENIZAÇÃO PROFISSIONAL LTDA. - EPP (CNPJ: 07.567.818/0001-30)**, Antonio Carlos Pires (CPF: 143.473.269-04), pela empresa **LIG-GÁS COMÉRCIO DE GÁS LTDA.-ME (CNPJ: 04.632.364/001-45)**, Marcos de Souza Almeida (CPF: 022.578.369-01), pela empresa **CHEMICALS COMÉRCIO DE PRODUTOS QUÍMICOS LTDA. (CNPJ: 85.495.000/0001-62)**, Claudenir Aparecido Pereira (CPF: 079.336.538-47), pela empresa **KAKOGÁS COMÉRCIO DE GÁS LTDA. (CNPJ: 03.984.308/0001-07)**, Francisco Lopes Garcia (CPF: 043.671.629-15), pela empresa **BRACOL HOLDING LTDA. (CNPJ: 01.597.168/0010-80)**. As empresas: **NOVACOM COMÉRCIO DE PRODUTOS ALIMENTÍCIOS LTDA. (CNPJ: 08.055.364/0001-80); JJR – JEVERSON JENIEL REGLY - ME (CNPJ: 08.087.374/0001-06)** e **A. PAZINATO MARINGÁ (CNPJ: 04.352.905/0001-81)** protocolaram os envelopes, mas não enviaram

Fonte: <http://venus.maringa.pr.gov.br>.

A Bracol Holding Ltda., substituída por Tinto Holding Ltda. desde 2005, aparece em 2008 como doadora da candidata Jandira Feghali [e outros políticos] nas eleições municipais do Rio de Janeiro, conforme a figura 4.

Figura 4 – Divulgação de doação eleitoral em 2008

Jandira Feghali
- Construtora OAS Ltda – R$ 400 mil
- Bracol Holding Ltda – R$ 175 mil
- Partido Comunista do Brasil – R$ 149 mil

Fonte: Jornal do Brasil, p. A6. 5/10/2008.

Entenda: em 2009, a Bertin criou a holding BSB – Produtora de Equipamentos de Proteção Individual S.A. (CNPJ da matriz de nº 10.472.968/0001-74), que tem a marca Bracol como uma das líderes de venda de calçados de segurança. No cadastro da Pessoa Jurídica, a fabricação de calçados de couro consta como atividade principal – exatamente como ocorre na ficha de filial da Tinto Holding Ltda.

A BSB é uma sociedade de capital fechado e, na data da consulta, tinha como conselheiros os seguintes membros da família Bertin: Silmar Roberto Bertin, Vitor Granado Bertin e José Henrique Santanna Bertin.

Nas eleições de 2010, a Bracol Holding Ltda., então uma empresa-fantasma, voltou a ser doadora de campanhas políticas. O fato teve muita repercussão em 2016, com apreensão pela Operação Lava Jato de documentos de um dos membros da família, Natalino Bertin.

Em uma caderneta recolhida pela Polícia Federal, constavam quase 30 nomes de políticos que receberam doações da Bracol, entre eles o presidente Michel Temer, que recebeu R$ 1,5 milhão do grupo Bertin.

Em nota enviada depois da publicação da reportagem da revista *Veja*, o deputado federal Domingos Sávio (PSDB-MG) afirmou:

Na campanha de 2010 recebi 50 mil reais da empresa Bracol Holding Ltda., que está devidamente declarado em minha prestação de contas à Justiça Eleitoral. O setor produtivo rural apoiou minha candidatura e indicou meu nome à referida empresa Bracol, que fez a doação pelos meios legais. Só agora, vendo a informação na própria Veja de que a senadora Ana Amélia também recebeu recursos da Bracol, soube que a referida empresa é ligada ao Grupo Bertin. Portanto, a ajuda que recebi foi absolutamente legal e foi em razão da minha dedicação ao setor rural que sempre me apoiou.

Uma verificação no site do Tribunal Superior Eleitoral (TSE), com atualização em 11 de novembro de 2010, confirma que a candidata ao Senado Federal pelo Rio Grande do Sul, Ana Amélia Lemos (PP-RS), recebeu R$ 200 mil da fictícia empresa Bracol Holding Ltda., cujo CNPJ declarado é o de nº 01.597.168/0001-99, que desde 3 de novembro de 2005 pertencia à Tinto Holding Ltda., sucessora dessa mesma Bracol Holding Ltda.

Ou seja, o grupo Bertin usava o nome da extinta empresa de acordo com seu interesse. A figura 5 é um bom exemplo. Mostra despacho de 27 de março de 2015 e ilustra como o grupo Bertin aproveitou essa confusão de forma a procurar atender a seus interesses em protelar ações judiciais, inclusive muitas da Justiça do Trabalho.

Figura 5 – Trecho do processo nº AIRR-0097000-20.2009.5.02.0255

Brasília, 27 de março de 2015.
Firmado por assinatura digital (MP 2.200-2/2001)
MINISTRO BARROS LEVENHAGEN
Presidente do TSE
Processo n.º AIRR-0097000-32.2009.5.02.0255
Complemento Processo eletrônico
Relator: Relator do processão não cadastrado
Agravante: BRACOL HOLDING LTDA.

> Advogado: Dr. Antony Araújo Couto (OAB 226033SP)
> Agravado: JOSÉ FRANCISCO DANTAS
> Advogado: Dr. Riscalla Elias Júnior (OAB 97300SP)
>
> Recurso de Embargo à SBDI-1 interposto pela Bracol Holding Ltda. em face da decisão desta Presidência que negou seguimento ao agravo de instrumento, por intempestividade do recurso de revista, intimada a esclarecer a divergência entre a razão social e o CNPJ apresentado, **a empresa informou que, por alteração contratual, sua denominação passou a ser Tinto Holding Ltda.** requerendo, na ocasião, que as notificações e intimações fossem feitas exclusivamente para o subscritor da petição, Dr. Walter José Martins Galenti.
>
> Tendo em vista a irregularidade da representação processual pela ausência de procuração outorgada pela empresa sob a nova denominação de "Tinto Holding Ltda", foram concedidos, por 3 vezes, prazos para que a empresa regularizasse a situação nos autos.
>
> A agravante, porém, manteve-se inerte.
>
> Pois bem, o entendimento consolidado nesta Corte é o de que ocorrendo alteração na denominação social, é ônus da parte comprovar a mudança havida, bem como regularizar a representação processual juntando nova procuração com a atual denominação capaz de legitimar a situação do advogado subscritor, sob pena de não conhecimento do apelo, conforme os seguintes precedentes. (...)

Fonte: <http://www.buscaoficial.com/c/diario/cGbIfneDu>.

A confusão com a Bracol Holding Ltda. não se restringiu ao cenário interno. Até o prestigiado site Bloomberg chegou a anunciar que a Bracol Holding Ltda. era uma subsidiária da JBS.

O site não traz muitos detalhes sobre a defunta Bracol Holding Ltda., como o CNPJ, mas há indicação de que se tratava de empresa ligada à produção de equipamentos de proteção individual, como calçados de segurança, e também a indicação de pessoas que tinham cargos gerenciais na empresa, conforme a figura 6.

Figura 6 – Trecho de informação no site da Bloomberg

Key Executives For Bracol Holding Ltda.

Antônio Maurício
Controller

Mr. Marcelo Mello
Director General

James Lourenço
Commercial Board of Diretor

Fonte: Bloomberg.

O então diretor-geral da Bracol, Marcelo Mello, trabalhou na Bracol EPI no período de 1998 a 2010. Depois, foi transferido para a JBS S.A. como diretor executivo, onde exerceu a função entre 2010 e 2012, conforme mostra seu perfil no LinkedIn.

Outro indicado pelo Bloomberg é James Lourenço, que ainda é diretor de Operações da BSB Produtora de Equipamentos de Proteção Individual S.A. Em seu perfil no LinkedIn, ele cita a Bracol Holding Ltda. como a empresa em que teria trabalhado anteriormente.

O terceiro executivo é Antônio Maurício, que ainda permanece na BSB Produtora de Equipamentos de Proteção Individual S.A. – desde 2013 ocupa o cargo de diretor financeiro. Ele indica como cargo anterior o de controller e a empresa BSB – Brazil Safety Brands.

Figura 7 – Cargos exercidos por Antônio Maurício

Experiência

Diretor Financeiro
BSB PRODUTORA DE EQUIPAM PROTECAO INDIVIDUAL S A
jan de 2013 – o momento • 4 anos 8 meses
Lins e Região, Brasil

Controller
BSB – BRAZIL SAFETY BRANDS
mar 1997 – o momento • 20 anos 5 meses
Lins e Região, Brasil

Fonte: LinkedIn.

Uma análise dos três perfis nos mostra que, em uma mesma época, até pessoas que ocupavam cargos gerenciais da empresa a chamavam por nomes diferentes. Isso não é coisa rara; pode ser vista em vários exemplos de empresas que mudaram de nome, mas as pessoas que trabalham nela há muito tempo demoram para se acostumar com a nova denominação.

É o caso da JBS S.A., que depois de mais de uma década continuava sendo chamada de Friboi por uma imensa parcela da população. Mesmo que Friboi tenha se tornado apenas uma marca de carne vendida pela JBS – ou talvez por isso mesmo.

Ao verificar um trabalho de conclusão de curso de Administração de 2008 para a Unisalesiano, em Lins, interior paulista, essa confusão começa a ficar esclarecida. Os autores da pesquisa informam que o grupo Bertin atuava com sete divisões de negócios: Agropecuária, Alimentos, Couros, Equipamentos de Proteção Individual, Higiene e Limpeza, Produtos Pet e Higienização Industrial. No caso, tais divisões estariam embaixo da Bracol Holding Ltda. – e o nome Bertin é citado como sendo o grupo que englobava a Bracol e outros negócios.

O trabalho em referência dá destaque para duas áreas: couros e equipamentos de proteção individual. Define tais áreas como sendo divisões da Bracol Holding Ltda., mas associando o nome Bracol à marca de couro e de calçado – denominando a divisão de couros como Bertin Couros e a área de equipamentos de proteção individual, onde o trabalho foi desenvolvido, como sendo "Bracol Holding Ltda. – EPIs", exatamente conforme indicou em seu perfil no LinkedIn o diretor comercial Marcelo Mello.

O nome Bracol, fortemente associado à marca de calçado de segurança com maior visibilidade no mercado, parece ter se perpetuado mesmo depois de a Bracol Holding Ltda. ter sido renomeada para Tinto Holding Ltda.

No ato de concentração nº 08012.008074/2009-11, JBS S.A. e Bertin citam uma empresa do grupo Bertin chamada Bracol Comércio de Equipamentos de Proteção Individual Ltda., mas nada foi encontrado sobre ela. Pode ser que seja a Bracol que se fundiu com a Fujiwara em 2010, dando origem à BSB Produtora de Equipamentos de Proteção Individual S.A.

Mesmo com todas as evidências de que, em 2009, época da negociação da fusão entre a JBS S.A. e a Bertin S.A., a Bracol Holding Ltda. já havia sido renomeada como Tinto Holding Ltda., o ato de concentração nº 08012.008074/2009-11 parecia ignorar isso. Uma consulta ao link <https://pt.slideshare.net/arykara7002/jbs-bertin-grupo-heber> demonstra que era a Bracol Holding que aparecia como associada ao BNDES na estrutura do grupo Heber – da família Bertin.

O grupo também tentou fazer acreditar que a Bracol havia sucedido a Bertin Ltda. Isso foi contestado de diversas maneiras, como na imagem a seguir:

Figura 8 – Extrato de pessoa jurídica

Fonte: Portal da Transparência.

De acordo com relatórios depositados junto à Comissão de Valores Mobiliários (CVM), o Bertin Fundo de Investimentos em Participações (Bertin FIP) teria sido criado e constituído em 11 de dezembro de 2009 – tendo como CNPJ o nº 11.369.979/0001-96 e detendo um total de 1.775.231 cotas da FB Participações em Investimentos S.A., que tinham valor patrimonial unitário de R$ 2.787,801120. Ou seja, o FIP Bertin tinha de participação na FB o equivalente a R$ 4.948.990.970,00.

O primeiro relatório de demonstrações financeiras do Bertin FIP, administrado pela Citibank Distribuidora de Títulos e Valores Mobiliários

S.A., foi auditado pela PricewaterhouseCoopers (PwC). Era relativo ao período de 11 de dezembro de 2009 (início das atividades do FIP) até 31 de março de 2010. Indicava que, na assembleia geral de 23 de dezembro de 2009, foi deliberada pela sua substituição à BDO Trevisan Auditores Independentes, para prestar serviços de auditoria ao Bertin FIP.

As demonstrações financeiras do período de outubro de 2010 a março do ano seguinte receberam auditoria da KPMG Auditores Independentes, com relatório datado de 27 de maio de 2011 e assinado por dois contadores.

Já as demonstrações do período de outubro de 2011 a março de 2012, de outubro de 2012 a março de 2013, de outubro de 2013 a março de 2014 e de outubro de 2014 a março de 2015 foram, novamente, auditadas pela BDO Trevisan Auditores Independentes.

No dia 24 de agosto de 2011 houve uma assembleia geral (ordinária e extraordinária) dos cotistas do Bertin FIP, na sede da Citibank DVTM. Ali, entre outras deliberações, foi aprovada por unanimidade a seguinte questão, no mínimo muito estranha[38]:

> *(3) Ratificar todos os atos praticados pelo Administrador a fim de constituir ônus sobre 521.739.130 ações detidas pela FB Participações S.A. (CNPJ nº 11.309.502/0001-15) ("FB Participações") na empresa JBS S.A. (CNPJ nº 02.916.265/0001-60) em favor da empresa J&F Participações Financeiras Ltda. (CNPJ nº 07.570.673/0001-26) ("J&F"), em garantia ao Contrato de Mútuo firmado com o Fundo Garantidor de Créditos no âmbito das negociações de aquisição pela J&F da totalidade da participação societária no Banco Matone.*

Fica uma importante dúvida:

Por que o Bertin FIP, que teoricamente pertencia à família Bertin, iria colocar sua participação acionária na FB Participações S.A. como garantia de empréstimo feito pela J&F Participações Financeiras Ltda. junto ao Fundo Garantidor de Crédito (FGC) para a compra do Banco Matone?

---

38 Disponível em: <www.brasil.citibank.com/JPS/content/pdf/ICMS_05092012_BERTIN_FIP_ATA_26082011.pdf>. Acesso em: 21 jun. 2019.

Em 18 de maio de 2012, a Concessionária Rodoviária do grupo Bertin dava, em garantia à emissão de debêntures no volume mínimo de R$ 500 milhões, a totalidade das cotas do FIP Bertin detidas pela Bracol Holding Ltda., conforme a figura 9:

Figura 9 – Extrato de ata de reunião

(B.5) Celebração, em conjunto com o Agente Fiduciário e demais partes conforme aplicável, do contrato de penhor em terceiro grau das cotas do Bertin Fundo de Investimento em Participações ("FIP Bertin"), detidas pela Bracol Holding Ltda. ("Bracol"), a fim de que a totalidade das cotas do FIP Bertin detidas pela Bracol seja dada em garantia à Emissão.

Fonte: <http://www.pavarini.com.br/SPMARAGD180512.pdf>.

Em 10 de junho de 2013, quase dois meses depois de o Conselho Administrativo de Defesa Econômica (Cade) ter autorizado a incorporação do Bertin pela JBS, a família Bertin entrou com ação cautelar contra a JBS.

O assunto foi noticiado pela *Folha de S. Paulo*:

> *De acordo com o documento, cotas do fundo de participação Bertin-FIP (por meio do qual a família participa da JBS) teriam sido desviadas de maneira "escabrosa" e "criminosa" para a empresa Blessed LLC, sediada no Estado norte-americano de Delaware. A família Bertin diz que a Blessed seria da J&F. O advogado Antônio Carlos Velloso Filho, que é do escritório Sergio Bermudes e atua na causa, disse à coluna que "trabalha com a hipótese de que a Blessed pertence à família Batista".*

Ou seja, a família Bertin fez chegar à imprensa que poderia sofrer uma perda em torno de R$ 2,5 bilhões de seu patrimônio se não conseguisse provar na Justiça que estava sendo vítima de uma fraude patrocinada pela JBS S.A.

Uma das acusações feitas pelos Bertin era que as assinaturas de integrantes da família paulista no termo de transferência de cotas de Tinto para a Blessed Holdings – estimadas em R$ 900 milhões, mas transferidas por apenas R$ 17 mil – foram supostamente falsificadas, para que as cotas fossem repassadas. Elas iriam garantir um empréstimo de R$ 100 milhões do grupo Bertin no Banco do Brasil, que poderia ser inviabilizado pelo risco de o banco levar calote.

Entretanto, a J&F Participações S.A. informou que a referida dívida junto ao Banco do Brasil seria de responsabilidade exclusiva da família Bertin, não tendo nada a ver com o negócio envolvendo a JBS e o frigorífico Bertin.

Em 11 de junho de 2013, o juiz da 5ª Vara Cível de São Paulo despachou favoravelmente ao pedido de liminar do grupo Bertin e bloqueou a comercialização das cotas. O grupo Bertin afirmou que isso ainda era só o começo, pois pretendia mover uma ação judicial maior contra a Blessed Holdings LLC, requerendo o ressarcimento de perdas e danos pela transferência "ilícita" de suas cotas.

De acordo com a J&F Participações S.A., a empresa Blessed Holdings LLC, localizada nos Estados Unidos, não tinha nada a ver com o grupo JBS nem com a própria J&F, mas, sim, estaria ligada à família Bertin.

Documentos disponíveis no site oficial da JBS, que traziam informações aos investidores, mostravam a Blessed Holdings LLC integrando o Bertin FIP – mas, como já demonstrado, esse FIP era uma invenção ficcional de Joesley Batista.

Nas demonstrações financeiras do período de outubro de 2013 a março de 2014, foi apontada pela BDO, como ressalva, a seguinte nota:

> *4.2. Evento não considerado na carteira do Fundo*
>
> *Em 31 de dezembro de 2013, a totalidade das ações que o Fundo possuía do capital social da FB Participações S.A. foi objeto de permuta por ações da J&F Investimentos S.A. em ato que aumentou o capital social desta empresa. Nesta transação, essas novas ações foram valorizadas para fins de registro contábil no Fundo pelo seu valor de mercado, resultando em ganho para o Fundo no montante de R$ 303.824,00. Os efeitos monetários desse evento e os acertos formais da carteira do Fundo foram considerados por sua administração em 31 de maio de 2014.*

No documento do período seguinte (abril a setembro de 2014) foi demonstrada a nova composição do fundo, com a saída da FB Participações e a entrada da J&F Investimentos S.A., conforme a figura 10:

A FB Participações sairia de campo e entraria a J&F Investimentos?

Figura 10 – Demonstração financeira do Bertin FIP

Bertin Fundo de Investimento em Participações
(Administrado pela SOCOPA - Sociedade Corretora Paulista S.A. - CNPJ: 62.285.390/0001-40)

Demonstrações financeiras

Notas explicativas da administração às demonstrações contábeis
Em 30 de setembro de 2014

(Em milhares de Reais, exceto o valor unitário das cotas)

	30/09/2014		
	Valor de Custo	Valor de Contábil	Diferença
JF Investimentos ON	2.626.435	2.626.435	-
JF Investimentos PN	2.626.435	2.626.435	-
	5.252.870	5.252.870	-

Fonte: CVM.

Em 3 de junho de 2014, o jornal *Valor Econômico* publicou longa matéria, reproduzida por diversos órgãos de imprensa. Informava que chegava ao fim a demanda judicial entre as famílias Bertin e Batista. E que a família Bertin deixaria de ser acionista da JBS e passaria a deter participação direta em outras empresas do grupo J&F, como a Eldorado Celulose, a Flora, o Banco Original, a Vigor e o Canal Rural.

Continuava a enrolação...

De acordo com o informe da J&F, "nessa operação a Bertin FIP ficou com uma participação de 24,75% da J&F Investimentos. O percentual diminuiu porque agora a Bertin FIP é acionista de vários outros negócios e não apenas da JBS". O mesmo teria acontecido com as fatias da Tinto Holding Ltda. e da Blessed Holdings LLC.

Não foi revelado quanto o Bertin recebeu nessa negociação, mas o mercado estimava que a FB Participações S.A., na qual o FIP Bertin tinha fatia de 48,51%, valia R$ 10,566 bilhões.

É importante transcrever parte da ata da assembleia geral extraordinária da J&F Investimentos, realizada no dia 31 de dezembro de 2013, para se chegar a um melhor entendimento sobre o que foi definido[39], em comparação ao que foi divulgado pelo jornal *Valor Econômico*:

> *[...] Foi examinado, discutido e aprovado, em seu inteiro teor, pela totalidade das acionistas, pelo FIP Bertin e pelo FIP ZMF, os Laudos de Avaliação que seguem anexos à presente Ata como Anexo I (Anexo I - Laudos de Avaliação), sem que tenham sido solicitadas maiores informações à Empresa Especializada [Apsis], incluindo a conclusão apresentada pela Empresa Especializada de que: (a) o valor das ações de emissão da FB, de titularidade do FIP Bertin, é de R$ 5.252.870.183,28 (cinco bilhões duzentos e cinquenta e dois milhões, oitocentos e setenta mil, cento e oitenta e três reais e vinte e oito centavos); e de que (b) o valor das ações de emissão da FB de titularidade do FIP ZMF é de R$ 679.854.065,02 (seiscentos e setenta e nove milhões, oitocentos e cinquenta e quatro mil, sessenta e cinco reais e dois centavos). (iii) Foi aprovado pela totalidade das acionistas o aumento de capital social da Companhia [J&F Investimentos S.A.], totalmente integralizado, atualmente de R$ 894.593.500,28 (oitocentos e noventa e quatro milhões, quinhentos e noventa e três mil, quinhentos reais e vinte e oito centavos), para R$ 6.733.743.566,12 (seis bilhões, setecentos e trinta e três milhões, setecentos e quarenta e três mil, quinhentos e sessenta e seis reais e doze centavos), com aumento efetivo de R$ 5.839.150.065,84 (cinco bilhões, oitocentos e trinta e nove milhões, cento e cinquenta mil, sessenta e cinco reais e oitenta e quatro centavos). [...]*

No início do processo de fusão entre a JBS S.A. e o Bertin Ltda., a J&F Participações S.A., conforme informado pela própria JBS, teria

---

[39] Disponível em: <https://www.jusbrasil.com.br/diarios/71039546/dosp-empresarial-29-05-2014-pg-31>. Acesso em: 7 jun. 2019.

45,2% do capital social da FB Participações S.A. O FIP Bertin teria 48,5% e o FIP ZMF teria 6,27% das ações.

Falta explicar, então, como quatro anos depois a J&F Investimentos S.A. só tinha de capital social R$ 894.593.500,28, enquanto o FIP Bertin detinha, em ações da FB Participações S.A., o total de R$ 5.252.870.183,28?

Soa como parte da trama engendrada pelos irmãos Batista, em conluio com o BNDES, para burlar o Fisco e esconder do público e das autoridades brasileiras como a negociata na compra do Bertin foi feita.

As demonstrações financeiras do período de outubro de 2014 a março de 2015 foram feitas em nome de Pinheiros Fundo de Investimento em Participações (FIP Pinheiros), colocado como sendo sucessor do FIP Bertin – e com o mesmo CNPJ nº 11.369.979/0001-96 deste, segundo relatório de auditoria emitido pela BDO Trevisan Auditores Independentes.

Mas o Bertin FIP nunca existiu e sempre foi utilizado em documentos oficiais para enganar o Fisco e as autoridades sancionadoras do mercado de capitais. O Pinheiros FIP era o real detentor das cotas junto à FB Participações S.A. e foi criado em 27 de novembro de 2009. O relatório de demonstrações financeiras indicava que o fundo investiria no portfólio-alvo – no caso os títulos e valores mobiliários emitidos pela J&F Investimentos S.A.

Diferentemente dos semestres anteriores, compreendendo outubro e março, o último relatório depositado na CVM, entre 2015 e 2016, não teve auditoria independente. E em nenhum dos relatórios de demonstrativos financeiros citados há qualquer referência à participação da Blessed Holdings e da Bracol/Tinto nos FIPs Bertin ou Pinheiros. O FIP Pinheiros, "sucessor" do Bertin FIP, agora aparecia como sendo um fundo de investimentos dos irmãos Batista, assim como a Blessed Holdings, em atualização de 21 de agosto de 2017.

E aí surge mais uma incógnita: se o Bertin FIP foi sucedido pelo FIP Pinheiros, tendo o CNPJ do Bertin FIP, o que sugeriria que teria havido uma troca de nomes por iniciativa da família Bertin, por que então a Receita Federal informa que o FIP Pinheiros foi criado em 27 de novembro de 2009, sem qualquer alteração desde então? E mais:

a JBS S.A. fez registrar no processo de fusão/incorporação junto ao Cade que o Bertin FIP teria sido criado no dia 11 de dezembro de 2009. Só para despistar!

O mais provável é que, durante todo esse tempo, as ações eram detidas, de fato, pelo FIP Pinheiros, pois o Bertin FIP sempre foi uma construção ficcional de uma organização criminosa que manipulou como quis o mercado acionário e outras entidades governamentais de controle da concorrência.

Histórias muito mal contadas

> *A história é um conjunto de mentiras*
> *sobre as quais se chegou a um acordo.*
> Napoleão Bonaparte

Empresas capitalizadas por ações contam com um recurso chamado emissão de debêntures para se capitalizar. Em linhas gerais, são valores mobiliários emitidos que dão aos compradores a posição de credores da empresa. Pois em 27 de dezembro de 2010, a JBS S.A. divulgou uma nota – sob a rubrica de Fato Relevante – informando ao mercado que havia efetuado o pagamento de prêmio, no valor bruto de R$ 260,97 para cada debênture emitida pela companhia. No total, R$ 521.950.000,00, sendo que 99,2% seriam do BNDES.

No mesmo comunicado, a JBS afirmou que estava em estágio avançado de negociação com o banco estatal para uma segunda emissão de debêntures, mandatoriamente conversíveis, objetivando substituir as da primeira emissão. Eis o trecho da nota explicativa nº 19 das Demonstrações Financeiras da JBS do quarto trimestre de 2010:

> *Cada uma das debêntures será única e exclusivamente nas seguintes hipóteses, convertida em ações de emissão da companhia: (i) no caso de não verificação do Evento de Liquidez no prazo estabelecido na escritura, (ii) no caso de não verificação de certos requisitos descritos na escritura, ou (iii) nas hipóteses de*

> *Vencimento Antecipado previstas na escritura. A quantidade de ações ordinárias de emissão da companhia nas quais as debêntures serão convertidas decorre da divisão entre (a) seu valor nominal unitário, acrescido de um prêmio de 10% (dez por cento); e (b) o preço de conversão, determinado com base na média ponderada, por volume do preço da ação ordinária de emissão da companhia em negociação ("JBSS3") nos 60 (sessenta) pregões imediatamente anteriores à data da efetiva conversão das debêntures, média esta ajustada para proventos declarados, limitado a um piso de R$ 6,50 (seis reais e cinquenta centavos) por ação e um teto de R$ 12,50 (doze reais e cinquenta centavos) por ação ("Conversão em Ações").*

A colocação das debêntures da segunda emissão seria privada (ou seja, não precisaria ser registrada na CVM), com direito de preferência de subscrição para os acionistas na época da emissão. Teria as seguintes características: valor de R$ 4 bilhões, com prazo de cinco anos e juros de 8,5% ao ano, pagos trimestralmente. As debêntures seriam mandatoriamente conversíveis em ações da JBS S.A. no quinto ano, ao preço unitário para conversão de R$ 9,50 (JBSS3), acrescidos dos juros pagos aos debenturistas, líquido de impostos e deduzidos de toda remuneração paga aos acionistas no período (dividendos e juros sobre capital próprio etc.); e opção de subscrição com as debêntures da primeira emissão.

Entre as vantagens da nova emissão, foi destacada a eliminação da obrigação de realizar uma oferta pública de ações da JBS USA em 2011 e a otimização da estrutura financeira e fiscal da companhia.

No relatório anual de 2010, com todas as informações consolidadas aos acionistas e ao mercado, a JBS informou o valor de R$ 521,9 milhões como deduzidos de sua dívida líquida. Isso por causa do pagamento, no quarto trimestre de 2010, de prêmio das debêntures[40].

---

40 JBS. Relações com Investidores. Central de Download. Demonstrações Financeiras Anuais Completas de 2010. Disponível em: <https://jbss.infoinvest.com.br/ptb/1155/DF%20JBS%20311210_Portugu%C3%AAs_Com_Parecer_RA.pdf>. Acesso em: 20 dez. 2016.

Endividamento

A dívida líquida / EBITDA passou de 2,9x no 3T10 para 3,0x no 4T10. É importante lembrar que a Companhia incorreu em gastos não recorrentes no período, como o prêmio pago aos debenturistas, e dispêndio de caixa para recompra de ações de emissão da própria Companhia que totalizou R$208,3 milhões no 4T10. Excluindo os efeitos citados acima, a alavancagem reduziu para 2,8x.

R$ milhões	31/12/10	30/09/10	Var.%
Dívida bruta	15.564,7	14.952,6	4,1%
(-) Disponibilidades	4.063,8	4.402,5	-7,7%
Dívida líquida	11.500,9	10.550,1	9,0%
(-) Prêmio das debêntures no 4º trim./2010[2]	521,9	—	—
(-) Recompra de ações de emissão da Companhia[3]	212,3	—	—
Dívida líquida ajustada a eventos não-recorrentes	10.771,9	10.550,1	2,1%
Dívida líquida/EBITDA[1]	3,0x	2,9x	
Dívida líquida ajustada /EBITDA [1]	2,8x	2,9x	

(1) Últimos 12 meses incluindo Bertin, Pilgrim's Pride e Inalca JBS pro-forma.
(2) Prêmio pago aos debenturistas, conforme comunicado ao mercado de 27 de dezembro de 2010.
(3) A Companhia recomprou 30,7 milhões de ações em 2010 a um preço médio de R$6,9

Fonte: JBS S.A.

A revista *Veja* publicou, em 28 de dezembro de 2010, que o BNDES não teria se manifestado oficialmente sobre a pretendida "rolagem de dívida" pela JBS S.A., com a emissão de R$ 4 bilhões em novas debêntures. Ou seja, a proposta da JBS S.A. ainda não teria sido analisada pela diretoria do banco estatal – contava contra o fato de a companhia estar inadimplente com o banco numa das cláusulas do contrato da primeira operação, que previa o pagamento de multa de US$ 300 milhões, condicionada à abertura de capital de sua subsidiária americana, a JBS USA. Isso deveria ser feito até o fim daquele mês.

Nesse mesmo dia, foi divulgado pelo BNDES que este não previa "novo aporte de recursos para a JBS, nessa segunda emissão de debêntures avaliada em R$ 4 bilhões". Ainda de acordo com o BNDES, a direção do banco de fomento estaria analisando se iria fazer a migração dos cerca de 3,5 bilhões de debêntures permutáveis por Certificados de Recibos de Ações (BDRs) da JBS USA, que tinha em carteira, pelos novos títulos conversíveis da JBS S.A.

No relatório final da CPI do BNDES, de fevereiro de 2018, é afirmado que o prêmio de US$ 300 milhões teria sido recebido, embora a *Veja* tenha afirmado o contrário, e outras evidências aqui apresentadas corroborem com a reportagem:

> *Conforme a escritura das debêntures, o IPO da JBS USA deveria ocorrer até 31/12/2010, podendo o prazo ser prorrogado por um ano, mediante pagamento aos debenturistas de prêmio igual a 15% do valor nominal das debêntures. Em 23/12/2010 foi realizado o pagamento do prêmio, no valor de R$ 521.635.187,04, prorrogando-se, assim, o prazo para o IPO da subsidiária americana para até 31/12/2011.*
> (Fonte: Senado Federal. Relatório Final da CPI do BNDES. p. 160. Brasília, fevereiro 2018)

Em 13 de janeiro de 2011, a JBS S.A., em comunicado enviado à SEC (Securities and Exchange Commission), solicitou a retirada do registro da oferta pública inicial de ações (IPO) da JBS USA no mercado norte-americano. O pedido ocorreu após o anúncio de que a JBS S.A. estaria em estágio avançado de negociação com o BNDES para realizar a segunda emissão de debêntures conversíveis, eliminando a obrigatoriedade de realização de IPO da JBS USA.

Depois desse comunicado, a JBS não voltou a falar sobre a emissão dos R$ 4 bilhões em novas debêntures. Foi como se o assunto nunca tivesse existido. E restou a dúvida sobre o que realmente teria ocorrido.

Tanto nas demonstrações financeiras referentes aos exercícios finalizados em 31 de dezembro de 2010/2009 e de 2011/2010, preparadas pela BNDESPar, quanto nos relatórios dos auditores independentes (Deloitte Touche Tohmatsu Auditores Independentes) e respectivas notas explicativas às demonstrações financeiras, não há qualquer referência ao recebimento, pelo BNDES, da multa de US$ 300 milhões (R$ 521 milhões) que deveria ter sido paga pela JBS à BNDESPar – muito embora a JBS tenha divulgado o pagamento em fato relevante e colocado isso como motivo do prejuízo que teve em 2010.

Nas demonstrações financeiras de 2010/2009[41], aparece uma referência quanto à participação da BNDESPar no capital da JBS S.A.

---

[41] Disponível em: <https://www.bndes.gov.br/wps/wcm/connect/site/987db6aa-a783-47a9-8d38-cf3c69f0c88b/1210_BPAR.pdf?MOD=AJPERES&CVID=lk38BOp>. Acesso em: 27 jun. 2019.

É citado que "a BNDESPar participava diretamente de 17,54% do capital votante da JBS e, indiretamente, de mais 3,66% do capital votante, através do PROT FIP, totalizando 20,98% de participação no capital votante da JBS S.A., em 31 de dezembro de 2010".

No biênio seguinte[42] são feitas duas observações pelos auditores:

1. *Em julho de 2011, a BNDESPar converteu debêntures emitidas pela JBS de sua propriedade em 493.968 ações desta coligada, equivalentes a R$ 3.477.568, aumentando seu percentual de participação de 17,60% para 31,35%. O aumento da quantidade de ações em tesouraria detidas pela coligada no 4º trimestre de 2011 elevou o percentual de participação, utilizado para apuração da equivalência patrimonial, para 31,41%.*
2. *O valor contábil do investimento na JBS S.A. inclui ágio por expectativa de rentabilidade futura (goodwill) no valor de R$ 908.847,00. O valor recuperável dessa participação, incluindo o ágio, foi determinado pelo valor em uso, calculado através do valor residual esperado com a alienação do investimento, obtido por meio de modelos de fluxos de caixa projetados da investida para os próximos cinco anos, tomando como base as demonstrações financeiras consolidadas do 3º trimestre de 2011, descontados a valor presente pelo custo médio ponderado de capital da empresa. As projeções do fluxo de caixa foram realizadas utilizando premissas próprias, de mercado, desempenho histórico da investida e expectativas econômicas futuras. Nessa avaliação, não foram identificadas perdas por redução ao valor recuperável, uma vez que o valor em uso é superior ao valor contábil do investimento.*

No mesmo relatório, os auditores listaram a JBS S.A. como empresa coligada. Segundo o documento:

---

42 Disponível em: <https://www.bndes.gov.br/wps/wcm/connect/site/1cf5ccf6-0a24-43bf-8cbb-94b36be65814/1211_BPAR.pdf?MOD=AJPERES&CVID=lk38D3E>. Acesso em: 27 jun. 2019.

Coligadas são todas as entidades sobre as quais a BNDESPar possui poder de participar nas decisões financeiras e operacionais da investida, sem controlar de forma individual ou conjunta essas políticas. A influência significativa é presumida quando a BNDESPar possui 20% ou mais do capital votante da investida.

Os auditores enfatizam que "esta presunção de influência é afastada quando a BNDESPar não participa nas decisões da investida, mesmo que tenha 20% ou mais do capital votante". Seria o caso da JBS S.A., considerando que a BNDESPar tinha, em 31 de dezembro de 2011, 31,41% de seu capital social, conforme transcrito anteriormente, mas sem qualquer influência direta sobre os destinos da companhia, a não ser apoio financeiro.

Afirmaram os auditores:

A Administração entende que certas participações acionárias detidas pela BNDESPar, que representam mais de 20% do capital votante, não conferem influência significativa sobre tais entidades, em função, principalmente, da não participação na elaboração das políticas operacionais e financeiras da investida. Por outro lado, a Administração julgou exercer influência significativa em entidades nas quais detém menos de 20% do capital votante, por influenciar as políticas operacionais e financeiras de tais entidades.

A JBS S.A. era uma das empresas coligadas à BNDESPar e avaliadas pelo método de equivalência patrimonial, juntamente com Brasiliana, Copel, Fibria, Grambio e Tupy – avaliadas, em 31 de dezembro de 2011, em R$ 19.332.192.000,00, sendo que somente a JBS S.A. correspondia a R$ 7.154.432.000,00[43].

Detalhe importante: a BNDESPar tinha, em 2011, em carteira, o total de 931.070.000 ações; no dia 31 de dezembro de 2011 a ação JBSS3

---

43 A equivalência patrimonial é o método que consiste em atualizar o valor contábil do investimento ao valor equivalente à participação societária da sociedade investidora, no patrimônio líquido da sociedade investida e no reconhecimento dos seus efeitos na demonstração do resultado do exercício.

(JBS S.A.) encerrou o pregão cotada a R$ 6,08, o que daria à BNDESPar, se fosse vender sua participação na companhia, no máximo o valor de R$ 5.660.905.600,00 – quase R$ 1 bilhão de prejuízo.

Mesmo assim, a BNDESPar colocou no seu balanço, como provisão de ágio para as ações da JBS S.A., o valor de R$ 908.847.000,00 – o que elevaria o valor de sua participação acionária para R$ 7.463.127.000,00.

Outro documento do BNDES, datado de agosto de 2011, chama muito a atenção. Trata-se de um informe contábil referente ao primeiro semestre de 2011. Na segunda página, uma nota diz: "os saldos de jun/10 foram ajustados para refletir as mudanças implementadas a partir de 31/12/2010, de modo a permitir a comparabilidade do resultado entre os períodos".

Logo abaixo é apresentada a seguinte justificativa:

> *O primeiro semestre de 2010 (1S/10) foi impactado por recuperação de créditos de R$ 2 bilhões. 1S/11 reflete melhora na qualidade da carteira de crédito como um todo e recuperação de créditos, de R$ 469 milhões. 2) Crescimento de R$ 1.956 milhões [1,956 bilhões] reflete: (i) aumento de R$ 865 milhões da receita com alienações de participações societárias; (ii) aumento de R$ 915 milhões da receita com dividendos e JCP; e (iii)* **crescimento de R$ 521 milhões do resultado com equivalência patrimonial** (grifo nosso)[44].

É no mínimo curioso que a BNDESPar não tenha dado qualquer entrada do valor da multa de US$ 300 milhões ou de R$ 521 milhões no balanço de 2010. E só em agosto de 2011 fazia esse informe para corrigir uma equivalência patrimonial de, justamente, o valor que deveria ter entrado em espécie – mas acabou no balanço como receita por equivalência patrimonial, como são avaliadas as empresas desse grupo na BNDESPar.

Tudo leva a crer em mais uma manobra financeira.

---

[44] BNDES. Informe Contábil. Rio de Janeiro, 2011. Disponível em: <http://www.bndes.gov.br/ SiteBNDES/ export/sites/default/bndes_pt/Galerias/Arquivos/empresa/download/Inf_Contabil_ Externo_0611.pdf>. Acesso em: 6 jan. 2015.

Resta uma dúvida cruel, que precisa ser verificada. Afinal de contas, a JBS S.A. pagou a multa que devia ao BNDES por não ter aberto o capital da JBS USA até 31 de dezembro de 2010, ou não?

As debêntures emitidas pela JBS S.A. e subscritas pela BNDESPar por R$ 3,479 bilhões eram um negócio de "pai para filho", já que não implicaria pagamento de juros, dividendos ou qualquer outro custo durante um ano, concedido pelo banco como carência.

Entretanto, viraria um dilema, visto o pagamento dos US$ 300 milhões de multa ao fim de um ano, devido a não abertura do capital da JBS USA. Vale ressaltar, aliás, que isso ocorreu por um problema do mercado americano, e não por falta de vontade da JBS. Mas empresários correm riscos – ou, pelo menos, a maioria deles.

A JBS fechou o ano de 2010 com um prejuízo líquido de R$ 264 milhões. Informou oficialmente que isso teria sido em decorrência, basicamente, do pagamento do prêmio de R$ 521,94 milhões aos debenturistas.

É o que aparece nas demonstrações financeiras da companhia. E também o que foi comunicado em teleconferência, em 24 de março de 2011, para operadores do mercado, conduzida pelo vice-presidente do Conselho de Administração da JBS S.A., Wesley Mendonça Batista, e pelo diretor de Relações com Investidores, Jeremiah O'Callaghan – este acrescentou que também pesou no resultado a recompra de ações no valor de R$ 208 milhões.

Eu apostaria que a multa devida ao BNDES jamais foi paga. Em entrevista publicada em novembro de 2010 pelo jornal *O Estado de S. Paulo*, a reportagem perguntou: "Vocês estão renegociando a dívida de US$ 300 milhões com o BNDES?".

"Acho muito normal e razoável uma companhia que levantou US$ 2 bilhões pagar US$ 300 milhões. Mas as pessoas esquecem o tamanho da JBS", respondeu Batista. "Não acho essa questão relevante."

O repórter não se deu por satisfeito e rebateu: "Mas o senhor vai pagar a multa ou tentar renegociar?".

Joesley Batista, então, pareceu um tanto nervoso. "Às vezes não entendo repórter, me desculpa, mas não sei como as pessoas me perguntam isso. É contratual. Está lá; é líquido e certo. É como dizer: você vai pagar o cartão de crédito? Vou. Eu fico frustradíssimo. Por que essa multa? Inalca e Argentina rendem tanta matéria nos jornais!", disse ele.

Em 13 de agosto de 2010, numa teleconferência para comentar com analistas de mercado os resultados da JBS no segundo trimestre de 2010, Batista também falou sobre a multa[45]. "Quanto mais passar o tempo, eu acho que a empresa [JBS USA] vai se valorizar mais do que os US$ 300 milhões... Estamos apresentando bons resultados; enquanto tiver isso, eu quero postergar, porque vou converter [as ações] a um preço mais favorável", comentou ele. E prosseguiu tergiversando, misturando a questão da multa com a abertura do capital nos Estados Unidos. "Se fôssemos fazer o IPO no início do ano, seria sobre o número de 2009..., se for fazer em 2011, provavelmente vamos ter o ano todinho de 2011, o que significa que o preço dos US$ 300 milhões vira uma fração", afirmou. "Idealmente, deveria fazer um ótimo resultado em 2010, fazer um melhor ainda em 2011, e qualquer tratativa usaria números de 2011, porque a empresa vai valer muito mais do que hoje. Idealmente, seria idiotice nossa querer fazer logo, não tenho por que correr."

Batista lembrou aos analistas que o BNDES era um grande acionista da JBS, já que possuía 17% da companhia. "Ele [BNDES] não vai fazer um negócio contra a empresa. Ele tem total interesse de ver essa ação de R$ 8,00 subir para R$ 20,00[46]", prosseguiu. O que isso poderia significar? O que seria fazer um negócio contra a empresa? Cobrar a multa de US$ 300 milhões?

"Muito provavelmente a operação não será em 2010, a não ser que mude alguma coisa... Vou ter dois anos para incrementar os resultados das empresas [ainda sustentava a fraude da fusão entre a JBS e o Bertin],

---

45 Os US$ 300 milhões equivaleriam à cobrança de juros de 7,5%/ano que o BNDES poderia cobrar em dinheiro da companhia, uma forma de remunerar o investimento do banco. Entretanto, com o IPO da JBS USA realizado, o investimento seria pago com ganhos de mercado pela possível valorização dos papéis.

46 A previsão de Joesley Batista somente veio a se concretizar no dia 25 de abril de 2019, quando a ação JBSS3 fechou cotada a R$ 20,49, depois de patinar abaixo de R$ 10,00 desde sempre até o final de novembro de 2018, quando esta iniciou uma trajetória de valorização.

ganhar sinergias, melhorar os lucros para poder valorizar o melhor possível", disse o empresário.

Isso mais parecia discurso articulado com a direção do BNDES, em alguma reunião de negociação. Mas, arrematando, ficamos diante de duas hipóteses: uma, contrariando tudo que foi falado antes a respeito de um possível perdão da dívida e transformação do valor como parte do "resultado de equivalência patrimonial".

Nesse caso, a JBS teria conseguido transformar o valor da multa a ser paga ao BNDES em um novo empréstimo, ou foi dinheiro que foi para o ralo da corrupção? A segunda é que o BNDES, como sócio do empreendimento, "não fez nada contra a empresa"; ou seja, fez de conta que nada aconteceu e confirmou nossas suspeitas iniciais.

Restam dúvidas, é claro. Se a JBS não pagou à BNDESPar a multa contratual; se a BNDESPar encobriu o não pagamento com a atualização do valor de sua equivalência patrimonial em igual valor; se a JBS apresentou prejuízo no balanço alegando o tal pagamento, supostamente não realizado; se tudo isso ocorreu mesmo, onde foi parar o dinheiro? Será que parte desse montante também entrou na "caixinha" que a JBS mantinha em contas no exterior para financiar políticos?

E o prejuízo dado à BNDESPar e aos sócios minoritários, incluindo a Caixa Econômica Federal, por meio do Funcef e Petrobras, via Petros e o PROT Fundo de Investimentos em Participação, que tinha como maior contribuinte a BNDESPar, que também tinha o Funcef e o Petros como parte, com a conversão das debêntures em ações da JBS S.A., por método diverso do contratual?

Isso foi perguntado ao próprio Joesley Batista, em 21 de junho de 2017, quando ele prestou depoimento na Superintendência Regional da Polícia Federal do Distrito Federal à delegada Danielle de Meneses Oliveira Mady.

Eis a transcrição de sua resposta:

QUE a respeito do preço de conversão das debêntures subscritas pela BNDESPar na operação de abertura de capital da JBS USA e dispensa de prêmio, o depoente esclarece que a fórmula para precificação do valor das ações foi abandonada porque estava jogando o preço das ações para baixo; QUE em negociação com CAIO [Melo] [superintendente do BNDES], o depoente comprovou que a abertura do capital em maio/2011 redundaria em enorme prejuízo para o BNDES, porque o mercado americano não estava favorável à operação; QUE, entretanto, a abertura de capital nos EUA poderia ser exercida pela empresa; QUE, em negociação, a JBS S.A. abriu mão do direito de converter as debêntures na JBS USA, o que traria prejuízos à BNDESPar, e, por sua vez, a instituição abriu mão de converter as debêntures utilizando a fórmula estabelecida na escritura; QUE as partes entraram em consenso e adotaram uma terceira fórmula, evitando perdas tanto para o BNDES quanto para a empresa.

A contabilidade impressiona. Pelos cálculos dos técnicos do Tribunal de Contas da União (TCU), somente o "acordo" envolvendo a conversão das debêntures por ações da JBS S.A., tomando-se como base os cem últimos pregões – e não os 60 contratuais –, teria causado um prejuízo de R$ 266,7 milhões ao BNDES.

No relatório de demonstrações contábeis referentes ao ano de 2010, emitido pela JBS, é explicada a transação com o BNDES para que a companhia conseguisse que o banco subscrevesse as debêntures.

Veja como elas deveriam ser convertidas pelos 60 últimos pregões:

Demonstrações contábeis acompanhadas do Parecer dos Auditores Independentes – 31 de dezembro de 2010 e 2009

A companhia emitiu no dia 28 de dezembro de 2009 a quantidade de 2.000.000 de debêntures, ao valor nominal unitário de R$ 1.739,80. O valor total das debêntures é de R$ 3.479.600, sendo os custos inerentes à transação de R$ 17.388, não existindo prêmios nesse processo de captação, equivalentes na data da emissão das debêntures a US$ 2 bilhões, de acordo com a respectiva escritura de emissão.

Os 2.000.000 de debêntures são mandatoriamente permutáveis por certificados de depósito de valores mobiliários (Brazilian

Depositary Receipts – BDRs), patrocinados de nível II ou III, lastreados em ações ordinárias votantes de emissão da JBS USA, ou mandatoriamente conversíveis em ações de emissão da companhia, caso essa não realize o evento de liquidez.

A companhia recebeu, no dia 22 de dezembro de 2009, correspondência da BNDES Participações S.A. – BNDESPar, comunicando a aprovação da realização de investimento mediante subscrição de debêntures subordinadas, conversíveis em ações e com cláusula de permuta da primeira emissão privada da companhia, a ser realizada em série única.

Tendo em vista o encerramento do prazo final de rateio de sobras na emissão das debêntures, a companhia comunicou, no dia 19 de fevereiro de 2010, com base em informações fornecidas pelo Banco Bradesco S.A., instituição depositária das debêntures da companhia, que foram subscritas a totalidade das debêntures emitidas, conforme aprovado em Assembleia Geral Extraordinária da companhia, realizada em 31 de dezembro de 2009.

O prazo de vencimento das debêntures será de 60 anos, contado da data de emissão, vencendo-se as mesmas, portanto, em 28 de dezembro de 2069.

*Cada uma das debêntures será única e exclusivamente nas seguintes hipóteses, convertida em ações de emissão da companhia: (i) no caso de não verificação do Evento de Liquidez no prazo estabelecido na escritura, (ii) no caso de não verificação de certos requisitos descritos na escritura, ou (iii) nas hipóteses de Vencimento Antecipado previstas na escritura. A quantidade de ações ordinárias de emissão da companhia nas quais as debêntures serão convertidas decorre da divisão entre (a) seu valor nominal unitário, acrescido de um prêmio de 10% (dez por cento); e **(b) o preço de conversão, determinado com base na média ponderada por volume do preço da ação ordinária de emissão da companhia em negociação ("JBSS3") nos 60 (sessenta) pregões** imediatamente* *anteriores à data da efetiva conversão das debêntures, média esta ajustada para proventos declarados, limitado a um piso de R$ 6,50 (seis reais e cinquenta centavos) por ação e um teto de R$ 12,50 (doze reais e cinquenta centavos) por ação ("Conversão em Ações").*

A verdade é diferente: a conversão foi feita com base nos cem últimos pregões, porque senão o BNDES passaria a deter mais de 33,3% das ações da JBS e, portanto, deveria adquirir o restante da companhia, conforme determina a Lei das Sociedades Anônimas.

Isso também demonstra que o BNDES não fez a correta avaliação do volume de dinheiro que estava disponibilizando para a JBS – o montante foi muito superior ao que o banco poderia aplicar na companhia.

Em seguida, a JBS informou que determinou ao agente fiduciário que prorrogasse a data limite do evento de liquidez e que teria pagado o prêmio de R$ 260,97 para cada debênture emitida, totalizando os R$ 521,94 milhões.

Mas, embora o título da nota seja pagamento à BNDESPar, existiam debenturistas minoritários.

Pagamento de prêmio de Debêntures à BNDESPar

Conforme divulgado ao mercado no dia 26 de dezembro de 2010, a companhia notificou a Planner Trustee DTVM Ltda. (Agente Fiduciário) para prorrogar a data limite do evento de liquidez até 31 de dezembro de 2011 e efetuou o pagamento do prêmio no valor bruto de R$ 260,97 (duzentos e sessenta reais e noventa e sete centavos) para cada debênture emitida, totalizando R$ 521.940.000,00, nos termos dos itens III.16.1.2. e III.21.a.vi. da Escritura da 1ª Emissão de Debêntures Conversíveis em Ações ("Debêntures da 1ª Emissão"). O Banco Mandatário e Agente Escriturador (Banco Bradesco S.A.) iniciou o pagamento aos debenturistas em 23 de dezembro de 2010.

No relatório de demonstrações contábeis de 2011, um ano depois de a JBS ter informado que havia pagado a totalidade da multa de US$ 300 milhões, a empresa informa que "em 31 de dezembro de 2011 a companhia possui um saldo remanescente a pagar para os debenturistas no montante de R$ 1.283.000,00, que será quitado no decorrer do exercício de 2012".

Isso se refere aos debenturistas que não exerceram a opção de capitalização de suas debêntures. E é estranho que a JBS, que teve dinheiro para pagar a BNDESPar, não teria R$ 1,2 milhão para pagar os demais debenturistas, que somente iriam receber ao longo do exercício fiscal de 2012, não é mesmo?

As coisas não fecham.

Joesley Batista, em seu depoimento à Polícia Federal, referido anteriormente, nada falou sobre o não pagamento do prêmio de 10%, que, de acordo com relatório do TCU, o BNDES teria renunciado "ao prêmio de 10% do valor da operação, no momento da conversão das debêntures em ações, o que representa claro indício de dano ao erário no montante de R$ 347.756.791,36, equivalentes a aproximadamente 49,72 milhões de ações da JBS".

O prêmio de 10% não foi pago. Isso foi confirmado em outra ocasião pelo empresário Joesley Batista, que justificou que somente seria válido se tivesse havido a conversão das debêntures em papéis da JBS USA, sendo muito estranho tal entendimento, já que isso não tem amparo contratual.

A BNDESPar disse ao *Valor Econômico* que a multa de 10% da escritura foi levada em conta ao se entender que o preço-alvo de R$ 8,44 para as ações da JBS no final de 2011, conforme previsto pelo banco, estaria acima de um preço-alvo neutro, que seria de R$ 7,74.

Não há explicação de onde tiraram esse número.

Os técnicos do TCU perceberam, de maneira precisa, que havia preocupação, não com o BNDES, mas, sim, que a JBS tivesse prejuízo. Afirma o relatório do tribunal: "Para sanar a questão da diluição, poderia a BNDESPar ter buscado, em conjunto com a JBS, outra solução econômico-financeira que não resultasse em cessão graciosa de dinheiro público".

Além disso, o TCU enfatizou que o BNDES, como gestor de recursos públicos federais, não poderia abrir mão da multa de 10%:

> *O BNDES gere dinheiro público, não podendo renunciar a um direito creditício adquirido contratualmente, que tem o potencial de financiar muitos projetos de interesse público, para beneficiar apenas uma grande empresa.*

O dano total decorrente da conversão de debêntures em valor acima ao estipulado em contrato e a renúncia tácita ao prêmio de 10% a que teria direito o banco, atualizado pelo MPF, foi a bagatela de R$ 1.171.076.351,28.

"É de se destacar que a BNDESPar deveria ter atuado nessas operações nos mesmos moldes de entidades privadas que visam o lucro, pois essa é sua função precípua. Aliás, com muito mais zelo, já que os recursos para investimentos privados são públicos", pontuou a denúncia do MPF.

O homem por trás dos crimes da JBS

A JBS ganhou algum dinheiro vendendo carne e ficou bilionária comprando políticos.
Autor desconhecido

O recifense Luciano Galvão Coutinho, nascido em 1946, é filho do médico Amauri Coutinho – que, por vários anos, foi diretor da Faculdade de Medicina da Universidade Federal de Pernambuco (UFPE).
No final de 1960, Coutinho mudou-se para a capital paulista, onde estudou Economia na Universidade de São Paulo (USP). Dez anos depois, concluiu o mestrado na mesma universidade. Logo em seguida, por receio de ser preso pelos militares durante o regime ditatorial, autoexilou-se nos Estados Unidos. Lá fez doutorado, concluído em 1974, com tese sobre empresas multinacionais (*The Internationalization of Oligopoly Capital*).
Quando voltou ao Brasil, no fim da década de 1970, passou a dar aulas no Instituto de Economia da Universidade Estadual de Campinas, a Unicamp, onde se tornou professor titular. O professor Luciano Coutinho, então filiado ao PMDB, teve participação ativa na formulação do plano de governo dos candidatos à Presidência da República, Ulisses Guimarães e

Tancredo Neves. Na gestão José Sarney ele foi alçado ao governo federal: ocupou o cargo de secretário-geral do Ministério da Ciência e Tecnologia.

Coutinho também era visto por muitos caciques do partido como carreirista e burocrata. Muitos o tachavam como "uma espécie de curinga da burocracia estatal dita de oposição, que sempre apresenta propostas em solução para tudo e para todos, desde que lhe ofereçam cargos vantajosos".

Em 1994, o economista coordenou um estudo de grande envergadura, denominado Estudo da Competitividade da Indústria Brasileira, financiado em parte pelo Banco Nacional de Desenvolvimento Econômico e Social (BNDES), articulado com diversas universidades e centros de pesquisas brasileiros – e envolvendo quase uma centena de especialistas.

Em 1º de maio de 2007, Luciano Coutinho assumiu a presidência do BNDES, indicado pelo então presidente Lula. Não era o nome preferido do ministro da Fazenda, Guido Mantega – que queria manter no cargo o presidente da instituição, Demian Fiocca –, tampouco do ministro do Desenvolvimento, Miguel Jorge – que preferia Gustavo Murgel, seu colega no banco Santander e ex-vice-presidente do banco.

Coutinho, originalmente do PMDB e com passagem pelo PSDB, era então filiado ao PSB. Roberto Amaral, vice-presidente do Partido Socialista Brasileiro (PSB), afirmou ao *Jornal do Brasil*:

> *Nós não disputamos cargos. Mesmo porque, se o fizéssemos, iríamos perder todos para o PMDB, que tem muito mais experiência nesse assunto. Mas posso dizer que Luciano Coutinho é realmente um quadro do partido. Ele foi candidato pela legenda a deputado federal e tem participado de todos os seminários internos sobre economia. Nós o respeitamos muito.*

Em 3 de maio de 2007, Luciano Coutinho, já empossado presidente do banco estatal, afirmou que sua prioridade seria financiar as empresas que tivessem condições de competir no mercado internacional e que aumentassem as exportações brasileiras. Tal política de internacionalização de empresas brasileiras não nasceu com Luciano

Coutinho. Havia sido iniciada dois anos antes pelo então presidente do BNDES, Guido Mantega, com o apoio do ex-presidente Lula[47].

Quinze dias depois, em 18 de maio, Coutinho afirmava que o banco estudava reduzir os juros de financiamento para empresas exportadoras mais afetadas pelo dólar desvalorizado. "Além de uma suavização das taxas de juros e dos *spreads*, para tornar o financiamento mais barato, nós vamos melhorar as condições de financiamento à exportação para esses setores", afirmou Luciano Coutinho à imprensa.

Em 27 de junho, ele compareceu à audiência pública na Comissão de Desenvolvimento, Indústria e Comércio da Câmara dos Deputados, onde destacou o apoio do BNDES à compra do frigorífico Swift Argentina pelo grupo brasileiro JBS. Em seu discurso, o caso era exemplo do que o governo pretendia com a nova política industrial, que daria apoio à internacionalização de grandes empresas nacionais. "A ideia é fortalecer grandes empresas brasileiras de atuação global nos setores em que o país é competitivo, como o de *commodities*", reafirmou.

Dez dias depois, o Tribunal de Contas da União (TCU) solicitava ao BNDES dados sobre o empréstimo feito à JBS para a compra do frigorífico Swift Argentina. O TCU não concordava que o BNDES transformasse o empréstimo de R$ 1,4 bilhão em participação acionária de 19%.

"Falta transparência ao BNDES quando o negócio é emprestar para o setor privado." Essa afirmativa teria sido feita pelo próprio Luciano Coutinho. Foi divulgada pelo *Jornal do Brasil* no dia 13 de agosto de 2007.

---

47 Na denúncia apresentada pelo MPF-DF contra a ORCRIM do BNDES, é citado o depoimento de Victor Garcia Sandri, que esclarece o seguinte: "No final de 2005, com a intermediação de Mantega, que era o 'gerente do projeto', apresentamos o projeto de internacionalização [da JBS] ao presidente Lula no Planalto. Presentes da parte da Friboi: eu, Gonçalo [advogado e empresário], Joesley e seu pai. Lula agradeceu o engajamento do grupo no projeto do governo de criação de empresas brasileiras globais. 'Chega de gringo comprar empresa brasileira; está na hora de empresário brasileiro ir lá fora e comprar empresa.' Lembro-me de uma frase dele: 'Eu serei garoto-propaganda da indústria da carne brasileira no mundo'. Todos nós ficamos impressionados com a mensagem forte, idealista e patriótica que o ex-presidente transmitiu. Tínhamos o apoio total do governo na política de expansão no exterior de empresa nacional e a Friboi já era líder nacional em seu setor". (E-PROC: 2327684-2017.4.01.34.00 - IPL Nº 1081/2016 – OPERAÇÃO BULLISH)

Na denúncia apresentada pela Operação Bullish, o Ministério Público Federal (MPF) fez constar trecho de depoimento de Joesley Batista em que ele fala sobre sua relação, quase íntima, com Coutinho e o corpo técnico do banco:

> *Recordo-me ainda que, entre 2007 e 2008, durante esse processo de prospecção, houve uma viagem aos Estados Unidos, com o objetivo de visitar as plantas da Swift já adquiridas pela companhia e assim conhecer a JBS USA. A ideia era mostrar que o investimento feito na aquisição da Swift gerou resultados positivos. Participaram dessa viagem, eu, Sérgio Longo, Eduardo Rath Fingerl, Caio Melo e Júlio Ramundo, sendo que não lembro de outros. A essa altura, eu já tinha boa interlocução direta com o presidente Luciano Coutinho. Assim, no dia em que fechamos os negócios da Smithfield/Five Rivers e National Beef, eu liguei para ele, confirmando se eu poderia seguir adiante e firmar compromisso de tais aquisições, confiando no apoio do banco. Luciano Coutinho respondeu de forma positiva. Tal negócio gerou o pagamento de 4% de propina sobre o valor investido pelo BNDES e Fundos. O valor foi pago a Victor Sandri, a partir da conta Valdarco (offshore de minha titularidade) para contas no exterior indicadas por ele, pertencentes a empresas offshore denominadas Lirium e Orquídea.*

O MPF também afirmou que Luciano Coutinho sempre cedia às pressões do ex-ministro Guido Mantega – para atender às demandas da JBS com tratamento privilegiado:

> *Como se observa, MANTEGA era informado de tudo por VICTOR, sendo o responsável por garantir a celeridade necessária no tratamento dado pelo BNDES ao caso. Ao pressionar LUCIANO COUTINHO, MANTEGA fazia chegar à área técnica do BNDES a necessidade de atender ao projeto de governo: tratamento privilegiado à JBS à custa do Sistema BNDES-BNDESPar.*

Em 18 de agosto de 2008, Luciano Coutinho foi eleito Economista do Ano pela Ordem dos Economistas do Brasil (OEB). No discurso, falou sobre a Política de Desenvolvimento Produtivo (PDP) do BNDES:

> [...] O desenvolvimento de um sólido padrão de financiamento doméstico para suporte ao investimento é requisito sine qua non para o desenvolvimento virtuoso da economia brasileira, especialmente no que se refere à oferta de fundos de longo prazo. O aperfeiçoamento do nosso sistema tributário deveria privilegiar esse objetivo de reforço à poupança doméstica e ao financiamento dos investimentos.
>
> A outra vertente de um processo virtuoso de desenvolvimento tem a ver com a política industrial. O lançamento em maio passado da PDP – Política de Desenvolvimento Produtivo –, tendo como foco principal a dinamização dos investimentos da indústria e dos serviços, com ênfase na inovação e na promoção da competitividade, é a base da resposta necessária para prevenir a doença holandesa. A eficácia da PDP, obviamente, depende em parte da trajetória da taxa de câmbio. Não é desejável a permanência tendencial de uma taxa de câmbio sobrevalorizada. De outro lado, a aproximação da taxa efetiva de câmbio de uma trajetória sustentável para o balanço de pagamentos precisa ser conduzida de modo compatível com o controle da inflação, mantido o regime de flutuação com as intervenções necessárias de esterilização dos excessos.
>
> A PDP não visa apenas assegurar que um fluxo ascendente de investimentos crie nova capacidade de oferta em ritmo compatível com a expansão da demanda – condição essencial para crescer com estabilidade. A nova política almeja mais: quer promover a inovação de modo sistêmico e em todos os setores para acelerar os ganhos de produtividade. Mantém e reforça o fomento às tecnologias da informação e às biotecnologias. Pretende estimular estratégias de desenvolvimento competitivo em um amplo leque de setores da economia brasileira que precisam acelerar seus processos

> *de modernização da produção, gestão e governança. Ambiciona promover a liderança exportadora, o fortalecimento e a expansão internacional das empresas brasileiras que já revelaram vocação competitiva e eficiência inconteste. Reconhece a competitividade brasileira, muitas vezes inigualável, na produção de commodities, mas almeja agregar a elas mais valor, marca e qualidade. A PDP dialoga com as políticas de ciência e tecnologia e se propõe a apoiar os nossos sistemas setoriais de inovação. [...]*

Durante a campanha eleitoral de 2018, poucos dias antes do segundo turno, Coutinho deu uma entrevista ao *DW* e falou sobre a acusação de falta de transparência no banco. "Existem duas *fake news*. A primeira, que o BNDES era uma caixa-preta. A segunda, essa estratégia de arrombar uma porta aberta, mostrar coisas que já eram acessíveis a qualquer cidadão. Isso faz parte meramente de um marketing meio raso, que tem como objetivo, às vezes, desviar a atenção de outros temas mais relevantes para o país", declarou. "Desde que ficou evidente o envolvimento de empreiteiras em ilícitos, o banco, ainda na minha gestão, suspendeu as operações com essas empresas até que os processos de regularização de leniência se concretizassem. Fico muito aborrecido quando vejo pessoas mal informadas relacionando o banco a redes de corrupção."

Entretanto não foi bem isso que apurou a Operação Bullish. Na denúncia apresentada à Justiça, o MPF afirma que, no âmbito de tais investigações, foi constatado que Coutinho operava tanto no núcleo político da organização criminosa quando no núcleo técnico.

Em seu depoimento à CPI do BNDES ocorrido no dia 14 de maio de 2019, o empresário Mário Celso Lopes afirmou que chegou a participar "de uma reunião com Joesley e Coutinho. Segundo relatou à Comissão, ele saiu da sala a pedido dos dois, que continuaram conversando". Lopes também disse aos parlamentares que o inquiriam na CPI do BNDES que "políticos importantes eram tratados pelos irmãos Batista como ativos, que eram computados como propriedade desses empresários, compondo inclusive a cota-parte deles".

Todos os desastres advindos da política de incentivo à indústria e empresas de serviços, escolhidas para serem "campeãs nacionais", e a relação nada transparente que se estabeleceu entre o BNDES e os empresários, com destaque para a família Batista, ainda deverá ser motivo de muito trabalho investigativo por parte do MPF e da PF. Assim, a Justiça agora terá de decidir o que fazer com a organização criminosa que, ao que tudo indica, era comandada por Luciano Coutinho e Guido Mantega – ambos usaram e abusaram do BNDES em ajuda aos grandes empresários e carreando propina para políticos do Partido dos Trabalhadores e para agentes públicos.

Para amarrar as pontas

Estamos vivendo um novo momento, que tem gerado uma reflexão maior sobre o tema [sócios minoritários]. Muitas vezes os controladores usam a companhia como uma propriedade que seria só sua.
André de Almeida
Sócio do escritório Almeida Advogados

Análises de auditores do Tribunal de Contas da União (TCU), resultados de investigações de técnicos da Receita Federal e conclusões de trabalhos conduzidos pela força-tarefa da Operação Bullish ampliaram, em muito, o entendimento sobre o *modus operandi* dos irmãos Batista. Tudo isso ajudou a esclarecer melhor como eles operaram para que a JBS S.A. comprasse a Bertin S.A., quando tudo que era feito e divulgado indicava que estaria em curso um processo de fusão entre ambas as companhias[48].

Os irmãos Batista e os executivos do grupo J&F que assinaram acordo de delação premiada com a Procuradoria-Geral da República (PGR) parece que acreditaram que poderiam continuar escondendo fatos criminosos cabeludos, porque o procurador-geral, Rodrigo Janot, teria ficado satisfeito com a relação dos políticos cooptados pelo grupo J&F.

---

[48] Disponível em: <https://politica.estadao.com.br/blogs/fausto-macedo/wp-content/uploads/sites/41/2019/03/DEN%C3%9ANCIA.pdf>. Acesso em: 28 abr. 2019.

Mas isso é o primeiro passo para escancarar a caixa-preta do BNDES. Um esquema que constitui uma das maiores fraudes acionárias já perpetradas no Brasil e que envolveu toda sorte de ilicitudes. Os crimes realizados durante a compra da Bertin S.A. não foram delatados à PGR – contrariando as regras do procedimento de delação premiada, que exige que todos os crimes praticados ou que se tem conhecimento devam ser relatados para que o criminoso possa receber os benefícios legais.

Eis o sumário das irregularidades: a estrutura societária criada na transação analisada envolveu a utilização de pessoas jurídicas inexistentes, indicação falsa de detentores de fatia societária, *offshore* suspeita e "de ninguém", pagamento sem comunicação ao Fisco, suspeita de que tenha sido feito acordo secreto para desoneração fiscal compensatória para ganho extra do que foi comprado, além da evasão de divisas, evasão fiscal, lavagem de dinheiro, golpe nos sócios minoritários e outros ilícitos praticados pela JBS, em conluio com o Bertin, que redundaram em bilionário prejuízo para o erário e em benefício de empresas privadas.

Também participaram, como coautores dos mesmos crimes, ou foram omissos em seus deveres de ofício, embora ainda não denunciados pelo MPF, pessoas ligadas a um rol de instituições: Comissão de Valores Mobiliários (CVM), Conselho Administrativo de Defesa Econômica (Cade), Santander, J.P. Morgan Private Bank, Citibank DTVM e Socopa.

Não é crível que a JBS, o Bertin e o BNDES tenham entabulado uma negociação de tal envergadura, usando pessoas jurídicas fictícias, mentiras sem fim e ninguém tenha visto nada e analisado nada. Foi um grande conluio contra os interesses do Estado brasileiro, portadores de ações no Brasil e no exterior, em benefício de empresas privadas e, com certeza, alimentado com muita, muita propina.

Ponto a ponto, elencamos o passo a passo de como as famílias Bertin e Batista saíram bilionárias desse esquema todo:

1. O valor econômico das ações da Bertin S.A. (frigoríficos e subprodutos), por solicitação dos Batistas, foi avaliado – para fins de incorporação à JBS S.A. –, pela Apsis Consultoria Empresarial

Ltda., em R$ 13,56 bilhões, tendo sido apurado um endividamento líquido de R$ 4,1 bilhões[49];

2. Como iriam ser incorporadas apenas as divisões de carnes, alimentos processados e couros (não entrou a divisão de higiene e limpeza nem outras menores, como latas, pet, fibra de colágeno), o valor econômico ficou em R$ 11,98 bilhões – soma esta acrescida ao capital social da JBS S.A., sendo R$ 8,76 bilhões convertidos em ações da JBS S.A. e os restantes R$ 3,21 bilhões relativos à assunção de dívidas líquidas das divisões que seriam incorporadas;

3. As ações da parcela da Bertin S.A. que iria fazer parte da fusão tinham valor escritural de R$ 1,68 bilhão, por esta não ser companhia de capital aberto. Tais ações foram entregues pela Bertin S.A. à JBS S.A.;

4. A JBS S.A, em troca, "transferiu ao Bertin FIP" ações de sua emissão no valor total de R$ 8,76 bilhões. Estas deveriam ser entregues à FB Participações S.A., que passaria a deter todas as ações da JBS S.A.;

5. Ato contínuo, o Bertin FIP entregou essas ações à holding controladora da JBS S.A. Entretanto, as ações que valiam R$ 8,76 bilhões foram registradas na FB Participações S.A. pelo valor de apenas R$ 4,9 bilhões;

6. Seguramente, durante as negociações, os Bertin e os Batistas arquitetaram um plano para evitar o pagamento de IRPJ e CSLL ao fim do período de diferimento de tais tributos, em 2019. Com isso, cerca de R$ 2 bilhões poderiam ser economizados em tal transação;

7. Para tanto, fizeram aquela matemática esdrúxula que a Receita Federal não engoliu: R$ 8,76 bilhões (valor integralizado de forma simulada no Bertin FIP, já que ele não era pessoa jurídica) menos R$ 4,9 bilhões (valor integralizado na FB Participações S.A.) = R$ 3,86 bilhões (suposto prejuízo para os Bertin, o que evitaria o pagamento futuro de IRPJ e CSLL);

8. O valor projetado de tributos que poderia ser economizado, claro, não foi desembolsado pelos irmãos Batista. Eles decidiram assumir o risco. Segundo o jornal *O Estado de S. Paulo*, "um acordo entre

---

[49] Apsis. Laudo de Avaliação RJ-0477/09-01. Rio de Janeiro, 2009. Disponível em: <https://jbss.infoinvest.com.br/ptb/655/Laudo%20Incorpora%E7%E3o%20BERTIN_valor%20econ%F4mico%20(2).pdf>. Acesso em: 20 jun. 2019.

eles [Bertin e Batista], datado da época da fusão, previa que a J&F Investimentos S.A. assumiria possíveis contestações futuras"[50];

9. Os técnicos da Receita Federal incumbidos da análise do caso deram uma ajuda para acertar os números, de acordo com a realidade: R$ 1,68 bilhão (valor escritural das ações da Bertin S.A. entregues à JBS S.A.) - R$ 8,76 bilhões (valor integralizado no Bertin FIP) = lucro de R$ 7,08 bilhões sobre os quais os Bertin deveriam pagar IRPJ e CSLL;

10. Como o pagamento dos tributos seria feito somente ao final do prazo de vigência do Bertin FIP (2019), a JBS S.A., que montou toda a estrutura e que tinha domínio sobre as operações acionárias, tratou de transferir as ações que estavam em nome da Bracol Holding Ltda. E depois, as que estavam em nome da Tinto Holding Ltda., para a Blessed Holdings LLC, de propriedade indireta de Joesley e Wesley Batista. Assim, garantia-se que o patrimônio ficasse blindado e fora do alcance do Fisco;

11. Mas o fictício Bertin FIP também tinha de sair da jogada antes de toda a trama ser descoberta. Foi, então, substituído pelo FIP Pinheiros – este, sim, real e dos irmãos Batista, que num passe de mágica compraram as ações restantes em poder da Tinto Holding Ltda., depois de um entrevero simulado, em 2013, entre as famílias Bertin e Batista;

12. Não se sabe por quanto, de fato, foi comprada a última parcela de ações dos Bertin, nem a forma como elas foram pagas. Mas, muito provavelmente, a transação ocorreu no exterior;

13. Oportunamente, também saíram de cena o FIP Pinheiros e a FB Participações S.A. Todas as ações passaram para a propriedade da J&F Investimentos S.A. e do Formosa Multiestratégia FIP, que são os atuais controladores da JBS.

Divulgar que os Batistas compraram o Bertin assumindo suas dívidas brutas de R$ 4,1 bilhões, dando 10% de ações da JBS e pagando em dinheiro a quantia de R$ 750 milhões é achar que todo brasileiro é idiota.

---

50 O TEMPO. "Procuradoria quer fim da fusão entre JBS e Bertin". Agência Estado. São Paulo, 2017. Disponível em: <https://www.otempo.com.br/economia/procuradoria-quer-fim-da-fus%C3%A3o-entre-jbs-e-bertin-1.1473717>. Acesso em 28 jun. 2019.

A jornalista Raquel Landim, no livro *Why Not: como os irmãos Joesley e Wesley, da JBS, transformaram um açougue em Goiás na maior empresa de carnes do mundo, corromperam centenas de políticos e quase saíram impunes*, deixou-se levar por essa cantilena e, com seu brilhante estilo, quase tornou o crime dos irmãos Batista algo glamoroso:

> [...] Já era de madrugada quando Joesley arrancou uma folha de um dos blocos sobre a mesa e escreveu os termos do negócio que acabara de fechar com Natalino Bertin: "Bertin S.A. Dívida de 4 bilhões. Paga R$ 750 milhões e 10% das ações. A data era 12 de agosto de 2009 e os dois assinaram logo abaixo [...] Em seguida, Joesley, Zé Mineiro e Mário Celso comemoraram tomando chope e comendo pizza num restaurante simples, perto da casa do empresário, no alto da Lapa, Zona Oeste de São Paulo. [...](LANDIM, Raquel. Ed. Intrínseca. 2019)

O grupo Bertin entrou em processo de recuperação judicial em agosto de 2018, acumulando uma dívida da ordem de R$ 10 bilhões. De acordo com *Relatório Reservado*, publicado em 29 de agosto de 2018, isto está motivando "credores pesos-pesados a vasculharem a possível existência de ativos da família Bertin que estariam sendo mantidos longe do alcance de bancos, fornecedores e ex-funcionários da companhia, além da própria Justiça"[51].

Segundo reportagem da *IstoÉ Dinheiro*, "em caso de uma decisão judicial que cancele a fusão, os impactos podem ser gigantescos. Fontes próximas ao grupo Bertin dizem que os R$ 4 bilhões de multa poderão parar direto na conta da J&F Investimentos", holding dos Batistas que controla a JBS.

Não deveriam ser somente os R$ 4 bilhões de multa, mas também a punição por utilizar pessoa jurídica inexistente, como o caso do Bertin FIP, e pela evasão de divisas praticada com a constituição da Blessed Holdings LLC, além das sanções que deverão ser aplicadas pela CVM

---

51 RELATÓRIO RESERVADO. "Credores apertam o cerco contra o Bertin". São Paulo, 29 ago. 2018. Disponível em: <https://relatorioreservado.com.br/credores-apertam-o-cerco-contra-o-bertin>. Acesso em: 10 mar. 2019.

pelo prejuízo dado aos minoritários e por sonegar informações valiosas durante tantos anos – além de colocar em risco a credibilidade da instituição e do novo mercado.

Por tudo já descoberto, a incorporação deveria ser desfeita. Se isso não acontecer, pelo menos que os crimes sejam expostos e individualizados para que a Justiça possa definir o quanto cada um contribuiu e deve, por isso mesmo, pagar em penas de prisão e pesadas multas.

O mais razoável a se considerar é que Joesley Batista e seus assessores jurídicos e financeiros teriam criado uma engenharia financeira com o propósito de fraudar e, assim, ganhar mais dinheiro. A primeira jogada de mestre consistia em tirar das garras do Leão mais de 25% da JBS S.A., por meio da Blessed Holdings LLC – blindando, assim, parcela significativa de seu patrimônio com o uso de seguradoras sediadas em paraísos fiscais.

Também se planejou aliviar a família Bertin de pagar o Imposto de Renda de Pessoa Jurídica (IRPJ) e a Contribuição Sobre o Lucro Líquido (CSLL) sobre o ganho de capital auferido pela diferença entre o valor escritural de suas ações, que foram transferidas para a JBS S.A. no valor de R$ 1,68 bilhão, e o valor de sua participação inscrita na FB Participações S.A., de R$ 4,9 bilhões. Para tanto, Batista apresentou aos Bertin a ideia de que a prestação de contas fosse feita entre o valor das ações recebidas pelo Bertin FIP (R$ 8,8 bilhões) e o valor inscrito na FB Participações S.A. (R$ 4,9 bilhões) – aritmética que resultaria em prejuízo, isentando os Bertin de pagar os tributos referidos. Provavelmente, não houve consenso entre os participantes da reunião que definiu essa insidiosa tática. Batista assumiu o risco: comprometeu-se com o negociador da Bertin S.A., o sócio Natalino Bertin, que se a tramoia desse errado, ele arcaria com as consequências.

Em 2019, Natalino Bertin foi preso em Tremembé, depois de condenado a quatro anos e dois meses pela Lava Jato. Mas tanto ele quanto Joesley Batista precisam responder por mais esse crime, que foi a maior fraude acionária e fiscal praticada por uma empresa brasileira. Por tudo que foi demonstrado, o mais correto, já que é quase impossível desfazer o negócio, seria punir severamente os donos da JBS S.A. e da Bertin S.A. Além, é claro, de todos os demais envolvidos (bancos, corretoras, consultorias, bancas de advogados, BNDES, Cade, CVM).

JBS USA: uma outra história americana

Perigo! Perigo! Perigo!
Robô da série Perdidos no Espaço,
produzida entre os anos 1965 e 1968 e
de grande sucesso no Brasil.

Uma planta de abate e processamento de animais da JBS na Pensilvânia, nos Estados Unidos, recebeu uma carta da Administração de Alimentos e Medicamentos dos Estados Unidos (FDA, na sigla em inglês). Era uma notificação: a empresa estava praticando "severas violações" às normas federais.

Após bateria de inspeções realizada em 2018, o órgão encontrou em produtos animais da JBS, incluindo sebo, uma droga chamada pentobarbital. A substância, usada para anestesiar animais, é considerada não segura pelo FDA. A instituição também afirmou que a empresa violou seus padrões de fabricação porque não eliminou as matérias-primas e os ingredientes que continham a droga, que pode vir de animais sacrificados.

A JBS começava a ter problemas nos Estados Unidos.

O jornal britânico *The Guardian* foi fundo em reportagem publicada em 2 de julho de 2019:

Nos círculos financeiros brasileiros, o dia 17 de maio de 2017 é apelidado de "Joesley Day". É a data em que o poder e a influência da indústria de carnes do Brasil foram expostos em toda a sua glória e deram ao mercado de ações um grande impacto.

Era a data em que Joesley Batista, naquele momento, um dos controladores da maior empresa de empacotamento de carne do mundo, a JBS, foi ao encontro do então presidente Michel Temer e secretamente o registrou endossando pagamentos a um político notoriamente corrupto preso, para a corrupção política.

A notícia da gravação de Batista, parte de um acordo de barganha que ele e seu irmão Wesley assinaram para evitar uma investigação sobre a corrupção, foi publicada pelo site do jornal O Globo *e causou polêmica.*

O executivo da JBS, Ricardo Saud, subsequentemente declarou que a empresa havia subornado 1.849 candidatos políticos de todo o espectro político. "Era a regra do jogo. E o mais importante, a corrupção estava no andar superior, com as autoridades", disse Joesley ao jornalista Diego Escosteguy, da revista Época*. Na época, ele era CEO da J&F Investimentos, a holding do império da família.*

No dia seguinte ao Joesley Day, o mercado acionário brasileiro despencou quase 9%, seu pior colapso em nove anos. O dólar subiu. O mandato de Temer só sobreviveu quando o Congresso bloqueou as acusações de corrupção depois que ele concordou com orçamentos para projetos de legisladores individuais e fez concessões ao poderoso lobby do agronegócio. Desde que deixou o cargo, ele foi preso duas vezes em uma investigação separada sobre corrupção. Temer nega que tenha solicitado, participado ou autorizado os pagamentos para impedir a cooperação com os funcionários da justiça. Ele atualmente enfrenta uma série de acusações, incluindo corrupção, lavagem de dinheiro e extorsão – o que ele nega.

É uma história que dá uma ideia do poder dos magnatas da carne brasileiros. "O setor do agronegócio sempre esteve à frente de tudo no Brasil e os políticos sempre precisaram de seu apoio", disse a economista Monica de Bolle, diretora do programa latino-americano da Universidade John Hopkins, nos EUA.

"O setor é muito poderoso e não mostra muita vontade politicamente para ser mais transparente", disse Adriana Charoux, ativista florestal sênior do Greenpeace Brasil, acrescentando que as pastagens representam mais de 60% das áreas desmatadas da Amazônia.

O agronegócio vale mais de um quinto do PIB do Brasil, um dos poucos sucessos em uma economia tropeçando de uma crise para outra. O Brasil de tamanho continental tem condições perfeitas para a pecuária e é o maior exportador mundial de carne bovina.

"Quando você analisa a qualidade da água, clima, solo, a grande vantagem é brasileira", disse Thiago de Carvalho, professor de economia rural e gestão de agronegócios da Universidade de São Paulo.

As grandes empresas de carne do Brasil começaram principalmente como empresas familiares que se transformaram em multinacionais inteligentes, disse ele. A gigante BRF surgiu da fusão de 2009 entre as empresas Perdigão e Sadia – ambas fundadas no sul de Santa Catarina nas décadas de 1930 e 1940 por imigrantes italianos e seus descendentes, que construíram negócios de frango, porco, salsichas e refeições prontas.

Agora, a BRF está avaliando uma fusão com a Marfrig, uma gigante do setor de carne bovina fundada pelo ex-açougueiro e vendedor Marcos Molina dos Santos em 2000, com uma unidade de processamento de carne bovina em Bataguassu, uma pequena cidade no Mato Grosso do Sul. A Marfrig cresceu através da compra de outras empresas, incluindo produtores de peru e frango, antes de comprar a processadora de carne bovina norte-americana National Beef no ano passado.

A JBS, a maior de todas, foi fundada em 1953, quando o pai de Joesley Batista, José Batista Sobrinho, e o tio Juvensor compraram um pequeno matadouro em Anápolis, em Goiás. Três anos depois, começaram a fornecer carne para os trabalhadores que construíram a nova capital de Brasília. Em 2005, a empresa começou a se expandir internacionalmente para se tornar a maior empresa de processamento de carne do mundo.

De 2008 a 2013, sob os presidentes do Partido dos Trabalhadores, Luiz Inácio Lula da Silva e Dilma Rousseff, o Brasil impulsionou uma política de "campeões nacionais", ajudando a transformar empresas em multinacionais. O Banco Nacional de Desenvolvimento Econômico e Social (BNDES) concedeu empréstimos a juros baixos aos magnatas da carne, ajudando a acelerar sua expansão tanto em casa como no exterior.

O BNDES investiu R$ 400 milhões na oferta pública inicial da BRF em 2009 – 7,6% das ações – e forneceu "bilhões" de financiamento para a Sadia e a Perdigão. Colocou tanto dinheiro na Marfrig que agora possui um terço da empresa. Dentro de alguns anos, com a ajuda do BNDES, o setor de carne do Brasil se tornaria um dos maiores e mais poderosos do mundo. Em 2009, o banco injetou US$ 2,8 bilhões na JBS ao comprar a empresa americana Pilgrim's, tornando-se seu maior acionista.

Hoje, o Brasil é o segundo maior produtor de carne bovina do mundo – atrás dos EUA – e produziu um recorde de 1,6 milhão de toneladas de carne bovina no ano passado, um aumento de 11% em relação a 2017 e de US$ 6,6 bilhões.

Em março deste ano, promotores brasileiros impetraram acusações contra 12 pessoas, incluindo Joesley Batista, argumentando que a JBS havia subornado seu caminho para financiamentos baratos e investimentos do BNDES. Um juiz já aceitou acusações de crimes financeiros contra o ex-presidente do BNDES e ministro da Fazenda, Guido Mantega, e o ex-presidente do banco, Luciano Coutinho – que ambos negaram – e outros três. As acusações contra Batista foram rejeitadas por causa de seu acordo de barganha.

Carvalho ressalta que a JBS já estava se expandindo quando obteve o financiamento do BNDES. Cresceu porque cortou custos e aumentou a eficiência nas empresas que comprou, disse ele. "Joesley e Wesley entendem o negócio de comprar gado e vender carne".

A tumultuosa história de JBS é contada em Why Not, *um novo livro da repórter de negócios Raquel Landim. Ela descreveu Wesley como um gerente inteligente com um olhar atento aos detalhes e o mais extravagante Joesley como o tomador de risco. "Joesley é muito inteligente", disse ela. "Ele não tem escrúpulos."*

Enquanto crescia a JBS, Joesley comprou iates, um Lamborghini e apartamentos de luxo em Nova York, e se casou com a apresentadora de televisão Ticiana Villas Boas em uma suntuosa cerimônia na sede da empresa em São Paulo, com performances das artistas brasileiras Ivete Sangalo e Bruno & Marrone.

O ego de Joesley Batista pode ter tirado o melhor dele. Ele usou um dispositivo barato para registrar Temer e a má qualidade do som atrapalhou os procedimentos legais subsequentes. Ele e o executivo da JBS, Ricardo Saud, também sabotaram seu acordo de barganha quando entregaram aos promotores quatro horas de conversa acidentalmente gravada com álcool, durante a qual Joesley disse que podia ler a mente das pessoas e inadvertidamente revelaram que haviam quebrado os termos do acordo.

Joesley e Saud foram presos por seis meses e a Suprema Corte do Brasil ainda não decidiu se vai ou não negociar. Wesley foi preso por quase seis meses depois que ele e Joesley foram acusados e mais tarde acusados de insider trading – lucrando com a venda de ações e negociando em moeda estrangeira – antes de seu acordo de barganha emergir.

Enquanto isso, os problemas nos Estados Unidos se multiplicam. Três processos ajuizados contra os maiores frigoríficos da América podem ser consolidados, conforme determinou um tribunal federal de Minnesota no dia 10 de julho de 2019. Em decisão de nove páginas, a juíza Hildy Bowbeer disse que o tribunal supervisionará três ações coletivas propostas por fazendeiros e grupos industriais que alegam que os infratores da carne bovina conspiraram para reprimir preços e violar as leis federais antitruste.

Em 23 de abril de 2019, a R-CALF USA entrou com uma ação em Chicago contra a Tyson Foods, Inc., JBS SA, Cargill, Inc. e a National Beef Packing Company LLC e algumas de suas afiliadas. A alegação era de que, pelo menos a partir de 1º de janeiro de 2015 até o presente, os empacotadores conspiraram para deprimir o preço do gado alimentado que compraram de fazendeiros americanos, inflando assim suas próprias margens e lucros.

Três dias depois, em um tribunal de Minneapolis, as mesmas empresas de embalagem foram acusadas em uma ação coletiva contra um esquema similar de fixação de preços. Há um entendimento de que todos os consumidores que compraram produtos de carne bovina *in natura* ou congelada podem ter direito a reembolso. O processo alega que as empresas empacotadoras forçaram os consumidores a pagar preços inflacionados por carne, hambúrguer e outros produtos de carne bovina.

Um terceiro processo foi apresentado em 9 de maio de 2019, por Michael Sevy. Este afirma que, como comerciante de gado vivo, "sofreu danos de um mercado de futuros e opções de gado vivo manipulado". O processo alega que o "autor sofreu perdas monetárias transacionais em futuros e opções de gado vivo a preços artificiais diretamente resultantes do comportamento dos defensores do empacotamento, incluindo a supressão dos preços do boi gordo. Sevy afirma que a conduta das empresas teve o efeito de "manipular os preços dos contratos de futuros de gado vivo e/ou contratos de opção negociados no CME" em violação do Sherman Act.

Todas as três ações judiciais alegam que os empacotadores de carne bovina conspiraram para suprimir os preços da carne bovina, em parte concordando em reduzir os volumes de abate e restringir as compras. Os queixosos disseram que o conluio causou uma queda sem precedentes nos preços dos bois de corte em 2015.

Outras táticas de supressão de preços que os frigoríficos supostamente implantaram incluem a importação de um grande número de bovinos estrangeiros, a compra de gado durante uma estreita janela de 30 a 60 minutos às sextas-feiras e a redução dos volumes de abate.

Anteriormente, o porta-voz da Tyson, Gary Mickelson, havia divulgado um comunicado: "Estamos decepcionados por este caso infundado ter sido apresentado. Tal como acontece com ações semelhantes em relação a frango e carne de porco, simplesmente não há mérito para as alegações de que Tyson conspirou com concorrentes".

A Cargill também havia se manifestado. "Por muitos anos, a Cargill tem atuado como um parceiro de confiança para pecuaristas americanos, comprometidos em apoiar suas fazendas familiares e meios de subsistência. Acreditamos que as alegações não merecem, e estamos confiantes em nossos esforços para manter o mercado", pontuou, afirmando que a empresa prezava por "integridade e conduta ética nos negócios".

Um obstáculo para o sucesso dessas ações judiciais são as investigações anteriores do empacotador, incluindo uma revisão do Comitê Judiciário do Senado norte-americano em 2016 sobre o declínio nos preços do gado. O comitê disse que não encontrou evidências de conluio. Em 2018, o Escritório de Prestação de Contas do Governo dos Estados Unidos analisou o assunto a pedido do Comitê Judiciário. O escritório informou que a análise dos dados "indicou que os níveis de competição entre os embaladores que abatem e processam gado bovino não parecem afetar as mudanças de preços nacionais no mercado de gado de corte".

Em maio de 2019, o Walmart entrou com uma ação antitruste contra mais de uma dúzia de produtores de aves, incluindo a Pilgrim's Pride, uma subsidiária do conglomerado de frigoríficos brasileiros JBS USA. A empresa está atualmente recebendo mais de US$ 64 milhões como parte do resgate agrícola, enquanto sua controladora, a J&F Investimentos, está sob investigação.

O processo alega que a Pilgrim's Pride, sediada em Greeley, no Colorado, participou de uma conspiração para manipular os preços da carne de frango "coordenando sua produção e reduzindo a oferta de frangos no mercado", criando um ambiente "supracompetitivo". De acordo com documentos judiciais, fornecedores de frango destruíram matrizes para reduzir a oferta, resultando em um aumento de 50% no preço do frango no atacado entre 2008 e 2016. A JBS USA comprou uma participação majoritária na Pilgrim's Pride em setembro de 2009.

Em abril do mesmo ano, a Kraft, a Conagra e a Nestlé entraram com uma ação judicial contra vários produtores de aves, incluindo a Pilgrim's Pride, também para fixação de preços. Dois meses antes, a Pilgrim's Pride foi processada por dois grupos de vigilância por falsas práticas de marketing, alegando que anunciavam alimentos como "naturais", "orgânicos" ou "humanitários" enquanto criavam frangos em armazéns lotados e insalubres, onde eram maltratados por seus funcionários.

O jornal *New York Daily News* noticiou em maio que a JBS USA não só levou milhões de dólares dos contribuintes, mas também foi multada por associações de pecuaristas desde o início de 2017, além de anunciar pelo menos cinco *recalls* de carne contaminada com bactérias como *E. coli* e salmonela.

No mesmo mês, nove senadores democratas coassinaram uma carta pedindo que o secretário da Agricultura, Sonny Perdue, mantenha as compras de *commodities* apenas para os agricultores americanos e "não os interesses comerciais das corporações estrangeiras". A carta também afirmou que é "inaceitável que os contribuintes americanos estejam subsidiando nossos concorrentes por meio de assistência comercial".

O processo adiciona apenas mais um episódio legal para os bilionários irmãos Batista. As notícias dos escândalos brasileiros dos quais eles fazem parte têm aparecido com frequência na mídia norte-americana. Por lá, já foi noticiado que, em 2017, Joesley e Wesley Batista admitiram à polícia subornar centenas de autoridades do governo brasileiro. Também se tornou conhecido o fato de que Wesley Batista foi indiciado por um tribunal federal brasileiro por *insider trading*. A imprensa norte-americana ainda destacou uma possível proximidade dos Batista com Diosdado Cabello, ex-presidente da Assembleia Nacional da Venezuela, apoiado por Nicolás Maduro.

Na condição de subsidiária americana de uma corporação internacional de frigoríficos, a JBS USA recebeu milhões do programa de ajuda do USDA (Departamento de Agricultura dos Estados Unidos) para agricultores e pecuaristas. Trata-se de arma do governo Donald Trump para a guerra comercial da China e da União Europeia que atinge fortemente o setor. A JBS USA opera dezenas de fábricas de carne bovina, suína e de aves nos Estados Unidos e está entre várias empresas que enfrentam tarifas retaliatórias de produtos agrícolas americanos. De acordo com o *New York Daily News*, os US$ 64 milhões recebidos pela empresa são resultado de quatro contratos com o USDA.

Tecnicamente, a empresa é elegível para a ajuda do governo norte-americano. Porque mesmo que sua controladora seja sediada no Brasil, ela fornece gado de fazendeiros americanos. "Nossa única intenção de participar é apoiar os preços ao produtor dos Estados Unidos e ajudar nossos parceiros produtores americanos", afirmou a JBS em comunicado, ressaltando que emprega 62 mil funcionários em 28 estados e em Porto Rico. "Operamos usinas de suínos nos Estados Unidos, processando porcos americanos criados por agricultores dos Estados Unidos – os verdadeiros beneficiários do programa."

Políticos norte-americanos estão pressionando o governo Trump a retratar seus pagamentos à JBS USA, citando sua ligação com uma corporação estrangeira dirigida por irmãos no centro das investigações de corrupção e suborno nos Estados Unidos e no Brasil. Diversos parlamentares, sobretudo democratas, já expressaram indignação com o fato de o governo estar subsidiando uma empresa estrangeira controlada por criminosos confessos.

"Permitir que os fundos dos contribuintes apoiem empresas agrícolas estrangeiras, particularmente empresas estrangeiras corruptas, em um momento em que os agricultores em Wisconsin e em todo o país estão sofrendo de dor causada por suas guerras comerciais é escandaloso", escreveu o senador Tammy Baldwin, em carta endereçada a Trump.

"É simplesmente inconcebível que empresas corruptas de propriedade estrangeira, como a JBS, atualmente se qualifiquem para assistência sob os critérios do fornecedor do USDA", escreveu o senador Richard Blumenthal em uma carta ao secretário de Agricultura Sonny Perdue.

A senadora Debbie Stabenow, membro do Comitê de Agricultura do Senado, disse em um comunicado que os pagamentos para a JBS foram "alarmantes", especialmente porque os produtores de soja brasileiros se beneficiaram de um declínio acentuado nos pedidos dos Estados Unidos. "Isso acrescenta insulto à injúria", disse Stabenow. "Precisamos de uma estratégia comercial focada para proteger nossos agricultores, empresas e consumidores."

A deputada Rosa DeLauro apresentou um projeto de lei para restringir os pagamentos do USDA a empresas de propriedade dos Estados Unidos. E culpou os órgãos governamentais pelos problemas na aplicação do dinheiro. "A incompetência e a falta de transparência demonstraram que não se pode confiar que eles acertem isso", afirmou. "Agora sabemos que dezenas de milhões desses dólares foram para grandes empresas multinacionais – incluindo a brasileira JBS – que acumulam lucros enquanto os agricultores familiares enfrentam o colapso. Isso é escandaloso."

"Uma empresa brasileira de frigoríficos sob fogo ardente por arrecadar milhões em subsídios agrícolas do governo Trump está escondendo uma investigação federal de potenciais investidores, violando a lei norte-americana", indignou-se a deputada Carolyn Maloney. Ela afirmou que a empresa brasileira omite do mercado o fato de estar sendo investigada pelo Departamento de Justiça norte-americano e pela Comissão de Títulos e Câmbio dos Estados Unidos (SEC, na sigla em inglês).

Segundo especialistas, as falhas de divulgação levantadas pela congressista, se confirmadas, podem equivaler a fraude de valores mobiliários. "Coisas que são importantes para saber se um investidor entregaria dinheiro devem ser divulgadas", disse Duncan Levin, ex-promotor federal especializado em lavagem de dinheiro e fraude. "Como regra geral, é uma fraude de valores mobiliários quando você deturpa ou omite um fato relevante. Certamente é um fato relevante estar sob investigação do [...] Esse não é o tipo de coisa que uma empresa pode esquecer de mencionar."

O porta-voz da JBS, Cameron Bruett, negou a acusação de Maloney e disse que a empresa "está em total conformidade com todos os requisitos de divulgação associados ao marketing e à emissão de dívida nos Estados Unidos".

Concorrentes também manifestam incômodo. "Por que as unidades de resgate do USDA são operadas pela JBS, o maior frigorífico do mundo, com um programa projetado para ajudar companhias domésticas e produtores sob pressão econômica?", provocou o lobista Tony Corbo, da empresa Food & Water Watch. "Essa empresa não parece estar sofrendo."

Mas o governo norte-americano parece estar se mexendo. Em janeiro de 2019, o Departamento de Agricultura cortou um contrato que previa a compra de US$ 22,3 milhões em carne suína de fábricas operadas pela JBS USA.

A empresa dos irmãos Batista não é a primeira a ser investigada por receber ajuda em solo norte-americano. Senadores do Partido Republicano conseguiram obrigar a Smithfield, de propriedade chinesa, a devolver cerca de US$ 240 mil ao USDA em 2018.

No caso da JBS, o posicionamento do secretário Perdue, por enquanto, é neutro. "Estas são empresas legais que operam nos Estados Unidos. Isso não é diferente das pessoas que compram Volkswagens ou outros veículos estrangeiros, onde seus executivos podem ter sido culpados de alguma questão ao longo do caminho", afirmou ele. "Isso ajuda os agricultores dos Estados Unidos, apoiando os preços."

Enquanto isso, o Departamento de Justiça dos Estados Unidos segue investigando a JBS por possíveis violações da Lei de Práticas de Corrupção no Exterior, de acordo com documentos. Em dezembro de 2018, a agência Reuters informou que agentes norte-americanos estiveram no Brasil colhendo depoimento dos Batistas, como parte dos trabalhos de investigação.

Em janeiro de 2019, a JBS emitiu comunicado nos Estados Unidos enfatizando que, apesar de ser de propriedade estrangeira, está "orgulhosa de fazer parceria com agricultores e fazendeiros da família americana, ajudando a criar oportunidades econômicas em centenas de pequenas cidades rurais".

Ainda não foi esclarecido se a administração norte-americana, por meio do Departamento de Agricultura, estava ciente do histórico corrupto da empresa antes de emitir os pagamentos. O que se sabe é que o governo federal dos Estados Unidos foi alertado sobre os escândalos envolvendo a JBS mais de um ano antes do primeiro resgate.

Em carta de junho de 2017 dirigida a Donald Trump, ao secretário de Agricultura Sonny Perdue e ao então procurador-geral Jeff Sessions, o grupo de comércio agrícola R-CALF pediu ao Departamento de Justiça que investigasse a JBS sobre práticas comerciais corruptas nos Estados Unidos. "De empréstimos ilegais a fundos de pensão abusivos para vender carne contaminada, de subornar funcionários do governo para violar as leis de proteção da floresta amazônica ao *insider trading*, a lista de conduta indesculpável que a JBS supostamente cometeu é incompreensível", enumerou o texto. "O fato de a JBS ter conseguido construir seu monopólio político e econômico nos Estados Unidos com impunidade levanta o espectro de que as decisões em relação à JBS, em quase todos os níveis de governo, foram baseadas em considerações inapropriadas."

Fato é que, burburinhos aqui e acolá, com dinheiro do BNDES, a JBS se tornou a maior gigante de carnes dos Estados Unidos: sem empregar um único brasileiro. E tendo contra si patriotas americanos, no Senado e no Congresso, que enxergam na empresa brasileira uma ameaça.

O que podemos esperar da justiça americana?

Outros exemplos demonstram seu rigor. Que o diga o ex-presidente da CBF. José Maria Marin foi condenado a devolver cerca de US$ 137,5 milhões para as entidades que se sentiram lesadas por seus crimes de corrupção na Fifa e na Conmebol. A decisão é do Tribunal Federal do Brooklyn, nos Estados Unidos, onde Marin está preso desde a condenação no ano passado.

Quanto a JBS terá de devolver aos cofres americanos?

É a pergunta que não quer calar.

Golpe de mestre

Se o Ministério Público Federal, a CVM, o BNDES, a Receita Federal, a Justiça Brasileira de um modo geral e os órgãos e entidades correlatos americanos prestarem atenção, vão se deparar com o seguinte: os Batista preparam um grande voo. Sem passagem de volta.

O sonho dos Batista, depois de construírem o seu império com base em propina, com fundos públicos, achacando concorrentes, praticando crimes para conseguir os seus objetivos, é ir para os Estados Unidos e levar a sede da empresa para fora do país. Uma jogada de mestre para ficar fora do alcance das autoridades brasileiras. Algo que já foi tentado recentemente, mas que foi vetado pelo BNDES inicialmente.

O projeto agora é muito mais sofisticado. Documentos acessados por estes autores indicam uma mobilização monumental para atingir tal objetivo, envolvendo dezenas de advogados, empresas de auditoria, consultores financeiros, fiscais e pareceristas.

A ideia é engenhosa: separar a companhia em duas, dando opção aos acionistas para escolher o tipo de ação, se de uma ou de outra. A empresa que vai englobar todas as operações fora do Brasil vai ter sede na Europa, mas terá um IPO nos Estados Unidos.

A empresa brasileira deverá deter apenas 6% dos ativos, ou seja, vai ficar minúscula. Ela, então, será deixada de lado, porque não vai gerar dividendos para pagar as dívidas das multas com o acordo de leniência, que totalizam mais de R$ 10,3 bilhões, tampouco as dívidas com o INSS, que ultrapassam os R$ 4 bilhões, além de novas multas que possam surgir, e outras obrigações que os irmãos já têm no Brasil. A empresa no exterior será inalcançável para as autoridades brasileiras.

Epílogo

Que São Jorge me proteja!

Em 2002, o Brasil ocupava a 13ª posição no ranking global de economias – índice medido pelo PIB, em dólar, segundo dados do Banco Mundial e do Fundo Monetário Internacional. Chegou a ser o sexto em 2011, desbancando a Grã-Bretanha. Depois, voltou a cair.

Se considerarmos o PIB medido por Paridade de Poder de Compra (PPP), que procura, justamente, neutralizar o efeito do câmbio, temos que o Brasil ocupou a sétima e a oitava posições no ranking ao longo dos últimos anos.

Em 2003, subimos para o sétimo lugar, ultrapassando a França. Em 2008, fomos superados pela Rússia. E em 2011 voltamos para a sétima posição, com a queda da Grã-Bretanha.

Desde que o programa Bolsa Família foi lançado, em 2004, 5 milhões de brasileiros deixaram a extrema pobreza. Por volta de 2009 o programa havia reduzido a taxa de pobreza em 8 pontos percentuais. A economia do governo Lula, substrato do sucesso cavado nas gestões FHC, fez do Brasil a nova terra prometida dos investidores gringos.

Lula inventou um tripé: Bolsa Família para os pobres; linha branca de eletrodomésticos e carros financiados a 90 meses para a classe média; e os empréstimos do BNDES para amigos ricos – desde que pagassem pedágio ao PT – e para a produção dos chamados "campeões nacionais".

Nesse rol estava gente como os irmãos Batista e Eike Batista, que passaram a brandir suas riquezas como um Moisés ensandecido.

O BNDES não foi apenas a fada-madrinha, artificial em essência, dessa produção seriada de novos campeões nacionais/mundiais. Na realidade, operou como um São Jorge de puteiro: está ali, muitas vezes aceso em neon, apenas para dar cara de legitimidade aos negócios. Não raro, imagens de São Jorge adornam lupanários no interior do Brasil, bem na entrada do negócio – uma presença substantiva, ainda que sujeita a variações adjetivas (proteção, fé, perdão automático).

O banco estatal é dessa classe de taxonomia, de nomenclatura: proteção, fé no governo, perdão automático de dívidas bilionárias – ou, se não perdão, empréstimos a taxas mínimas, ao contrário dos juros impagáveis, nos dois sentidos do termo, que a patuleia tem de pagar mensalmente ao gerente do banco da esquina.

Abrir a caixa-preta do BNDES é a autópsia que o Brasil precisa para ser minimamente civilizado. Ainda falta esse procedimento para que, enfim, triunfante, o brasileiro afundado em impostos possa bater o último prego no caixão do BNDES.

Nas páginas seguintes, o contrato sigiloso de compra da Bertin.

INSTRUMENTO PARTICULAR DE COMPROMISSO DE VENDA E COMPRA DE AÇÕES DE SOCIEDADE POR AÇÕES E OUTRAS AVENÇAS

Pelo presente Instrumento particular de venda e compra de ações e outras avenças, que entre si fazem, de um lado HEBER PARTICIPAÇOES S.A., sociedade por ações, com sede e foro na Avenida Brigadeiro Faria Lima n. 2012, 5º andar, cj. 54, sala 1, na cidade de São Paulo – Capital, CEP 01469-900, inscrita no CNPJ/MF sob nº 01.523.814/0001-73 e inscrição estadual 116.032.219.117, neste ato representada pelos seus diretores ao final nomeados e assinados, doravante denominada VENDEDORA, e de outro lado, JBS S/A., sociedade por ações com sede na Avenida Brigadeiro Faria Lima n. 2391, 2º andar, Jardim Paulistano – São Paulo, Capital, CEP 01452-000, inscrita no CNPJ/MF sob nº 02.916.265/0001-60 e inscrição estadual 116.625.121.118, doravante denominada COMPRADORA, neste ato representado por sua controladora J&F Participações S/A, sociedade por ações, com sede e foro na Avenida Brigadeiro Faria Lima nº 2391, 2º andar – cj. 22, sala 01, Jardim Paulistano, São Paulo – Capital, CEP 01452-000, representada por seus diretores ao final nomeados e assinados, doravante denominada CONTROLADORA, ajustaram a presente venda e compra mediante e condicionada às considerações e cláusulas a seguir:

CONSIDERANDO que a VENDEDORA é detentora do controle acionário da empresa BERTIN S/A sociedade por ações, com sede na Avenida Brigadeiro Faria Lima, 2012, Jardim Paulistano, São Paulo – Capital, CEP 01451-000, inscrita no CNPJ sob nº 09.112.489/0001-68, e inscrição estadual nº 149.838.782.117, doravante denominada "COMPANHIA", com participação de 72,5% (setenta e dois e meio por cento) do total das ações ordinárias por ela emitidas, sendo que o restante das ações ordinárias que correspondem a 27,5% (vinte e sete e meio por cento) da COMPANHIA pertencem ao BNDESPAR;

CONSIDERANDO que a COMPANHIA possui uma "DÍVIDA LÍQUIDA" no montante de R$ 4.000.000.000,00 (quatro bilhões de reais);

CONSIDERANDO que a COMPANHIA em até 90 (noventa) dias fará a apuração exata da 'DIVIDA LIQUIDA' para o ajuste exato do preço

CONSIDERANDO que a COMPANHIA se compromete em fazer nova emissão de ações para aumento de seu capital, a fim de negociá-las junto ao acionista BNDESPAR para obter recursos financeiros para amortização de sua "DÍVIDA LÍQUIDA";

CONSIDERANDO que a nova emissão de ações para o aumento de capital supra mencionado não poderá reduzir a participação acionária da VENDEDORA em percentual inferior a 51% (cinqüenta e um por cento) do total de ações da COMPANHIA;

CONSIDERANDO que após o aumento do capital supra referido, o BNDESPAR negociará a troca da totalidade de suas ações da COMPANHIA por ações emitidas pela COMPRADORA a uma razão de troca a ser ajustada entre eles;

CLÁUSULA PRIMEIRA – A VENDEDORA se compromete a vender e a COMPRADORA em comprar a totalidade da participação societária na COMPANHIA, nela incluída suas propriedades materiais e imateriais, participações em empresa coligadas e ainda a Indústria de biodiesel instalada no parque fabril da COMPANHIA, localizado na Cidade de Lins (SP), bem como a instalação confinadora de bovinos, incluindo-se os maquinários, veículos e equipamentos, além da quantidade de área suficiente para a necessária operação da planta, situada no município de Aruanã (GO), cuja área deverá ser objeto de desmembramento:

Parágrafo único – Será transferida a operação da indústria de biodiesel a partir de 01.01.2010.

CLÁUSULA SEGUNDA – A VENDEDORA e COMPRADORA ajustam entre si que o pagamento do preço pela aquisição em questão, dar-se-á da seguinte forma:

Item a) A COMPRADORA se compromete em fazer nova emissão de ações para o aumento de seu capital, em quantidade suficiente, para o efeito de troca e incorporação das ações detidas pela VENDEDORA e pelo acionista BNDESPAR, ou seja, ela deverá incorporar a totalidade das ações representativas do capital da COMPANHIA.

Item b) A CONTROLADORA e VENDEDORA, juntas, após a nova emissão, deverão manter, no mínimo, percentual superior a 51% (cinquenta e um por cento) da totalidade das ações representativas do capital da COMPRADORA.

Item c) A COMPRADORA pagará à VENDEDORA a totalidade do preço das ações, que são de sua propriedade na COMPANHIA, da seguinte forma: R$ 750.000.000,00 (setecentos e cinquenta milhões de reais), em dinheiro, e o saldo restante do preço, pela troca de ações emitidas pela COMPRADORA, ao mesmo valor negociado daquelas que forem objeto da troca com o acionista BNDESPAR.

CLÁUSULA TERCEIRA – As partes convencionam e se obrigam, recíproca e mutuamente, a firmarem todos os documentos e eventuais aditivos que se fizerem necessários à ultimação do presente instrumento, que é celebrado em caráter irrevogável e irretratável.

CLÁUSULA QUARTA – Elegem o foro da Comarca da Capital do Estado de São Paulo para dirimirem quaisquer controvérsias porventura advindas deste ajuste de vontades.

São Paulo, 12 de agosto de 2009.

VENDEDORA HEBER PARTICIPAÇÕES S/A

REINALDO BERTIN   NATALINO BERTIN   FERNANTO A. BERTIN   SILMAR R. BERTIN

COMPRADORA JBF PARTICIPAÇÕES S/A

JOSÉ BATISTA SOBRINHO   JOSÉ BATISTA JR.   WESLEY M. BATISTA   JOESLEY M. BATISTA

TESTEMUNHAS

ADITIVO AO INSTRUMENTO PARTICULAR DE COMPROMISSO DE VENDA E COMPRA DE AÇÕES DE SOCIEDADE POR AÇÕES E OUTRAS AVENÇAS

Pelo presente instrumento de aditivo ao Compromisso de Venda e Compra de Ações de Sociedade por Ações e outras avenças, que celebraram HERBER PARTICIPAÇÕES S/A e JBS S/A, em data de 12 de agosto de 2009, as partes resolvem aditar o seguinte:

CLÁUSULA SEGUNDA

Item d) Uma vez subscritas as novas ações emitidas pela COMPRADORA e concluídas as trocas, a participação societária da VENDEDORA deverá ser equivalente a 10% (dez por cento) da totalidade das ações da COMPRADORA. Entretanto, se na nova composição societária, a participação acionária da vendedora superar o limite dos 10% (dez por cento) estabelecidos para o complemento do pagamento final do preço, as ações excedentes serão objeto de opção de compra à CONTROLADORA J&F PARTICIPAÇÕES S/A., pelo valor total e simbólico de R$ 1,00 (um real).

As partes ratificam e confirmam a validade de todas ás cláusulas e condições do instrumento originário.

São Paulo, 12 de agosto de 2009.

VENDEDORA HEBER PARTICIPAÇÕES S/A

REINALDO BERTIN   NATALINO BERTIN   FERNANDO A. BERTIN   SILMAR R. BERTIN

COMPRADORA J&F PARTICIPAÇÕES S/A

JOSÉ BATISTA SOBRINHO   JOSÉ BATISTA JR.   WESLEY M. BATISTA   JOESLEY M. BATISTA

TESTEMUNHAS

MARIO CELSO LOPES   PAULO SÉRGIO FORMIGONI DE OLIVEIRA